ALBANÊS
VOCABULÁRIO

PALAVRAS MAIS ÚTEIS

PORTUGUÊS
ALBANÊS

Para alargar o seu léxico e apurar
as suas competências linguísticas

9000 palavras

Vocabulário Português-Albanês - 9000 palavras

Por Andrey Taranov

Os vocabulários da T&P Books destinam-se a ajudar a aprender, a memorizar, e a rever palavras estrangeiras. O dicionário é dividido em temas, cobrindo todas as principais esferas de atividades quotidianas, negócios, ciência, cultura, etc.

O processo de aprendizagem, utilizando os dicionários baseados em temáticas da T&P Books dá-lhe as seguintes vantagens:

- Informação de origem corretamente agrupada predetermina o sucesso em fases subsequentes da memorização de palavras
- Disponibilização de palavras derivadas da mesma raiz, o que permite a memorização de unidades de texto (em vez de palavras separadas)
- Pequenas unidades de palavras facilitam o processo de estabelecimento de vínculos associativos necessários para a consolidação do vocabulário
- O nível de conhecimento da língua pode ser estimado pelo número de palavras aprendidas

T&P Books Publishing
www.tpbooks.com

Este livro também está disponível em formato E-book.
Por favor visite www.tpbooks.com ou as principais livrarias on-line.

VOCABULÁRIO ALBANÊS
palavras mais úteis

Os vocabulários da T&P Books destinam-se a ajudar a aprender, a memorizar, e a rever palavras estrangeiras. O vocabulário contém mais de 9000 palavras de uso comum organizadas tematicamente.

O vocabulário contém as palavras mais comummente usadas
Recomendado como adicional para qualquer curso de línguas
Satisfaz as necessidades dos iniciados e dos alunos avançados de línguas estrangeiras
Conveniente para o uso diário, sessões de revisão e atividades de auto-teste
Permite avaliar o seu vocabulário

Características especias do vocabulário

* As palavras estão organizadas de acordo com o seu significado, e não por ordem alfabética
* As palavras são apresentadas em três colunas para facilitar os processos de revisão e auto-teste
* As palavras compostas são divididas em pequenos blocos para facilitar o processo de aprendizagem
* O vocabulário oferece uma transcrição simples e adequada de cada palavra estrangeira

O vocabulário contém 256 tópicos incluindo:

Conceitos básicos, Números, Cores, Meses, Estações do ano, Unidades de medida, Roupas & Acessórios, Alimentos & Nutrição, Restaurante, Membros da Família, Parentes, Caráter, Sentimentos, Emoções, Doenças, Cidade, Passeios, Compras, Dinheiro, Casa, Lar, Escritório, Trabalho no Escritório, Importação & Exportação, Marketing, Pesquisa de Emprego, Desportos, Educação, Computador, Internet, Ferramentas, Natureza, Países, Nacionalidades e muito mais ...

TABELA DE CONTEÚDOS

GUIA DE PRONUNCIAÇÃO

Alfabeto fonético T&P	Exemplo albanês	Exemplo Português
[a]	flas [flas]	chamar
[e], [ɛ]	melodi [mɛlodí]	mover
[ə]	kërkoj [kərkój]	milagre
[i]	pikë [píkə]	sinónimo
[o]	motor [motór]	lobo
[u]	fuqi [fucí]	bonita
[y]	myshk [myʃk]	questionar
[b]	brakë [brákə]	barril
[c]	oqean [ocɛán]	Tchim-tchim!
[d]	adoptoj [adoptój]	dentista
[ʣ]	lexoj [lɛdzój]	pizza
[ʤ]	xham [dʒam]	adjetivo
[ð]	dhomë [ðómə]	[z] - fricativa dental sonora não-sibilante
[f]	i fortë [i fórtə]	safári
[g]	bullgari [buɫgarí]	gosto
[h]	jaht [jáht]	[h] aspirada
[j]	hyrje [hýrjɛ]	géiser
[ɟ]	zgjedh [zɟɛð]	jingle
[k]	korik [korík]	kiwi
[l]	lëviz [ləvíz]	libra
[ɫ]	shkallë [ʃkáɫə]	álcool
[m]	medalje [mɛdáljɛ]	magnólia
[n]	klan [klan]	natureza
[ɲ]	spanjoll [spaɲóɫ]	ninhada
[ŋ]	trung [truŋ]	alcançar
[p]	polici [politsí]	presente
[r]	i erët [i érɛt]	riscar
[ɾ]	groshë [gróʃə]	preto
[s]	spital [spitál]	sanita
[ʃ]	shes [ʃɛs]	mês
[t]	tapet [tapét]	tulipa
[ts]	batica [batítsa]	tsé-tsé
[tʃ]	kaçube [katʃúbɛ]	Tchau!
[v]	javor [javór]	fava
[z]	horizont [horizónt]	sésamo
[ʒ]	kuzhinë [kuʒínə]	talvez
[θ]	përkthej [pərkθéj]	[s] - fricativa dental surda não-sibilante

ABREVIATURAS
usadas no vocabulário

Abreviaturas do Português

adj	-	adjetivo
adv	-	advérbio
anim.	-	animado
conj.	-	conjunção
desp.	-	desporto
etc.	-	etecetra
ex.	-	por exemplo
f	-	nome feminino
f pl	-	feminino plural
fem.	-	feminino
inanim.	-	inanimado
m	-	nome masculino
m pl	-	masculino plural
m, f	-	masculino, feminino
masc.	-	masculino
mat.	-	matemática
mil.	-	militar
pl	-	plural
prep.	-	preposição
pron.	-	pronome
sb.	-	sobre
sing.	-	singular
v aux	-	verbo auxiliar
vi	-	verbo intransitivo
vi, vt	-	verbo intransitivo, transitivo
vr	-	verbo reflexivo
vt	-	verbo transitivo

Abreviaturas do albanês

f	-	nome feminino
m	-	nome masculino
pl	-	plural

CONCEITOS BÁSICOS

Conceitos básicos. Parte 1

1. Pronomes

eu	Unë, mua	[unə], [múa]
tu	ti, ty	[ti], [ty]
ele	ai	[aí]
ela	ajo	[ajó]
ele, ela (neutro)	ai	[aí]
nós	ne	[nɛ]
vocês	ju	[ju]
eles	ata	[atá]
elas	ato	[ató]

2. Cumprimentos. Saudações. Despedidas

Olá!	Përshëndetje!	[pərʃəndétjɛ!]
Bom dia! (formal)	Përshëndetje!	[pərʃəndétjɛ!]
Bom dia! (de manhã)	Mirëmëngjes!	[mirəmənɟés!]
Boa tarde!	Mirëdita!	[mirədíta!]
Boa noite!	Mirëmbrëma!	[mirəmbréma!]
cumprimentar (vt)	përshëndes	[pərʃəndés]
Olá!	Ç'kemi!	[tʃ'kémi!]
saudação (f)	përshëndetje (f)	[pərʃəndétjɛ]
saudar (vt)	përshëndes	[pərʃəndés]
Como vai?	Si jeni?	[si jéni?]
Como vais?	Si je?	[si jɛ?]
O que há de novo?	Çfarë ka të re?	[tʃfárə ká tə ré?]
Adeus! (formal)	Mirupafshim!	[mirupáfʃim!]
Até à vista! (informal)	U pafshim!	[u páfʃim!]
Até breve!	Shihemi së shpejti!	[ʃíhɛmi sə ʃpéjti!]
Adeus!	Lamtumirë!	[lamtumírə!]
despedir-se (vr)	përshëndetem	[pərʃəndétɛm]
Até logo!	Tungjatjeta!	[tunɟatjéta!]
Obrigado! -a!	Faleminderit!	[falɛmindérit!]
Muito obrigado! -a!	Faleminderit shumë!	[falɛmindérit ʃúmə!]
De nada	Të lutem	[tə lútɛm]
Não tem de quê	Asgjë!	[asɟé!]
De nada	Asgjë	[asɟé]

Desculpa!	Më fal!	[mə fal!]
Desculpe!	Më falni!	[mə fálni!]
desculpar (vt)	fal	[fal]

desculpar-se (vr)	kërkoj falje	[kərkój fáljɛ]
As minhas desculpas	Kërkoj ndjesë	[kərkój ndjésə]
Desculpe!	Më vjen keq!	[mə vjɛn kɛc!]
perdoar (vt)	fal	[fal]
Não faz mal	S'ka gjë!	[s'ka ɉə!]
por favor	të lutem	[tə lútɛm]

Não se esqueça!	Mos harro!	[mos haró!]
Certamente! Claro!	Sigurisht!	[siguríʃt!]
Claro que não!	Sigurisht që jo!	[siguríʃt cə jo!]
Está bem! De acordo!	Në rregull!	[nə réguɫ!]
Basta!	Mjafton!	[mjaftón!]

3. Como se dirigir a alguém

Desculpe (para chamar a atenção)	Më falni, ...	[mə fálni, ...]
senhor	zotëri	[zotərí]
senhora	zonjë	[zóɲə]
rapariga	zonjushë	[zoɲúʃə]
rapaz	djalë i ri	[djálə i rí]
menino	djalosh	[djalóʃ]
menina	vajzë	[vájzə]

4. Números cardinais. Parte 1

zero	zero	[zéro]
um	një	[ɲə]
dois	dy	[dy]
três	tre	[trɛ]
quatro	katër	[kátər]

cinco	pesë	[pésə]
seis	gjashtë	[ɉáʃtə]
sete	shtatë	[ʃtátə]
oito	tetë	[tétə]
nove	nëntë	[nəntə]

dez	dhjetë	[ðjétə]
onze	njëmbëdhjetë	[ɲəmbəðjétə]
doze	dymbëdhjetë	[dymbəðjétə]
treze	trembëdhjetë	[trɛmbəðjétə]
catorze	katërmbëdhjetë	[katərmbəðjétə]

quinze	pesëmbëdhjetë	[pɛsəmbəðjétə]
dezasseis	gjashtëmbëdhjetë	[ɉaʃtəmbəðjétə]
dezassete	shtatëmbëdhjetë	[ʃtatəmbəðjétə]
dezoito	tetëmbëdhjetë	[tɛtəmbəðjétə]

dezanove	nëntëmbëdhjetë	[nəntəmbəðjétə]
vinte	njëzet	[ɲəzét]
vinte e um	njëzet e një	[ɲəzét ɛ ɲə]
vinte e dois	njëzet e dy	[ɲəzét ɛ dy]
vinte e três	njëzet e tre	[ɲəzét ɛ trɛ]
trinta	tridhjetë	[triðjétə]
trinta e um	tridhjetë e një	[triðjétə ɛ ɲə]
trinta e dois	tridhjetë e dy	[triðjétə ɛ dy]
trinta e três	tridhjetë e tre	[triðjétə ɛ trɛ]
quarenta	dyzet	[dyzét]
quarenta e um	dyzet e një	[dyzét ɛ ɲə]
quarenta e dois	dyzet e dy	[dyzét ɛ dy]
quarenta e três	dyzet e tre	[dyzét ɛ trɛ]
cinquenta	pesëdhjetë	[pɛsəðjétə]
cinquenta e um	pesëdhjetë e një	[pɛsəðjétə ɛ ɲə]
cinquenta e dois	pesëdhjetë e dy	[pɛsəðjétə ɛ dy]
cinquenta e três	pesëdhjetë e tre	[pɛsəðjétə ɛ trɛ]
sessenta	gjashtëdhjetë	[ɟaʃtəðjétə]
sessenta e um	gjashtëdhjetë e një	[ɟaʃtəðjétə ɛ ɲə]
sessenta e dois	gjashtëdhjetë e dy	[ɟaʃtəðjétə ɛ dý]
sessenta e três	gjashtëdhjetë e tre	[ɟaʃtəðjétə ɛ tré]
setenta	shtatëdhjetë	[ʃtatəðjétə]
setenta e um	shtatëdhjetë e një	[ʃtatəðjétə ɛ ɲə]
setenta e dois	shtatëdhjetë e dy	[ʃtatəðjétə ɛ dy]
setenta e três	shtatëdhjetë e tre	[ʃtatəðjétə ɛ trɛ]
oitenta	tetëdhjetë	[tɛtəðjétə]
oitenta e um	tetëdhjetë e një	[tɛtəðjétə ɛ ɲə]
oitenta e dois	tetëdhjetë e dy	[tɛtəðjétə ɛ dy]
oitenta e três	tetëdhjetë e tre	[tɛtəðjétə ɛ trɛ]
noventa	nëntëdhjetë	[nəntəðjétə]
noventa e um	nëntëdhjetë e një	[nəntəðjétə ɛ ɲə]
noventa e dois	nëntëdhjetë e dy	[nəntəðjétə ɛ dy]
noventa e três	nëntëdhjetë e tre	[nəntəðjétə ɛ trɛ]

5. Números cardinais. Parte 2

cem	njëqind	[ɲəcínd]
duzentos	dyqind	[dycínd]
trezentos	treqind	[trɛcínd]
quatrocentos	katërqind	[katərcínd]
quinhentos	pesëqind	[pɛsəcínd]
seiscentos	gjashtëqind	[ɟaʃtəcínd]
setecentos	shtatëqind	[ʃtatəcínd]
oitocentos	tetëqind	[tɛtəcínd]
novecentos	nëntëqind	[nəntəcínd]
mil	një mijë	[ɲə míjə]

dois mil	dy mijë	[dy míjə]
três mil	tre mijë	[trɛ míjə]
dez mil	dhjetë mijë	[ðjétə míjə]
cem mil	njëqind mijë	[ɲəcínd míjə]
um milhão	milion (m)	[milión]
mil milhões	miliardë (f)	[miliárdə]

6. Números ordinais

primeiro	i pari	[i pári]
segundo	i dyti	[i dýti]
terceiro	i treti	[i tréti]
quarto	i katërti	[i kátərti]
quinto	i pesti	[i pésti]

sexto	i gjashti	[i ɟáʃti]
sétimo	i shtati	[i ʃtáti]
oitavo	i teti	[i téti]
nono	i nënti	[i nénti]
décimo	i dhjeti	[i ðjéti]

7. Números. Frações

fração (f)	thyesë (f)	[θýɛsə]
um meio	gjysma	[ɟýsma]
um terço	një e treta	[ɲə ɛ tréta]
um quarto	një e katërta	[ɲə ɛ kátərta]
um oitavo	një e teta	[ɲə ɛ téta]
um décimo	një e dhjeta	[ɲə ɛ ðjéta]
dois terços	dy të tretat	[dy tə trétat]
três quartos	tre të katërtat	[trɛ tə kátərtat]

8. Números. Operações básicas

subtração (f)	zbritje (f)	[zbrítjɛ]
subtrair (vi, vt)	zbres	[zbrɛs]
divisão (f)	pjesëtim (m)	[pjɛsətím]
dividir (vt)	pjesëtoj	[pjɛsətój]
adição (f)	mbledhje (f)	[mbléðjɛ]
somar (vt)	shtoj	[ʃtoj]
adicionar (vt)	mbledh	[mbléð]
multiplicação (f)	shumëzim (m)	[ʃuməzím]
multiplicar (vt)	shumëzoj	[ʃuməzój]

9. Números. Diversos

| algarismo, dígito (m) | shifër (f) | [ʃífər] |
| número (m) | numër (m) | [númər] |

numeral (m)	numerik (m)	[numɛrík]
menos (m)	minus (m)	[minús]
mais (m)	plus (m)	[plus]
fórmula (f)	formulë (f)	[formúlə]

cálculo (m)	llogaritje (f)	[ɬogarítjɛ]
contar (vt)	numëroj	[numərój]
calcular (vt)	llogaris	[ɬogarís]
comparar (vt)	krahasoj	[krahasój]

Quanto, -os, -as?	Sa?	[sa?]
soma (f)	shuma (f)	[ʃúma]
resultado (m)	rezultat (m)	[rɛzultát]
resto (m)	mbetje (f)	[mbétjɛ]

alguns, algumas ...	disa	[disá]
um pouco de ...	pak	[pak]
poucos, -as (~ pessoas)	disa	[disá]
um pouco (~ de vinho)	pak	[pak]

resto (m)	mbetje (f)	[mbétjɛ]
um e meio	një e gjysmë (f)	[nə ɛ ɟýsmə]
dúzia (f)	dyzinë (f)	[dyzínə]

ao meio	përgjysmë	[pərɟýsmə]
em partes iguais	gjysmë për gjysmë	[ɟýsmə pər ɟýsmə]
metade (f)	gjysmë (f)	[ɟýsmə]
vez (f)	herë (f)	[hérə]

10. Os verbos mais importantes. Parte 1

abrir (vt)	hap	[hap]
acabar, terminar (vt)	përfundoj	[pərfundój]
aconselhar (vt)	këshilloj	[kəʃiɬój]
adivinhar (vt)	hamendësoj	[hamɛndəsój]
advertir (vt)	paralajmëroj	[paralajmərój]

ajudar (vt)	ndihmoj	[ndihmój]
almoçar (vi)	ha drekë	[ha drékə]
alugar (~ um apartamento)	marr me qira	[mar mɛ cirá]
amar (vt)	dashuroj	[daʃurój]
ameaçar (vt)	kërcënoj	[kərtsənój]

anotar (escrever)	mbaj shënim	[mbáj ʃəním]
apanhar (vt)	kap	[kap]
apressar-se (vr)	nxitoj	[ndzitój]
arrepender-se (vr)	pendohem	[pɛndóhɛm]
assinar (vt)	nënshkruaj	[nənʃkrúaj]

atirar, disparar (vi)	qëlloj	[cəɬój]
brincar (vi)	bëj shaka	[bəj ʃaká]
brincar, jogar (crianças)	luaj	[lúaj]
buscar (vt)	kërkoj ...	[kərkój ...]
caçar (vi)	dal për gjah	[dál pər ɟáh]

cair (vi)	bie	[bíɛ]
cavar (vt)	gërmoj	[gərmój]
cessar (vt)	ndaloj	[ndalój]
chamar (~ por socorro)	thërras	[θərás]
chegar (vi)	arrij	[aríj]
chorar (vi)	qaj	[caj]

começar (vt)	filloj	[fiɫój]
comparar (vt)	krahasoj	[krahasój]
compreender (vt)	kuptoj	[kuptój]
concordar (vi)	bie dakord	[bíɛ dakórd]
confiar (vt)	besoj	[bɛsój]

confundir (equivocar-se)	ngatërroj	[ŋatərój]
conhecer (vt)	njoh	[ɲóh]
contar (fazer contas)	numëroj	[numərój]
contar com (esperar)	mbështetem ...	[mbəʃtétɛm ...]
continuar (vt)	vazhdoj	[vaʒdój]

controlar (vt)	kontrolloj	[kontroɫój]
convidar (vt)	ftoj	[ftoj]
correr (vi)	vrapoj	[vrapój]
criar (vt)	krijoj	[krijój]
custar (vt)	kushton	[kuʃtón]

11. Os verbos mais importantes. Parte 2

dar (vt)	jap	[jap]
dar uma dica	aludoj	[aludój]
decorar (enfeitar)	zbukuroj	[zbukurój]
defender (vt)	mbroj	[mbrój]
deixar cair (vt)	lëshoj	[ləʃój]

descer (para baixo)	zbres	[zbrɛs]
desculpar (vt)	fal	[fal]
desculpar-se (vr)	kërkoj falje	[kərkój fáljɛ]
dirigir (~ uma empresa)	drejtoj	[drɛjtój]
discutir (notícias, etc.)	diskutoj	[diskutój]
dizer (vt)	them	[θɛm]

duvidar (vt)	dyshoj	[dyʃój]
encontrar (achar)	gjej	[ɟéj]
enganar (vt)	mashtroj	[maʃtrój]
entrar (na sala, etc.)	hyj	[hyj]
enviar (uma carta)	dërgoj	[dərgój]

errar (equivocar-se)	gaboj	[gabój]
escolher (vt)	zgjedh	[zɟɛð]
esconder (vt)	fsheh	[fʃéh]
escrever (vt)	shkruaj	[ʃkrúaj]
esperar (o autocarro, etc.)	pres	[prɛs]

| esperar (ter esperança) | shpresoj | [ʃprɛsój] |
| esquecer (vt) | harroj | [harój] |

estudar (vt)	studioj	[studiój]
exigir (vt)	kërkoj	[kərkój]
existir (vi)	ekzistoj	[ɛkzistój]

explicar (vt)	shpjegoj	[ʃpjɛgój]
falar (vi)	flas	[flas]
faltar (clases, etc.)	humbas	[humbás]
fazer (vt)	bëj	[bəj]
ficar em silêncio	hesht	[hɛʃt]
gabar-se, jactar-se (vr)	mburrem	[mbúrɛm]

gostar (apreciar)	pëlqej	[pəlcéj]
gritar (vi)	bërtas	[bərtás]
guardar (cartas, etc.)	mbaj	[mbáj]
informar (vt)	informoj	[informój]
insistir (vi)	këmbëngul	[kəmbəŋúl]

insultar (vt)	fyej	[fýɛj]
interessar-se (vr)	interesohem ...	[intɛrɛsóhɛm ...]
ir (a pé)	ec në këmbë	[ɛts nə kémbə]
ir nadar	notoj	[notój]
jantar (vi)	ha darkë	[ha dárkə]

12. Os verbos mais importantes. Parte 3

ler (vt)	lexoj	[lɛdzój]
libertar (cidade, etc.)	çliroj	[tʃlirój]
matar (vt)	vras	[vras]
mencionar (vt)	përmend	[pərménd]
mostrar (vt)	tregoj	[trɛgój]

mudar (modificar)	ndryshoj	[ndryʃój]
nadar (vi)	notoj	[notój]
negar-se a ...	refuzoj	[rɛfuzój]
objetar (vt)	kundërshtoj	[kundərʃtój]

observar (vt)	vëzhgoj	[vəʒgój]
ordenar (mil.)	urdhëroj	[urðərój]
ouvir (vt)	dëgjoj	[dəɟój]
pagar (vt)	paguaj	[pagúaj]
parar (vi)	ndaloj	[ndalój]

participar (vi)	marr pjesë	[mar pjésə]
pedir (comida)	porosis	[porosís]
pedir (um favor, etc.)	pyes	[pýɛs]
pegar (tomar)	marr	[mar]
pensar (vt)	mendoj	[mɛndój]

perceber (ver)	vërej	[vəréj]
perdoar (vt)	fal	[fal]
perguntar (vt)	pyes	[pýɛs]
permitir (vt)	lejoj	[lɛjój]
pertencer a ...	përkas ...	[pərkás ...]
planear (vt)	planifikoj	[planifikój]

poder (vi)	mund	[mund]
possuir (vt)	zotëroj	[zotərój]
preferir (vt)	preferoj	[prɛfɛrój]
preparar (vt)	gatuaj	[gatúaj]

prever (vt)	parashikoj	[paraʃikój]
prometer (vt)	premtoj	[prɛmtój]
pronunciar (vt)	shqiptoj	[ʃciptój]
propor (vt)	propozoj	[propozój]
punir (castigar)	ndëshkoj	[ndəʃkój]

13. Os verbos mais importantes. Parte 4

quebrar (vt)	ndahem	[ndáhɛm]
queixar-se (vr)	ankohem	[ankóhɛm]
querer (desejar)	dëshiroj	[dəʃirój]
recomendar (vt)	rekomandoj	[rɛkomandój]
repetir (dizer outra vez)	përsëris	[pərsərís]

repreender (vt)	qortoj	[cortój]
reservar (~ um quarto)	rezervoj	[rɛzɛrvój]
responder (vt)	përgjigjem	[pərɟíɟɛm]
rezar, orar (vi)	lutem	[lútɛm]
rir (vi)	qesh	[cɛʃ]

roubar (vt)	vjedh	[vjɛð]
saber (vt)	di	[di]
sair (~ de casa)	dal	[dal]
salvar (vt)	shpëtoj	[ʃpətój]
seguir ...	ndjek ...	[ndjék ...]

sentar-se (vr)	ulem	[úlɛm]
ser necessário	nevojitet	[nɛvojítɛt]
ser, estar	jam	[jam]
significar (vt)	nënkuptoj	[nənkuptój]

sorrir (vi)	buzëqesh	[buzəcéʃ]
subestimar (vt)	nënvlerësoj	[nənvlɛrəsój]
surpreender-se (vr)	çuditem	[tʃudítɛm]
tentar (vt)	përpiqem	[pərpícɛm]

ter (vt)	kam	[kam]
ter fome	kam uri	[kam urí]
ter medo	kam frikë	[kam fríkə]
ter sede	kam etje	[kam étjɛ]

tocar (com as mãos)	prek	[prɛk]
tomar o pequeno-almoço	ha mëngjes	[ha mənɟés]
trabalhar (vi)	punoj	[punój]
traduzir (vt)	përkthej	[pərkθéj]
unir (vt)	bashkoj	[baʃkój]

vender (vt)	shes	[ʃɛs]
ver (vt)	shikoj	[ʃikój]

| virar (ex. ~ à direita) | kthej | [kθɛj] |
| voar (vi) | fluturoj | [fluturój] |

14. Cores

cor (f)	ngjyrë (f)	[ɲɟýrə]
matiz (m)	nuancë (f)	[nuántsə]
tom (m)	tonalitet (m)	[tonalitét]
arco-íris (m)	ylber (m)	[ylbér]

branco	e bardhë	[ɛ bárðə]
preto	e zezë	[ɛ zézə]
cinzento	gri	[gri]

verde	jeshile	[jɛʃílɛ]
amarelo	e verdhë	[ɛ vérðə]
vermelho	e kuqe	[ɛ kúcɛ]

azul	blu	[blu]
azul claro	bojëqielli	[bojəciéłi]
rosa	rozë	[rózə]
laranja	portokalli	[portokáłi]
violeta	bojëvjollcë	[bojəvjółtsə]
castanho	kafe	[káfɛ]

| dourado | e artë | [ɛ ártə] |
| prateado | e argjendtë | [ɛ arɟéndtə] |

bege	bezhë	[béʒə]
creme	krem	[krɛm]
turquesa	e bruztë	[ɛ brúztə]
vermelho cereja	qershi	[cɛrʃí]
lilás	jargavan	[jargaván]
carmesim	e kuqe e thellë	[ɛ kúcɛ ɛ θéłə]

claro	e hapur	[ɛ hápur]
escuro	e errët	[ɛ érət]
vivo	e ndritshme	[ɛ ndrítʃmɛ]

de cor	e ngjyrosur	[ɛ ɲɟyrósur]
a cores	ngjyrë	[ɲɟýrə]
preto e branco	bardhë e zi	[bárðə ɛ zi]
unicolor	njëngjyrëshe	[ɲəɲɟýrəʃɛ]
multicor	shumëngjyrëshe	[ʃuməɲɟýrəʃɛ]

15. Questões

Quem?	Kush?	[kuʃ?]
Que?	Çka?	[tʃká?]
Onde?	Ku?	[ku?]
Para onde?	Për ku?	[pər ku?]
De onde?	Nga ku?	[ŋa ku?]

Quando?	Kur?	[kur?]
Para quê?	Pse?	[psɛ?]
Porquê?	Pse?	[psɛ?]

Para quê?	Për çfarë arsye?	[pər tʃfárə arsýɛ?]
Como?	Si?	[si?]
Qual?	Çfarë?	[tʃfárə?]
Qual? (entre dois ou mais)	Cili?	[tsíli?]

A quem?	Kujt?	[kújt?]
Sobre quem?	Për kë?	[pər kə?]
Do quê?	Për çfarë?	[pər tʃfárə?]
Com quem?	Me kë?	[mɛ kə?]

Quanto, -os, -as?	Sa?	[sa?]
De quem?	Të kujt?	[tə kujt?]

16. Preposições

com (prep.)	me	[mɛ]
sem (prep.)	pa	[pa]
a, para (exprime lugar)	për në	[pər nə]
sobre (ex. falar ~)	për	[pər]
antes de ...	përpara	[pərpára]
diante de ...	para ...	[pára ...]

sob (debaixo de)	nën	[nən]
sobre (em cima de)	mbi	[mbí]
sobre (~ a mesa)	mbi	[mbí]
de (vir ~ Lisboa)	nga	[ŋa]
de (feito ~ pedra)	nga	[ŋa]

dentro de (~ dez minutos)	për	[pər]
por cima de ...	sipër	[sípər]

17. Palavras funcionais. Advérbios. Parte 1

Onde?	Ku?	[ku?]
aqui	këtu	[kətú]
lá, ali	atje	[atjé]

em algum lugar	diku	[dikú]
em lugar nenhum	askund	[askúnd]

ao pé de ...	afër	[áfər]
ao pé da janela	tek dritarja	[tɛk dritárja]

Para onde?	Për ku?	[pər ku?]
para cá	këtu	[kətú]
para lá	atje	[atjé]
daqui	nga këtu	[ŋa kətú]
de lá, dali	nga atje	[ŋa atjɛ]

perto	pranë	[práne]
longe	larg	[larg]

perto de ...	afër	[áfər]
ao lado de	pranë	[práne]
perto, não fica longe	jo larg	[jo lárg]

esquerdo	majtë	[májtə]
à esquerda	majtas	[májtas]
para esquerda	në të majtë	[nə tə májtə]

direito	djathtë	[djáθtə]
à direita	djathtas	[djáθtas]
para direita	në të djathtë	[nə tə djáθtə]

à frente	përballë	[pərbáłə]
da frente	i përparmë	[i pərpármə]
em frente (para a frente)	përpara	[pərpára]

atrás de ...	prapa	[prápa]
por detrás (vir ~)	nga prapa	[ŋa prápa]
para trás	pas	[pas]

meio (m), metade (f)	mes (m)	[mɛs]
no meio	në mes	[nə mɛs]

de lado	në anë	[nə anə]
em todo lugar	kudo	[kúdo]
ao redor (olhar ~)	përreth	[pəréθ]

de dentro	nga brenda	[ŋa brénda]
para algum lugar	diku	[dikú]
diretamente	drejt	[dréjt]
de volta	pas	[pas]

de algum lugar	nga kudo	[ŋa kúdo]
de um lugar	nga diku	[ŋa dikú]

em primeiro lugar	së pari	[sə pári]
em segundo lugar	së dyti	[sə dýti]
em terceiro lugar	së treti	[sə tréti]

de repente	befas	[béfas]
no início	në fillim	[nə fiłím]
pela primeira vez	për herë të parë	[pər hérə tə párə]
muito antes de ...	shumë përpara ...	[ʃúmə pərpára ...]
de novo, novamente	sërish	[səríʃ]
para sempre	një herë e mirë	[nə hérə ɛ mírə]

nunca	kurrë	[kúrə]
de novo	përsëri	[pərsərí]
agora	tani	[táni]
frequentemente	shpesh	[ʃpɛʃ]
então	atëherë	[atəhérə]
urgentemente	urgjent	[urɟént]
usualmente	zakonisht	[zakoníʃt]

a propósito, ...	meqë ra fjala, ...	[méсə ra fjála, ...]
é possível	ndoshta	[ndóʃta]
provavelmente	mundësisht	[mundəsíʃt]
talvez	mbase	[mbásɛ]
além disso, ...	përveç	[pərvétʃ]
por isso ...	ja përse ...	[ja pərsé ...]
apesar de ...	pavarësisht se ...	[pavarəsíʃt sɛ ...]
graças a ...	falë ...	[fálə ...]

que (pron.)	çfarë	[tʃfárə]
que (conj.)	që	[cə]
algo	diçka	[ditʃká]
alguma coisa	ndonji gjë	[ndoɲí ɟə]
nada	asgjë	[asɟé]

quem	kush	[kuʃ]
alguém (~ teve uma ideia ...)	dikush	[dikúʃ]
alguém	dikush	[dikúʃ]

ninguém	askush	[askúʃ]
para lugar nenhum	askund	[askúnd]
de ninguém	i askujt	[i askújt]
de alguém	i dikujt	[i dikújt]

tão	aq	[ác]
também (gostaria ~ de ...)	gjithashtu	[ɟiθaʃtú]
também (~ eu)	gjithashtu	[ɟiθaʃtú]

18. Palavras funcionais. Advérbios. Parte 2

Porquê?	Pse?	[psɛ?]
por alguma razão	për një arsye	[pər ɲə arsýɛ]
porque ...	sepse ...	[sɛpsé ...]
por qualquer razão	për ndonjë shkak	[pər ndóɲə ʃkak]

e (tu ~ eu)	dhe	[ðɛ]
ou (ser ~ não ser)	ose	[ósɛ]
mas (porém)	por	[por]
para (~ a minha mãe)	për	[pər]

demasiado, muito	tepër	[tépər]
só, somente	vetëm	[vétəm]
exatamente	pikërisht	[pikəríʃt]
cerca de (~ 10 kg)	rreth	[rɛθ]

aproximadamente	përafërsisht	[pərafərsíʃt]
aproximado	përafërt	[pəráfərt]
quase	pothuajse	[poθúajsɛ]
resto (m)	mbetje (f)	[mbétjɛ]

o outro (segundo)	tjetri	[tjétri]
outro	tjetër	[tjétər]
cada	çdo	[tʃdo]
qualquer	çfarëdo	[tʃfarədó]

muitos, muitas	disa	[disá]
muito	shumë	[ʃúmə]
muitas pessoas	shumë njerëz	[ʃúmə ɲérəz]
todos	të gjithë	[tə ɟíθə]

em troca de …	në vend të …	[nə vénd tə …]
em troca	në shkëmbim të …	[nə ʃkəmbím tə …]
à mão	me dorë	[mɛ dórə]
pouco provável	vështirë se …	[vəʃtírə sɛ …]

provavelmente	mundësisht	[mundəsíʃt]
de propósito	me qëllim	[mɛ cəɫím]
por acidente	aksidentalisht	[aksidɛntalíʃt]

muito	shumë	[ʃúmə]
por exemplo	për shembull	[pər ʃémbuɫ]
entre	midis	[midís]
entre (no meio de)	rreth	[rɛθ]
tanto	kaq shumë	[kác ʃúmə]
especialmente	veçanërisht	[vɛtʃanəríʃt]

Conceitos básicos. Parte 2

19. Opostos

rico	i pasur	[i pásur]
pobre	i varfër	[i várfər]
doente	i sëmurë	[i səmúrə]
são	mirë	[mírə]
grande	i madh	[i máð]
pequeno	i vogël	[i vógəl]
rapidamente	shpejt	[ʃpɛjt]
lentamente	ngadalë	[ŋadálə]
rápido	i shpejtë	[i ʃpéjtə]
lento	i ngadaltë	[i ŋadáltə]
alegre	i kënaqur	[i kənácur]
triste	i mërzitur	[i mərzítur]
juntos	së bashku	[sə báʃku]
separadamente	veç e veç	[vɛtʃ ɛ vɛtʃ]
em voz alta (ler ~)	me zë	[mɛ zə]
para si (em silêncio)	pa zë	[pa zə]
alto	i lartë	[i lártə]
baixo	i ulët	[i úlət]
profundo	i thellë	[i θéɫə]
pouco fundo	i cekët	[i tsékət]
sim	po	[po]
não	jo	[jo]
distante (no espaço)	i largët	[i lárgət]
próximo	afër	[áfər]
longe	larg	[larg]
perto	pranë	[pránə]
longo	i gjatë	[i ɟátə]
curto	i shkurtër	[i ʃkúrtər]
bom, bondoso	i mirë	[i mírə]
mau	djallëzor	[djaɫəzór]

| casado | i martuar | [i martúar] |
| solteiro | beqar | [bɛcár] |

| proibir (vt) | ndaloj | [ndalój] |
| permitir (vt) | lejoj | [lɛjój] |

| fim (m) | fund (m) | [fund] |
| começo (m) | fillim (m) | [fiɫím] |

| esquerdo | majtë | [májtə] |
| direito | djathtë | [djáθtə] |

| primeiro | i pari | [i pári] |
| último | i fundit | [i fúndit] |

| crime (m) | krim (m) | [krim] |
| castigo (m) | ndëshkim (m) | [ndəʃkím] |

| ordenar (vt) | urdhëroj | [urðərój] |
| obedecer (vt) | bindem | [bíndɛm] |

| reto | i drejtë | [i dréjtə] |
| curvo | i harkuar | [i harkúar] |

| paraíso (m) | parajsë (f) | [parájsə] |
| inferno (m) | ferr (m) | [fɛr] |

| nascer (vi) | lind | [lind] |
| morrer (vi) | vdes | [vdɛs] |

| forte | i fortë | [i fórtə] |
| fraco, débil | i dobët | [i dóbət] |

| idoso | plak | [plak] |
| jovem | i ri | [i rí] |

| velho | i vjetër | [i vjétər] |
| novo | i ri | [i rí] |

| duro | i fortë | [i fórtə] |
| mole | i butë | [i bútə] |

| tépido | ngrohtë | [ŋróhtə] |
| frio | i ftohtë | [i ftóhtə] |

| gordo | i shëndoshë | [i ʃəndóʃə] |
| magro | i dobët | [i dóbət] |

| estreito | i ngushtë | [i ŋúʃtə] |
| largo | i gjerë | [i ɟérə] |

| bom | i mirë | [i mírə] |
| mau | i keq | [i kéc] |

| valente | guximtar | [gudzimtár] |
| cobarde | frikacak | [frikatsák] |

20. Dias da semana

segunda-feira (f)	E hënë (f)	[ɛ hə́nə]
terça-feira (f)	E martë (f)	[ɛ mártə]
quarta-feira (f)	E mërkurë (f)	[ɛ mərkúrə]
quinta-feira (f)	E enjte (f)	[ɛ éɲtɛ]
sexta-feira (f)	E premte (f)	[ɛ prémtɛ]
sábado (m)	E shtunë (f)	[ɛ ʃtúnə]
domingo (m)	E dielë (f)	[ɛ díɛlə]

hoje	sot	[sot]
amanhã	nesër	[nésər]
depois de amanhã	pasnesër	[pasnésər]
ontem	dje	[djé]
anteontem	pardje	[pardjé]

dia (m)	ditë (f)	[dítə]
dia (m) de trabalho	ditë pune (f)	[dítə púnɛ]
feriado (m)	festë kombëtare (f)	[féstə kombətárɛ]
dia (m) de folga	ditë pushim (m)	[dítə puʃím]
fim (m) de semana	fundjavë (f)	[fundjávə]

o dia todo	gjithë ditën	[ɟíθə dítən]
no dia seguinte	ditën pasardhëse	[dítən pasárðəsɛ]
há dois dias	dy ditë më parë	[dy dítə mə párə]
na véspera	një ditë më parë	[ɲə dítə mə párə]
diário	ditor	[ditór]
todos os dias	çdo ditë	[tʃdo dítə]

semana (f)	javë (f)	[jávə]
na semana passada	javën e kaluar	[jávən ɛ kalúar]
na próxima semana	javën e ardhshme	[jávən ɛ árðʃmɛ]
semanal	javor	[javór]
cada semana	çdo javë	[tʃdo jávə]
duas vezes por semana	dy herë në javë	[dy hérə nə jávə]
cada terça-feira	çdo të martë	[tʃdo tə mártə]

21. Horas. Dia e noite

manhã (f)	mëngjes (m)	[məɲɟés]
de manhã	në mëngjes	[nə məɲɟés]
meio-dia (m)	mesditë (f)	[mɛsdítə]
à tarde	pasdite	[pasdítɛ]

noite (f)	mbrëmje (f)	[mbrə́mjɛ]
à noite (noitinha)	në mbrëmje	[nə mbrə́mjɛ]
noite (f)	natë (f)	[nátə]
à noite	natën	[nátən]
meia-noite (f)	mesnatë (f)	[mɛsnátə]

segundo (m)	sekondë (f)	[sɛkóndə]
minuto (m)	minutë (f)	[minútə]
hora (f)	orë (f)	[órə]

meia hora (f)	gjysmë ore (f)	[ɟýsmə órɛ]
quarto (m) de hora	çerek ore (m)	[tʃɛrék órɛ]
quinze minutos	pesëmbëdhjetë minuta	[pɛsəmbəðjétə minúta]
vinte e quatro horas	24 orë	[nəzét ɛ kátər órə]

nascer (m) do sol	agim (m)	[agím]
amanhecer (m)	agim (m)	[agím]
madrugada (f)	mëngjes herët (m)	[mənɟés hérət]
pôr do sol (m)	perëndim dielli (m)	[pɛrəndím diéti]

de madrugada	herët në mëngjes	[hérət nə mənɟés]
hoje de manhã	sot në mëngjes	[sot nə mənɟés]
amanhã de manhã	nesër në mëngjes	[nésər nə mənɟés]

hoje à tarde	sot pasdite	[sot pasdítɛ]
à tarde	pasdite	[pasdítɛ]
amanhã à tarde	nesër pasdite	[nésər pasdítɛ]

| hoje à noite | sonte në mbrëmje | [sóntɛ nə mbrəmjɛ] |
| amanhã à noite | nesër në mbrëmje | [nésər nə mbrémjɛ] |

às três horas em ponto	në orën 3 fiks	[nə órən trɛ fiks]
por volta das quatro	rreth orës 4	[rɛθ órəs kátər]
às doze	deri në orën 12	[déri nə órən dymbəðjétə]

dentro de vinte minutos	për 20 minuta	[pər ɲəzét minúta]
dentro duma hora	për një orë	[pər ɲə órə]
a tempo	në orar	[nə orár]

menos um quarto	çerek ...	[tʃɛrék ...]
durante uma hora	brenda një ore	[brénda ɲə órɛ]
a cada quinze minutos	çdo 15 minuta	[tʃdo pɛsəmbəðjétə minúta]
as vinte e quatro horas	gjithë ditën	[ɟíθə dítən]

22. Meses. Estações

janeiro (m)	**Janar** (m)	[janár]
fevereiro (m)	**Shkurt** (m)	[ʃkurt]
março (m)	**Mars** (m)	[mars]
abril (m)	**Prill** (m)	[priɫ]
maio (m)	**Maj** (m)	[maj]
junho (m)	**Qershor** (m)	[cɛrʃór]

julho (m)	**Korrik** (m)	[korík]
agosto (m)	**Gusht** (m)	[guʃt]
setembro (m)	**Shtator** (m)	[ʃtatór]
outubro (m)	**Tetor** (m)	[tɛtór]
novembro (m)	**Nëntor** (m)	[nəntór]
dezembro (m)	**Dhjetor** (m)	[ðjɛtór]

primavera (f)	**pranverë** (f)	[pranvérə]
na primavera	**në pranverë**	[nə pranvérə]
primaveril	**pranveror**	[pranvɛrór]
verão (m)	**verë** (f)	[vérə]

29

| no verão | në verë | [nə vérə] |
| de verão | veror | [vɛrór] |

outono (m)	vjeshtë (f)	[vjéʃtə]
no outono	në vjeshtë	[nə vjéʃtə]
outonal	vjeshtor	[vjéʃtor]

inverno (m)	dimër (m)	[dímər]
no inverno	në dimër	[nə dímər]
de inverno	dimëror	[dimərór]
mês (m)	muaj (m)	[múaj]
este mês	këtë muaj	[kətə múaj]
no próximo mês	muajin tjetër	[múajin tjétər]
no mês passado	muajin e kaluar	[múajin ɛ kalúar]

há um mês	para një muaji	[pára ɲə múaji]
dentro de um mês	pas një muaji	[pas ɲə múaji]
dentro de dois meses	pas dy muajsh	[pas dy múajʃ]
todo o mês	gjithë muajin	[ɟíθə múajin]
um mês inteiro	gjatë gjithë muajit	[ɟátə ɟíθə múajit]

mensal	mujor	[mujór]
mensalmente	mujor	[mujór]
cada mês	çdo muaj	[tʃdo múaj]
duas vezes por mês	dy herë në muaj	[dy hérə nə múaj]

ano (m)	vit (m)	[vit]
este ano	këtë vit	[kətə vít]
no próximo ano	vitin tjetër	[vítin tjétər]
no ano passado	vitin e kaluar	[vítin ɛ kalúar]
há um ano	para një viti	[pára ɲə víti]
dentro dum ano	për një vit	[pər ɲə vit]
dentro de 2 anos	për dy vite	[pər dy vítɛ]
todo o ano	gjithë vitin	[ɟíθə vítin]
um ano inteiro	gjatë gjithë vitit	[ɟátə ɟíθə vítit]

cada ano	çdo vit	[tʃdo vít]
anual	vjetor	[vjɛtór]
anualmente	çdo vit	[tʃdo vít]
quatro vezes por ano	4 herë në vit	[kátər hérə nə vit]

data (~ de hoje)	datë (f)	[dátə]
data (ex. ~ de nascimento)	data (f)	[dáta]
calendário (m)	kalendar (m)	[kalɛndár]

meio ano	gjysmë viti	[ɟýsmə víti]
seis meses	gjashtë muaj	[ɟáʃtə múaj]
estação (f)	stinë (f)	[stínə]
século (m)	shekull (m)	[ʃékuɫ]

23. Tempo. Diversos

| tempo (m) | kohë (f) | [kóhə] |
| momento (m) | çast, moment (m) | [tʃást], [momént] |

instante (m)	çast (m)	[ʧást]
instantâneo	i çastit	[i ʧástit]
lapso (m) de tempo	interval (m)	[intɛrvál]
vida (f)	jetë (f)	[jétə]
eternidade (f)	përjetësi (f)	[pərjɛtəsí]

época (f)	epokë (f)	[ɛpókə]
era (f)	erë (f)	[érə]
ciclo (m)	cikël (m)	[tsíkəl]
período (m)	periudhë (f)	[pɛriúðə]
prazo (m)	afat (m)	[afát]

futuro (m)	ardhmëria (f)	[arðməría]
futuro	e ardhme	[ɛ árðmɛ]
da próxima vez	herën tjetër	[hérən tjétər]
passado (m)	e shkuara (f)	[ɛ ʃkúara]
passado	kaluar	[kalúar]
na vez passada	herën e fundit	[hérən ɛ fúndit]

mais tarde	më vonë	[mə vónə]
depois	pas	[pas]
atualmente	në këto kohë	[nə kəto kóhə]
agora	tani	[táni]
imediatamente	menjëherë	[mɛɲəhérə]
em breve, brevemente	së shpejti	[sə ʃpéjti]
de antemão	paraprakisht	[paraprakíʃt]

há muito tempo	para shumë kohësh	[pára ʃúmə kóhəʃ]
há pouco tempo	së fundmi	[sə fúndmi]
destino (m)	fat (m)	[fat]
recordações (f pl)	kujtime (pl)	[kujtímɛ]
arquivo (m)	arkiva (f)	[arkíva]

durante …	gjatë …	[ɟátə …]
durante muito tempo	gjatë, kohë e gjatë	[ɟátə], [kóhə ɛ ɟátə]
pouco tempo	jo gjatë	[jo ɟátə]
cedo (levantar-se ~)	herët	[hérət]
tarde (deitar-se ~)	vonë	[vónə]
para sempre	përjetë	[pərjétə]
começar (vt)	filloj	[fiɬój]
adiar (vt)	shtyj	[ʃtyj]

simultaneamente	njëkohësisht	[ɲəkohəsíʃt]
permanentemente	përhershëm	[pərhérʃəm]
constante (ruído, etc.)	vazhdueshme	[vaʒdúeʃmɛ]
temporário	i përkohshëm	[i pərkóhʃəm]
às vezes	ndonjëherë	[ndoɲəhérə]
raramente	rrallë	[ráɬə]
frequentemente	shpesh	[ʃpɛʃ]

24. Linhas e formas

quadrado (m)	katror (m)	[katrór]
quadrado	katrore	[katrórɛ]

círculo (m)	rreth (m)	[rɛθ]
redondo	i rrumbullakët	[i rumbuɫákət]
triângulo (m)	trekëndësh (m)	[trékəndəʃ]
triangular	trekëndor	[trɛkəndór]

oval (f)	oval (f)	[ovál]
oval	ovale	[ováĺɛ]
retângulo (m)	drejtkëndësh (m)	[drɛjtkə́ndəʃ]
retangular	drejtkëndor	[drɛjtkəndór]

pirâmide (f)	piramidë (f)	[piramídə]
rombo, losango (m)	romb (m)	[romb]
trapézio (m)	trapezoid (m)	[trapɛzoíd]
cubo (m)	kub (m)	[kub]
prisma (m)	prizëm (m)	[prízəm]

circunferência (f)	perimetër (m)	[pɛrimétər]
esfera (f)	sferë (f)	[sférə]
globo (m)	top (m)	[top]
diâmetro (m)	diametër (m)	[diamétər]
raio (m)	sipërfaqe (f)	[sipərfácɛ]
perímetro (m)	perimetër (m)	[pɛrimétər]
centro (m)	qendër (f)	[céndər]

horizontal	horizontal	[horizontál]
vertical	vertikal	[vɛrtikál]
paralela (f)	paralele (f)	[paralélɛ]
paralelo	paralel	[paralél]

linha (f)	vijë (f)	[víjə]
traço (m)	vizë (f)	[vízə]
reta (f)	vijë e drejtë (f)	[víjə ɛ dréjtə]
curva (f)	kurbë (f)	[kúrbə]
fino (linha ~a)	e hollë	[ɛ hóɫə]
contorno (m)	kontur (f)	[kontúr]

interseção (f)	kryqëzim (m)	[krycəzím]
ângulo (m) reto	kënd i drejtë (m)	[kənd i dréjtə]
segmento (m)	segment (m)	[sɛgmént]
setor (m)	sektor (m)	[sɛktór]
lado (de um triângulo, etc.)	anë (f)	[ánə]
ângulo (m)	kënd (m)	[kə́nd]

25. Unidades de medida

peso (m)	peshë (f)	[péʃə]
comprimento (m)	gjatësi (f)	[ɟatəsí]
largura (f)	gjerësi (f)	[ɟɛrəsí]
altura (f)	lartësi (f)	[lartəsí]
profundidade (f)	thellësi (f)	[θɛɫəsí]
volume (m)	vëllim (m)	[vəɫím]
área (f)	sipërfaqe (f)	[sipərfácɛ]
grama (m)	gram (m)	[gram]
miligrama (m)	miligram (m)	[miligrám]

quilograma (m)	kilogram (m)	[kilográm]
tonelada (f)	ton (m)	[ton]
libra (453,6 gramas)	paund (m)	[páund]
onça (f)	ons (m)	[ons]

metro (m)	metër (m)	[métər]
milímetro (m)	milimetër (m)	[milimétər]
centímetro (m)	centimetër (m)	[tsɛntimétər]
quilómetro (m)	kilometër (m)	[kilométər]
milha (f)	milje (f)	[míljɛ]

polegada (f)	inç (m)	[intʃ]
pé (304,74 mm)	këmbë (f)	[kémbə]
jarda (914,383 mm)	jard (m)	[járd]

| metro (m) quadrado | metër katror (m) | [métər katrór] |
| hectare (m) | hektar (m) | [hɛktár] |

litro (m)	litër (m)	[lítər]
grau (m)	gradë (f)	[grádə]
volt (m)	volt (m)	[volt]
ampere (m)	amper (m)	[ampér]
cavalo-vapor (m)	kuaj-fuqi (f)	[kúaj-fucí]

quantidade (f)	sasi (f)	[sasí]
um pouco de ...	pak ...	[pak ...]
metade (f)	gjysmë (f)	[ɟýsmə]
dúzia (f)	dyzinë (f)	[dyzínə]
peça (f)	copë (f)	[tsópə]

| dimensão (f) | madhësi (f) | [maðəsí] |
| escala (f) | shkallë (f) | [ʃkáɫə] |

mínimo	minimale	[minimálɛ]
menor, mais pequeno	më i vogli	[mə i vógli]
médio	i mesëm	[i mésəm]
máximo	maksimale	[maksimálɛ]
maior, mais grande	më i madhi	[mə i máði]

26. Recipientes

boião (m) de vidro	kavanoz (m)	[kavanóz]
lata (~ de cerveja)	kanoçe (f)	[kanótʃɛ]
balde (m)	kovë (f)	[kóvə]
barril (m)	fuçi (f)	[futʃí]

bacia (~ de plástico)	legen (m)	[lɛgén]
tanque (m)	tank (m)	[tank]
cantil (m) de bolso	faqore (f)	[facórɛ]
bidão (m) de gasolina	bidon (m)	[bidón]
cisterna (f)	cisternë (f)	[tsistérnə]

| caneca (f) | tas (m) | [tas] |
| chávena (f) | filxhan (m) | [fildʒán] |

33

pires (m)	pjatë filxhani (f)	[pjátə fildʒáni]
copo (m)	gotë (f)	[gótə]
taça (f) de vinho	gotë vere (f)	[gótə vérɛ]
panela, caçarola (f)	tenxhere (f)	[tɛndʒérɛ]

garrafa (f)	shishe (f)	[ʃíʃɛ]
gargalo (m)	grykë	[grýkə]

jarro, garrafa (f)	brokë (f)	[brókə]
jarro (m) de barro	shtambë (f)	[ʃtámbə]
recipiente (m)	enë (f)	[énə]
pote (m)	enë (f)	[énə]
vaso (m)	vazo (f)	[vázo]

frasco (~ de perfume)	shishe (f)	[ʃíʃɛ]
frasquinho (ex. ~ de iodo)	shishkë (f)	[ʃíʃkə]
tubo (~ de pasta dentífrica)	tubet (f)	[tubét]

saca (ex. ~ de açúcar)	thes (m)	[θɛs]
saco (~ de plástico)	qese (f)	[césɛ]
maço (m)	paketë (f)	[pakétə]

caixa (~ de sapatos, etc.)	kuti (f)	[kutí]
caixa (~ de madeira)	arkë (f)	[árkə]
cesta (f)	shportë (f)	[ʃpórtə]

27. Materiais

material (m)	material (m)	[matɛriál]
madeira (f)	dru (m)	[dru]
de madeira	prej druri	[prɛj drúri]

vidro (m)	qelq (m)	[cɛlc]
de vidro	prej qelqi	[prɛj célci]

pedra (f)	gur (m)	[gur]
de pedra	guror	[gurór]

plástico (m)	plastikë (f)	[plastíkə]
de plástico	plastike	[plastíkɛ]

borracha (f)	gomë (f)	[gómə]
de borracha	prej gome	[prɛj gómɛ]

tecido, pano (m)	pëlhurë (f)	[pəlhúrə]
de tecido	nga pëlhura	[ŋa pəlhúra]

papel (m)	letër (f)	[létər]
de papel	prej letre	[prɛj létrɛ]

cartão (m)	karton (m)	[kartón]
de cartão	prej kartoni	[prɛj kartóni]
polietileno (m)	polietilen (m)	[poliétilɛn]
celofane (m)	celofan (m)	[tsɛlofán]

| linóleo (m) | linoleum (m) | [linolɛúm] |
| contraplacado (m) | kompensatë (f) | [kompɛnsátə] |

porcelana (f)	porcelan (m)	[portsɛlán]
de porcelana	prej porcelani	[prɛj portsɛláni]
barro (f)	argjilë (f)	[aɲílə]
de barro	prej argjile	[prɛj aɲílɛ]
cerâmica (f)	qeramikë (f)	[cɛramíkə]
de cerâmica	prej qeramike	[prɛj cɛramíkɛ]

28. Metais

metal (m)	metal (m)	[mɛtál]
metálico	prej metali	[prɛj mɛtáli]
liga (f)	aliazh (m)	[aliáʒ]

ouro (m)	ar (m)	[ár]
de ouro	prej ari	[prɛj ári]
prata (f)	argjend (m)	[aɲénd]
de prata	prej argjendi	[prɛj aɲéndi]

ferro (m)	hekur (m)	[hékur]
de ferro	prej hekuri	[prɛj hékuri]
aço (m)	çelik (m)	[tʃɛlík]
de aço	prej çeliku	[prɛj tʃɛlíku]
cobre (m)	bakër (m)	[bákər]
de cobre	prej bakri	[prɛj bákri]

alumínio (m)	alumin (m)	[alumín]
de alumínio	prej alumini	[prɛj alumíni]
bronze (m)	bronz (m)	[bronz]
de bronze	prej bronzi	[prɛj brónzi]

latão (m)	tunxh (m)	[tundʒ]
níquel (m)	nikel (m)	[nikél]
platina (f)	platin (m)	[platín]
mercúrio (m)	merkur (m)	[mɛrkúr]
estanho (m)	kallaj (m)	[kałáj]
chumbo (m)	plumb (m)	[plúmb]
zinco (m)	zink (m)	[zink]

O SER HUMANO

O ser humano. O corpo

29. Humanos. Conceitos básicos

ser (m) humano	qenie njerëzore (f)	[cɛníɛ ɲɛrəzóɾɛ]
homem (m)	burrë (m)	[búrə]
mulher (f)	grua (f)	[grúa]
criança (f)	fëmijë (f)	[fəmíjə]
menina (f)	vajzë (f)	[vájzə]
menino (m)	djalë (f)	[djálə]
adolescente (m)	adoleshent (m)	[adolɛʃént]
velho (m)	plak (m)	[plak]
velha, anciã (f)	plakë (f)	[plákə]

30. Anatomia humana

organismo (m)	organizëm (m)	[organízəm]
coração (m)	zemër (f)	[zémər]
sangue (m)	gjak (m)	[ɟak]
artéria (f)	arterie (f)	[artériɛ]
veia (f)	venë (f)	[vénə]
cérebro (m)	tru (m)	[tru]
nervo (m)	nerv (m)	[nɛrv]
nervos (m pl)	nerva (f)	[nérva]
vértebra (f)	vertebër (f)	[vɛrtébər]
coluna (f) vertebral	shtyllë kurrizore (f)	[ʃtýɫə kurizóɾɛ]
estômago (m)	stomak (m)	[stomák]
intestinos (m pl)	zorrët (f)	[zórət]
intestino (m)	zorrë (f)	[zórə]
fígado (m)	mëlçi (f)	[məltʃí]
rim (m)	veshkë (f)	[véʃkə]
osso (m)	kockë (f)	[kótskə]
esqueleto (m)	skelet (m)	[skɛlét]
costela (f)	brinjë (f)	[bríɲə]
crânio (m)	kafkë (f)	[káfkə]
músculo (m)	muskul (m)	[múskul]
bíceps (m)	biceps (m)	[bitséps]
tríceps (m)	triceps (m)	[tritséps]
tendão (m)	tendon (f)	[tɛndón]
articulação (f)	nyje (f)	[nýjɛ]

pulmões (m pl)	mushkëri (m)	[muʃkərí]
órgãos (m pl) genitais	organe gjenitale (f)	[orgánɛ ɟɛnitálɛ]
pele (f)	lëkurë (f)	[ləkúrə]

31. Cabeça

cabeça (f)	kokë (f)	[kókə]
cara (f)	fytyrë (f)	[fytýrə]
nariz (m)	hundë (f)	[húndə]
boca (f)	gojë (f)	[gójə]

olho (m)	sy (m)	[sy]
olhos (m pl)	sytë	[sýtə]
pupila (f)	bebëz (f)	[bébəz]
sobrancelha (f)	vetull (f)	[vétuɫ]
pestana (f)	qerpik (m)	[cɛrpík]
pálpebra (f)	qepallë (f)	[cɛpáɫə]

língua (f)	gjuhë (f)	[ɟúhə]
dente (m)	dhëmb (m)	[ðəmb]
lábios (m pl)	buzë (f)	[búzə]
maçãs (f pl) do rosto	mollëza (f)	[móɫəza]
gengiva (f)	mishrat e dhëmbëve	[míʃrat ɛ ðəmbəvɛ]
palato (m)	qiellzë (f)	[ciéɫzə]

narinas (f pl)	vrimat e hundës (pl)	[vrímat ɛ húndəs]
queixo (m)	mjekër (f)	[mjékər]
mandíbula (f)	nofull (f)	[nófuɫ]
bochecha (f)	faqe (f)	[fácɛ]

testa (f)	ball (m)	[báɫ]
têmpora (f)	tëmth (m)	[təmθ]
orelha (f)	vesh (m)	[vɛʃ]
nuca (f)	zverk (m)	[zvɛrk]
pescoço (m)	qafë (f)	[cáfə]
garganta (f)	fyt (m)	[fyt]

cabelos (m pl)	flokë (pl)	[flókə]
penteado (m)	model flokësh (m)	[modél flókəʃ]
corte (m) de cabelo	prerje flokësh (f)	[prérjɛ flókəʃ]
peruca (f)	paruke (f)	[parúkɛ]

bigode (m)	mustaqe (f)	[mustácɛ]
barba (f)	mjekër (f)	[mjékər]
usar, ter (~ barba, etc.)	lë mjekër	[lə mjékər]
trança (f)	gërshet (m)	[gərʃét]
suíças (f pl)	baseta (f)	[baséta]

ruivo	flokëkuqe	[flokəkúcɛ]
grisalho	thinja	[θíɲa]
calvo	qeros	[cɛrós]
calva (f)	tullë (f)	[túɫə]
rabo-de-cavalo (m)	bishtalec (m)	[biʃtaléts]
franja (f)	balluke (f)	[baɫúkɛ]

32. Corpo humano

| mão (f) | dorë (f) | [dórə] |
| braço (m) | krah (m) | [krah] |

dedo (m)	gisht i dorës (m)	[gíʃt i dórəs]
dedo (m) do pé	gisht i këmbës (m)	[gíʃt i kémbəs]
polegar (m)	gishti i madh (m)	[gíʃti i máð]
dedo (m) mindinho	gishti i vogël (m)	[gíʃti i vógəl]
unha (f)	thua (f)	[θúa]

punho (m)	grusht (m)	[grúʃt]
palma (f) da mão	pëllëmbë dore (f)	[pełémbə dórɛ]
pulso (m)	kyç (m)	[kytʃ]
antebraço (m)	parakrah (m)	[parakráh]
cotovelo (m)	bërryl (m)	[bərýl]
ombro (m)	shpatull (f)	[ʃpátuł]

perna (f)	këmbë (f)	[kémbə]
pé (m)	shputë (f)	[ʃpútə]
joelho (m)	gju (m)	[ɟú]
barriga (f) da perna	pulpë (f)	[púlpə]
anca (f)	ijë (f)	[íjə]
calcanhar (m)	thembër (f)	[θémbər]

corpo (m)	trup (m)	[trup]
barriga (f)	stomak (m)	[stomák]
peito (m)	kraharor (m)	[kraharór]
seio (m)	gjoks (m)	[ɟóks]
lado (m)	krah (m)	[krah]
costas (f pl)	kurriz (m)	[kuríz]
região (f) lombar	fundshpina (f)	[fundʃpína]
cintura (f)	beli (m)	[béli]

umbigo (m)	kërthizë (f)	[kərθízə]
nádegas (f pl)	vithe (f)	[víθɛ]
traseiro (m)	prapanica (f)	[prapanítsa]

sinal (m)	nishan (m)	[niʃán]
sinal (m) de nascença	shenjë lindjeje (f)	[ʃéɲə líndjɛjɛ]
tatuagem (f)	tatuazh (m)	[tatuáʒ]
cicatriz (f)	shenjë (f)	[ʃéɲə]

Vestuário & Acessórios

33. Roupa exterior. Casacos

roupa (f)	rroba (f)	[róba]
roupa (f) exterior	veshje e sipërme (f)	[véʃjɛ ɛ sípərmɛ]
roupa (f) de inverno	veshje dimri (f)	[véʃjɛ dímri]
sobretudo (m)	pallto (f)	[páɫto]
casaco (m) de peles	gëzof (m)	[gəzóf]
casaco curto (m) de peles	xhaketë lëkure (f)	[dʒakétə ləkúrɛ]
casaco (m) acolchoado	xhup (m)	[dʒup]
casaco, blusão (m)	xhaketë (f)	[dʒakétə]
impermeável (m)	pardesy (f)	[pardɛsý]
impermeável	kundër shiut	[kúndər ʃiut]

34. Vestuário de homem & mulher

camisa (f)	këmishë (f)	[kəmíʃə]
calças (f pl)	pantallona (f)	[pantaɫóna]
calças (f pl) de ganga	xhinse (f)	[dʒínsɛ]
casaco (m) de fato	xhaketë kostumi (f)	[dʒakétə kostúmi]
fato (m)	kostum (m)	[kostúm]
vestido (ex. ~ vermelho)	fustan (m)	[fustán]
saia (f)	fund (m)	[fund]
blusa (f)	bluzë (f)	[blúzə]
casaco (m) de malha	xhaketë me thurje (f)	[dʒakétə mɛ θúrjɛ]
casaco, blazer (m)	xhaketë femrash (f)	[dʒakétə fémraʃ]
T-shirt, camiseta (f)	bluzë (f)	[blúzə]
calções (Bermudas, etc.)	pantallona të shkurtra (f)	[pantaɫóna tə ʃkúrtra]
fato (m) de treino	tuta sportive (f)	[túta sportívɛ]
roupão (m) de banho	peshqir trupi (m)	[pɛʃcír trúpi]
pijama (m)	pizhame (f)	[piʒámɛ]
suéter (m)	triko (f)	[tríko]
pulôver (m)	pulovër (m)	[pulóvər]
colete (m)	jelek (m)	[jɛlék]
fraque (m)	frak (m)	[frak]
smoking (m)	smoking (m)	[smokíŋ]
uniforme (m)	uniformë (f)	[unifórmə]
roupa (f) de trabalho	rroba pune (f)	[róba púnɛ]
fato-macaco (m)	kominoshe (f)	[kominóʃɛ]
bata (~ branca, etc.)	uniformë (f)	[unifórmə]

35. Vestuário. Roupa interior

roupa (f) interior	të brendshme (f)	[tə bréndʃmɛ]
cuecas boxer (f pl)	boksera (f)	[bokséra]
cuecas (f pl)	brekë (f)	[brékə]
camisola (f) interior	fanellë (f)	[fanéłə]
peúgas (f pl)	çorape (pl)	[tʃorápɛ]

camisa (f) de noite	këmishë nate (f)	[kəmíʃə nátɛ]
sutiã (m)	sytjena (f)	[sytjéna]
meias longas (f pl)	çorape déri tek gjuri (pl)	[tʃorápɛ déri ték ɟúri]
meia-calça (f)	geta (f)	[géta]
meias (f pl)	çorape të holla (pl)	[tʃorápɛ tə hóła]
fato (m) de banho	rrobë banje (f)	[róbə báɲɛ]

36. Adereços de cabeça

chapéu (m)	kapelë (f)	[kapélə]
chapéu (m) de feltro	kapelë republike (f)	[kapélə rɛpublíkɛ]
boné (m) de beisebol	kapelë bejsbolli (f)	[kapélə bɛjsbóti]
boné (m)	kapelë e sheshtë (f)	[kapélə ɛ ʃéʃtə]

boina (f)	beretë (f)	[bɛrétə]
capuz (m)	kapuç (m)	[kapútʃ]
panamá (m)	kapelë panama (f)	[kapélə panamá]
gorro (m) de malha	kapuç leshi (m)	[kapútʃ léʃi]

lenço (m)	shami (f)	[ʃamí]
chapéu (m) de mulher	kapelë femrash (f)	[kapélə fémraʃ]

capacete (m) de proteção	helmetë (f)	[hɛlmétə]
bibico (m)	kapelë ushtrie (f)	[kapélə uʃtríɛ]
capacete (m)	helmetë (f)	[hɛlmétə]

chapéu-coco (m)	kapelë derby (f)	[kapélə dérby]
chapéu (m) alto	kapelë cilindër (f)	[kapélə tsilíndər]

37. Calçado

calçado (m)	këpucë (pl)	[kəpútsə]
botinas (f pl)	këpucë burrash (pl)	[kəpútsə búraʃ]
sapatos (de salto alto, etc.)	këpucë grash (pl)	[kəpútsə gráʃ]
botas (f pl)	çizme (pl)	[tʃízmɛ]
pantufas (f pl)	pantofla (pl)	[pantófla]

ténis (m pl)	atlete tenisi (pl)	[atlétɛ tɛnísi]
sapatilhas (f pl)	atlete (pl)	[atlétɛ]
sandálias (f pl)	sandale (pl)	[sandálɛ]

sapateiro (m)	këpucëtar (m)	[kəputsətár]
salto (m)	takë (f)	[tákə]

par (m)	palë (f)	[pálə]
atacador (m)	lidhëse këpucësh (f)	[líðɛsɛ kəpútsəʃ]
apertar os atacadores	lidh këpucët	[lið kəpútsət]
calçadeira (f)	lugë këpucësh (f)	[lúgə kəpútsəʃ]
graxa (f) para calçado	bojë këpucësh (f)	[bójə kəpútsəʃ]

38. Têxtil. Tecidos

algodão (m)	pambuk (m)	[pambúk]
de algodão	i pambuktë	[i pambúktə]
linho (m)	li (m)	[li]
de linho	prej liri	[prɛj líri]

seda (f)	mëndafsh (m)	[məndáfʃ]
de seda	i mëndafshtë	[i məndáfʃtə]
lã (f)	lesh (m)	[lɛʃ]
de lã	i leshtë	[i léʃtə]

veludo (m)	kadife (f)	[kadífɛ]
camurça (f)	kamosh (m)	[kamóʃ]
bombazina (f)	kadife me riga (f)	[kadífɛ mɛ ríga]

náilon (m)	najlon (m)	[najlón]
de náilon	prej najloni	[prɛj najlóni]
poliéster (m)	poliestër (m)	[poliéstər]
de poliéster	prej poliestri	[prɛj poliéstri]

couro (m)	lëkurë (f)	[ləkúrə]
de couro	prej lëkure	[prɛj ləkúrɛ]
pele (f)	gëzof (m)	[gəzóf]
de peles, de pele	prej gëzofi	[prɛj gəzófi]

39. Acessórios pessoais

luvas (f pl)	dorëza (pl)	[dórəza]
mitenes (f pl)	doreza (f)	[doréza]
cachecol (m)	shall (m)	[ʃaɬ]

óculos (m pl)	syze (f)	[sýzɛ]
armação (f) de óculos	skelet syzesh (m)	[skɛlét sýzɛʃ]
guarda-chuva (m)	çadër (f)	[tʃádər]
bengala (f)	bastun (m)	[bastún]
escova (f) para o cabelo	furçë flokësh (f)	[fúrtʃə flókəʃ]
leque (m)	erashkë (f)	[ɛráʃkə]

gravata (f)	kravatë (f)	[kravátə]
gravata-borboleta (f)	papion (m)	[papión]
suspensórios (m pl)	aski (pl)	[askí]
lenço (m)	shami (f)	[ʃamí]

| pente (m) | krehër (m) | [kréhər] |
| travessão (m) | kapëse flokësh (f) | [kápəsɛ flókəʃ] |

| gancho (m) de cabelo | karficë (f) | [karfítsə] |
| fivela (f) | tokëz (f) | [tókəz] |

| cinto (m) | rrip (m) | [rip] |
| correia (f) | rrip supi (m) | [rip súpi] |

mala (f)	çantë dore (f)	[tʃántə dórɛ]
mala (f) de senhora	çantë (f)	[tʃántə]
mochila (f)	çantë shpine (f)	[tʃántə ʃpínɛ]

40. Vestuário. Diversos

moda (f)	modë (f)	[módə]
na moda	në modë	[nə módə]
estilista (m)	stilist (m)	[stilíst]

colarinho (m), gola (f)	jakë (f)	[jákə]
bolso (m)	xhep (m)	[dʒɛp]
de bolso	i xhepit	[i dʒépit]
manga (f)	mëngë (f)	[méɲə]
alcinha (f)	hallkë për varje (f)	[háɫkə pər várjɛ]
braguilha (f)	zinxhir (m)	[zindʒír]

fecho (m) de correr	zinxhir (m)	[zindʒír]
fecho (m), colchete (m)	kapëse (f)	[kápəsɛ]
botão (m)	kopsë (f)	[kópsə]
casa (f) de botão	vrimë kopse (f)	[vrímə kópsɛ]
soltar-se (vr)	këputet	[kəpútɛt]

coser, costurar (vi)	qep	[cɛp]
bordar (vt)	qëndis	[cəndís]
bordado (m)	qëndisje (f)	[cəndísjɛ]
agulha (f)	gjilpërë për qepje (f)	[ɟilpérə pər cépjɛ]
fio (m)	pe (m)	[pɛ]
costura (f)	tegel (m)	[tɛgél]

sujar-se (vr)	bëhem pis	[béhɛm pis]
mancha (f)	njollë (f)	[ɲóɫə]
engelhar-se (vr)	zhubros	[ʒubrós]
rasgar (vt)	gris	[gris]
traça (f)	molë rrobash (f)	[mólə róbaʃ]

41. Cuidados pessoais. Cosméticos

pasta (f) de dentes	pastë dhëmbësh (f)	[pástə ðémbəʃ]
escova (f) de dentes	furçë dhëmbësh (f)	[fúrtʃə ðémbəʃ]
escovar os dentes	laj dhëmbët	[laj ðémbət]

máquina (f) de barbear	brisk (m)	[brísk]
creme (m) de barbear	pastë rroje (f)	[pástə rójɛ]
barbear-se (vr)	rruhem	[rúhɛm]
sabonete (m)	sapun (m)	[sapún]

champô (m)	shampo (f)	[ʃampó]
tesoura (f)	gërshërë (f)	[gərʃérə]
lima (f) de unhas	limë thonjsh (f)	[límə θóɲʃ]
corta-unhas (m)	prerëse thonjsh (f)	[prérəsɛ θóɲʃ]
pinça (f)	piskatore vetullash (f)	[piskatórɛ vétuɫaʃ]

cosméticos (m pl)	kozmetikë (f)	[kozmɛtíkə]
máscara (f) facial	maskë fytyre (f)	[máskə fytýrɛ]
manicura (f)	manikyr (m)	[manikýr]
fazer a manicura	bëj manikyr	[bəj manikýr]
pedicure (f)	pedikyr (m)	[pɛdikýr]

mala (f) de maquilhagem	çantë kozmetike (f)	[tʃántə kozmɛtíkɛ]
pó (m)	pudër fytyre (f)	[púdər fytýrɛ]
caixa (f) de pó	pudër kompakte (f)	[púdər kompáktɛ]
blush (m)	ruzh (m)	[ruʒ]

perfume (m)	parfum (m)	[parfúm]
água (f) de toilette	parfum (m)	[parfúm]
loção (f)	krem (m)	[krɛm]
água-de-colónia (f)	kolonjë (f)	[kolóɲə]

sombra (f) de olhos	rimel (m)	[rimél]
lápis (m) delineador	laps për sy (m)	[láps pər sy]
máscara (f), rímel (m)	rimel (m)	[rimél]

batom (m)	buzëkuq (m)	[buzəkúc]
verniz (m) de unhas	llak për thonj (m)	[ɫak pər θóɲ]
laca (f) para cabelos	llak flokësh (m)	[ɫak flókəʃ]
desodorizante (m)	deodorant (m)	[dɛodoránt]

creme (m)	krem (m)	[krɛm]
creme (m) de rosto	krem për fytyrë (m)	[krɛm pər fytýrə]
creme (m) de mãos	krem për duar (m)	[krɛm pər dúar]
creme (m) antirrugas	krem kundër rrudhave (m)	[krɛm kúndər rúðavɛ]
creme (m) de dia	krem dite (m)	[krɛm dítɛ]
creme (m) de noite	krem nate (m)	[krɛm nátɛ]
de dia	dite	[dítɛ]
da noite	nate	[nátɛ]

tampão (m)	tampon (m)	[tampón]
papel (m) higiénico	letër higjienike (f)	[létər hiɟiɛníkɛ]
secador (m) elétrico	tharëse flokësh (f)	[θárəsɛ flókəʃ]

42. Joalheria

joias (f pl)	bizhuteri (f)	[biʒutɛrí]
precioso	i çmuar	[i tʃmúar]
marca (f) de contraste	vulë dalluese (f)	[vúlə daɫúɛsɛ]

anel (m)	unazë (f)	[unázə]
aliança (f)	unazë martese (f)	[unázə martésɛ]
pulseira (f)	byzylyk (m)	[byzylýk]
brincos (m pl)	vathë (pl)	[váθə]

colar (m)	gjerdan (m)	[ɟɛrdán]
coroa (f)	kurorë (f)	[kurórə]
colar (m) de contas	qafore me rruaza (f)	[cafórɛ mɛ ruáza]

diamante (m)	diamant (m)	[diamánt]
esmeralda (f)	smerald (m)	[smɛráld]
rubi (m)	rubin (m)	[rubín]
safira (f)	safir (m)	[safír]
pérola (f)	perlë (f)	[pérlə]
âmbar (m)	qelibar (m)	[cɛlibár]

43. Relógios de pulso. Relógios

relógio (m) de pulso	orë dore (f)	[órə dórɛ]
mostrador (m)	faqe e orës (f)	[fácɛ ɛ órəs]
ponteiro (m)	akrep (m)	[akrép]
bracelete (f) em aço	rrip metalik ore (m)	[rip mɛtalík órɛ]
bracelete (f) em couro	rrip ore (m)	[rip órɛ]

pilha (f)	bateri (f)	[batɛrí]
descarregar-se	e shkarkuar	[ɛ ʃkarkúar]
trocar a pilha	ndërroj baterinë	[ndərój batɛrínə]
estar adiantado	kalon shpejt	[kalón ʃpéjt]
estar atrasado	ngel prapa	[ŋɛl prápa]

relógio (m) de parede	orë muri (f)	[órə múri]
ampulheta (f)	orë rëre (f)	[órə rərɛ]
relógio (m) de sol	orë diellore (f)	[órə diɛtórɛ]
despertador (m)	orë me zile (f)	[órə mɛ zílɛ]
relojoeiro (m)	orëndreqës (m)	[orəndrécəs]
reparar (vt)	ndreq	[ndréc]

Alimentação. Nutrição

44. Comida

Português	Shqip	[IPA]
carne (f)	mish (m)	[miʃ]
galinha (f)	pulë (f)	[púlə]
frango (m)	mish pule (m)	[miʃ púlɛ]
pato (m)	rosë (f)	[rósə]
ganso (m)	patë (f)	[pátə]
caça (f)	gjah (m)	[ɟáh]
peru (m)	mish gjel deti (m)	[miʃ ɟɛl déti]
carne (f) de porco	mish derri (m)	[miʃ déri]
carne (f) de vitela	mish viçi (m)	[miʃ vítʃi]
carne (f) de carneiro	mish qengji (m)	[miʃ cénɟi]
carne (f) de vaca	mish lope (m)	[miʃ lópɛ]
carne (f) de coelho	mish lepuri (m)	[miʃ lépuri]
chouriço, salsichão (m)	salsiçe (f)	[salsítʃɛ]
salsicha (f)	salsiçe vjeneze (f)	[salsítʃɛ vjɛnézɛ]
bacon (m)	proshutë (f)	[proʃútə]
fiambre (f)	sallam (m)	[saɫám]
presunto (m)	kofshë derri (f)	[kófʃə déri]
patê (m)	pate (f)	[paté]
fígado (m)	mëlçi (f)	[məltʃí]
carne (f) moída	hamburger (m)	[hamburgér]
língua (f)	gjuhë (f)	[ɟúhə]
ovo (m)	ve (f)	[vɛ]
ovos (m pl)	vezë (pl)	[vézə]
clara (f) do ovo	e bardhë veze (f)	[ɛ bárðə vézɛ]
gema (f) do ovo	e verdhë veze (f)	[ɛ vérðə vézɛ]
peixe (m)	peshk (m)	[pɛʃk]
mariscos (m pl)	fruta deti (pl)	[frúta déti]
crustáceos (m pl)	krustace (pl)	[krustátsɛ]
caviar (m)	havjar (m)	[havjár]
caranguejo (m)	gaforre (f)	[gafórɛ]
camarão (m)	karkalec (m)	[karkaléts]
ostra (f)	midhje (f)	[míðjɛ]
lagosta (f)	karavidhe (f)	[karavíðɛ]
polvo (m)	oktapod (m)	[oktapód]
lula (f)	kallamarë (f)	[kaɫamárə]
esturjão (m)	bli (m)	[blí]
salmão (m)	salmon (m)	[salmón]
halibute (m)	shojzë e Atlantikut Verior (f)	[ʃójzə ɛ atlantíkut vɛriór]
bacalhau (m)	merluc (m)	[mɛrlúts]

cavala, sarda (f)	skumbri (m)	[skúmbri]
atum (m)	tunë (f)	[túnə]
enguia (f)	ngjalë (f)	[ɲálə]
truta (f)	troftë (f)	[tróftə]
sardinha (f)	sardele (f)	[sardélɛ]
lúcio (m)	mlysh (m)	[mlýʃ]
arenque (m)	harengë (f)	[haréŋə]
pão (m)	bukë (f)	[búkə]
queijo (m)	djath (m)	[djáθ]
açúcar (m)	sheqer (m)	[ʃɛcér]
sal (m)	kripë (f)	[krípə]
arroz (m)	oriz (m)	[oríz]
massas (f pl)	makarona (f)	[makaróna]
talharim (m)	makarona petë (f)	[makaróna pétə]
manteiga (f)	gjalp (m)	[ɟalp]
óleo (m) vegetal	vaj vegjetal (m)	[vaj vɛɟɛtál]
óleo (m) de girassol	vaj luledielli (m)	[vaj lulɛdiéɫi]
margarina (f)	margarinë (f)	[margarínə]
azeitonas (f pl)	ullinj (pl)	[uɫíɲ]
azeite (m)	vaj ulliri (m)	[vaj uɫíri]
leite (m)	qumësht (m)	[cúməʃt]
leite (m) condensado	qumësht i kondensuar (m)	[cúməʃt i kondɛnsúar]
iogurte (m)	kos (m)	[kos]
nata (f) azeda	salcë kosi (f)	[sáltsə kosi]
nata (f) do leite	krem qumështi (m)	[krɛm cúməʃti]
maionese (f)	majonezë (f)	[majonézə]
creme (m)	krem gjalpi (m)	[krɛm ɟálpi]
grãos (m pl) de cereais	drithëra (pl)	[dríθəra]
farinha (f)	miell (m)	[míɛɫ]
enlatados (m pl)	konserva (f)	[konsérva]
flocos (m pl) de milho	kornfleiks (m)	[kornfléiks]
mel (m)	mjaltë (f)	[mjáltə]
doce (m)	reçel (m)	[rɛtʃél]
pastilha (f) elástica	çamçakëz (m)	[tʃamtʃakéz]

45. Bebidas

água (f)	ujë (m)	[újə]
água (f) potável	ujë i pijshëm (m)	[újə i píʃʃəm]
água (f) mineral	ujë mineral (m)	[újə minɛrál]
sem gás	ujë natyral	[újə natyrál]
gaseificada	ujë i karbonuar	[újə i karbonúar]
com gás	ujë i gazuar	[újə i gazúar]
gelo (m)	akull (m)	[ákuɫ]

com gelo	me akull	[mɛ ákuɫ]
sem álcool	jo alkoolik	[jo alkoolík]
bebida (f) sem álcool	pije e lehtë (f)	[píjɛ ɛ léhtə]
refresco (m)	pije freskuese (f)	[píjɛ frɛskúɛsɛ]
limonada (f)	limonadë (f)	[limonádə]

bebidas (f pl) alcoólicas	likere (pl)	[likérɛ]
vinho (m)	verë (f)	[vérə]
vinho (m) branco	verë e bardhë (f)	[vérə ɛ bárðə]
vinho (m) tinto	verë e kuqe (f)	[vérə ɛ kúcɛ]

licor (m)	liker (m)	[likér]
champanhe (m)	shampanjë (f)	[ʃampáɲə]
vermute (m)	vermut (m)	[vɛrmút]

uísque (m)	uiski (m)	[víski]
vodka (f)	vodkë (f)	[vódkə]
gim (m)	xhin (m)	[dʒin]
conhaque (m)	konjak (m)	[koɲák]
rum (m)	rum (m)	[rum]

café (m)	kafe (f)	[káfɛ]
café (m) puro	kafe e zezë (f)	[káfɛ ɛ zézə]
café (m) com leite	kafe me qumësht (m)	[káfɛ mɛ cúməʃt]
cappuccino (m)	kapuçino (m)	[kaputʃíno]
café (m) solúvel	neskafe (f)	[nɛskáfɛ]

leite (m)	qumësht (m)	[cúməʃt]
coquetel (m)	koktej (m)	[koktéj]
batido (m) de leite	milkshake (f)	[milkʃákɛ]

sumo (m)	lëng frutash (m)	[ləŋ frútaʃ]
sumo (m) de tomate	lëng domatesh (m)	[ləŋ domátɛʃ]
sumo (m) de laranja	lëng portokalli (m)	[ləŋ portokáɫi]
sumo (m) fresco	lëng frutash i freskët (m)	[ləŋ frútaʃ i fréskət]

cerveja (f)	birrë (f)	[bírə]
cerveja (f) clara	birrë e lehtë (f)	[bírə ɛ léhtə]
cerveja (f) preta	birrë e zezë (f)	[bírə ɛ zézə]

chá (m)	çaj (m)	[tʃáj]
chá (m) preto	çaj i zi (m)	[tʃáj i zí]
chá (m) verde	çaj jeshil (m)	[tʃáj jɛʃíl]

46. Vegetais

legumes (m pl)	perime (pl)	[pɛrímɛ]
verduras (f pl)	zarzavate (pl)	[zarzavátɛ]

tomate (m)	domate (f)	[domátɛ]
pepino (m)	kastravec (m)	[kastravéts]
cenoura (f)	karotë (f)	[karótə]
batata (f)	patate (f)	[patátɛ]
cebola (f)	qepë (f)	[cépə]

alho (m)	hudhër (f)	[húðər]
couve (f)	lakër (f)	[lákər]
couve-flor (f)	lulelakër (f)	[lulɛlákər]
couve-de-bruxelas (f)	lakër Brukseli (f)	[lákər brukséli]
brócolos (m pl)	brokoli (m)	[brókoli]
beterraba (f)	panxhar (m)	[pandʒár]
beringela (f)	patëllxhan (m)	[patəɫdʒán]
curgete (f)	kungulleshë (m)	[kuŋuɫéʃə]
abóbora (f)	kungull (m)	[kúŋuɫ]
nabo (m)	rrepë (f)	[répə]
salsa (f)	majdanoz (m)	[majdanóz]
funcho, endro (m)	kopër (f)	[kópər]
alface (f)	sallatë jeshile (f)	[saɫátə jɛʃílɛ]
aipo (m)	selino (f)	[sɛlíno]
espargo (m)	asparagus (m)	[asparágus]
espinafre (m)	spinaq (m)	[spinác]
ervilha (f)	bizele (f)	[bizélɛ]
fava (f)	fasule (f)	[fasúlɛ]
milho (m)	misër (m)	[mísər]
feijão (m)	groshë (f)	[gróʃə]
pimentão (m)	spec (m)	[spɛts]
rabanete (m)	rrepkë (f)	[répkə]
alcachofra (f)	angjinare (f)	[anɉinárɛ]

47. Frutos. Nozes

fruta (f)	frut (m)	[frut]
maçã (f)	mollë (f)	[móɫə]
pera (f)	dardhë (f)	[dárðə]
limão (m)	limon (m)	[limón]
laranja (f)	portokall (m)	[portokáɫ]
morango (m)	luleshtrydhe (f)	[lulɛʃtrýðɛ]
tangerina (f)	mandarinë (f)	[mandarínə]
ameixa (f)	kumbull (f)	[kúmbuɫ]
pêssego (m)	pjeshkë (f)	[pjéʃkə]
damasco (m)	kajsi (f)	[kajsí]
framboesa (f)	mjedër (f)	[mjédər]
ananás (m)	ananas (m)	[ananás]
banana (f)	banane (f)	[banánɛ]
melancia (f)	shalqi (m)	[ʃalcí]
uva (f)	rrush (m)	[ruʃ]
ginja (f)	qershi vishnje (f)	[cɛrʃí víʃɲɛ]
cereja (f)	qershi (f)	[cɛrʃí]
meloa (f)	pjepër (m)	[pjépər]
toranja (f)	grejpfrut (m)	[grɛjpfrút]
abacate (m)	avokado (f)	[avokádo]
papaia (f)	papaja (f)	[papája]

| manga (f) | mango (f) | [máŋo] |
| romã (f) | shegë (f) | [ʃégə] |

groselha (f) vermelha	kaliboba e kuqe (f)	[kalibóba ɛ kúcɛ]
groselha (f) preta	kaliboba e zezë (f)	[kalibóba ɛ zézə]
groselha (f) espinhosa	kulumbri (f)	[kulumbrí]
mirtilo (m)	boronicë (f)	[boronítsə]
amora silvestre (f)	manaferra (f)	[manaféra]

uvas (f pl) passas	rrush i thatë (m)	[ruʃ i θátə]
figo (m)	fik (m)	[fik]
tâmara (f)	hurmë (f)	[húrmə]

amendoim (m)	kikirik (m)	[kikirík]
amêndoa (f)	bajame (f)	[bajámɛ]
noz (f)	arrë (f)	[árə]
avelã (f)	lajthi (f)	[lajθí]
coco (m)	arrë kokosi (f)	[árə kokósi]
pistáchios (m pl)	fëstëk (m)	[fəsték]

48. Pão. Bolaria

pastelaria (f)	ëmbëlsira (pl)	[əmbəlsíra]
pão (m)	bukë (f)	[búkə]
bolacha (f)	biskota (pl)	[biskóta]

chocolate (m)	çokollatë (f)	[tʃokołátə]
de chocolate	prej çokollate	[prɛj tʃokołátɛ]
rebuçado (m)	karamele (f)	[karamélɛ]
bolo (cupcake, etc.)	kek (m)	[kék]
bolo (m) de aniversário	tortë (f)	[tórtə]

| tarte (~ de maçã) | tortë (f) | [tórtə] |
| recheio (m) | mbushje (f) | [mbúʃjɛ] |

doce (m)	reçel (m)	[rɛtʃél]
geleia (f) de frutas	marmelatë (f)	[marmɛlátə]
waffle (m)	vafera (pl)	[vaféra]
gelado (m)	akullore (f)	[akułórɛ]
pudim (m)	puding (m)	[pudíŋ]

49. Pratos cozinhados

prato (m)	pjatë (f)	[pjátə]
cozinha (~ portuguesa)	kuzhinë (f)	[kuʒínə]
receita (f)	recetë (f)	[rɛtsétə]
porção (f)	racion (m)	[ratsión]

salada (f)	sallatë (f)	[sałátə]
sopa (f)	supë (f)	[súpə]
caldo (m)	lëng mishi (m)	[ləŋ míʃí]
sandes (f)	sandviç (m)	[sandvítʃ]

ovos (m pl) estrelados	vezë të skuqura (pl)	[vézə tə skúcura]
hambúrguer (m)	hamburger	[hamburgér]
bife (m)	biftek (m)	[bifték]

conduto (m)	garniturë (f)	[garnitúrə]
espaguete (m)	shpageti (pl)	[ʃpagéti]
puré (m) de batata	pure patatesh (f)	[puré patátɛʃ]
pizza (f)	pica (f)	[pítsa]
papa (f)	qull (m)	[cuɫ]
omelete (f)	omëletë (f)	[oməlétə]

cozido em água	i zier	[i zíɛr]
fumado	i tymosur	[i tymósur]
frito	i skuqur	[i skúcur]
seco	i tharë	[i θárə]
congelado	i ngrirë	[i ŋrírə]
em conserva	i marinuar	[i marinúar]

doce (açucarado)	i ëmbël	[i əmbəl]
salgado	i kripur	[i krípur]
frio	i ftohtë	[i ftóhtə]
quente	i nxehtë	[i ndzéhtə]
amargo	i hidhur	[i híður]
gostoso	i shijshëm	[i ʃíjʃəm]

cozinhar (em água a ferver)	ziej	[zíɛj]
fazer, preparar (vt)	gatuaj	[gatúaj]
fritar (vt)	skuq	[skuc]
aquecer (vt)	ngroh	[ŋróh]

salgar (vt)	hedh kripë	[hɛð krípə]
apimentar (vt)	hedh piper	[hɛð pipér]
ralar (vt)	rendoj	[rɛndój]
casca (f)	lëkurë (f)	[ləkúrə]
descascar (vt)	qëroj	[cərój]

50. Especiarias

sal (m)	kripë (f)	[krípə]
salgado	i kripur	[i krípur]
salgar (vt)	hedh kripë	[hɛð krípə]

pimenta (f) preta	piper i zi (m)	[pipér i zi]
pimenta (f) vermelha	piper i kuq (m)	[pipér i kuc]
mostarda (f)	mustardë (f)	[mustárdə]
raiz-forte (f)	rrepë djegëse (f)	[répə djégəsɛ]

condimento (m)	salcë (f)	[sáltsə]
especiaria (f)	erëz (f)	[érəz]
molho (m)	salcë (f)	[sáltsə]
vinagre (m)	uthull (f)	[úθuɫ]

| anis (m) | anisetë (f) | [anisétə] |
| manjericão (m) | borzilok (m) | [borzilók] |

cravo (m)	karafil (m)	[karafíl]
gengibre (m)	xhenxhefil (m)	[dʒɛndʒɛfíl]
coentro (m)	koriandër (m)	[koriándər]
canela (f)	kanellë (f)	[kanéɫə]

sésamo (m)	susam (m)	[susám]
folhas (f pl) de louro	gjeth dafine (m)	[ɟɛθ dafínɛ]
páprica (f)	spec (m)	[spɛts]
cominho (m)	kumin (m)	[kumín]
açafrão (m)	shafran (m)	[ʃafrán]

51. Refeições

| comida (f) | ushqim (m) | [uʃcím] |
| comer (vt) | ha | [ha] |

pequeno-almoço (m)	mëngjes (m)	[mənɟés]
tomar o pequeno-almoço	ha mëngjes	[ha mənɟés]
almoço (m)	drekë (f)	[drékə]
almoçar (vi)	ha drekë	[ha drékə]
jantar (m)	darkë (f)	[dárkə]
jantar (vi)	ha darkë	[ha dárkə]

| apetite (m) | oreks (m) | [oréks] |
| Bom apetite! | Të bëftë mirë! | [tə bəftə mírə!] |

abrir (~ uma lata, etc.)	hap	[hap]
derramar (vt)	derdh	[dérð]
derramar-se (vr)	derdhje	[dérðjɛ]

ferver (vi)	ziej	[zíɛj]
ferver (vt)	ziej	[zíɛj]
fervido	i zier	[i zíɛr]
arrefecer (vt)	ftoh	[ftoh]
arrefecer-se (vr)	ftohje	[ftóhjɛ]

| sabor, gosto (m) | shije (f) | [ʃíjɛ] |
| gostinho (m) | shije (f) | [ʃíjɛ] |

fazer dieta	dobësohem	[dobəsóhɛm]
dieta (f)	dietë (f)	[diétə]
vitamina (f)	vitaminë (f)	[vitamínə]
caloria (f)	kalori (f)	[kalorí]

| vegetariano (m) | vegjetarian (m) | [vɛɟɛtarián] |
| vegetariano | vegjetarian | [vɛɟɛtarián] |

gorduras (f pl)	yndyrë (f)	[yndýrə]
proteínas (f pl)	proteinë (f)	[protɛínə]
carboidratos (m pl)	karbohidrat (m)	[karbohidrát]

fatia (~ de limão, etc.)	fetë (f)	[fétə]
pedaço (~ de bolo)	copë (f)	[tsópə]
migalha (f)	dromcë (f)	[drómtsə]

52. Por a mesa

colher (f)	lugë (f)	[lúgə]
faca (f)	thikë (f)	[θíkə]
garfo (m)	pirun (m)	[pirún]
chávena (f)	filxhan (m)	[fildʒán]
prato (m)	pjatë (f)	[pjátə]
pires (m)	pjatë filxhani (f)	[pjátə fildʒáni]
guardanapo (m)	pecetë (f)	[pɛtsétə]
palito (m)	kruajtëse dhëmbësh (f)	[krúajtəsɛ ðémbəʃ]

53. Restaurante

restaurante (m)	restorant (m)	[rɛstoránt]
café (m)	kafene (f)	[kafɛné]
bar (m), cervejaria (f)	pab (m), pijetore (f)	[pab], [pijɛtórɛ]
salão (m) de chá	çajtore (f)	[tʃajtórɛ]
empregado (m) de mesa	kamerier (m)	[kamɛriér]
empregada (f) de mesa	kameriere (f)	[kamɛriérɛ]
barman (m)	banakier (m)	[banakiér]
ementa (f)	menu (f)	[mɛnú]
lista (f) de vinhos	menu verërash (f)	[mɛnú vérəraʃ]
reservar uma mesa	rezervoj një tavolinë	[rɛzɛrvój ɲə tavolínə]
prato (m)	pjatë (f)	[pjátə]
pedir (vt)	porosis	[porosís]
fazer o pedido	bëj porosinë	[bəj porosínə]
aperitivo (m)	aperitiv (m)	[apɛritív]
entrada (f)	antipastë (f)	[antipástə]
sobremesa (f)	ëmbëlsirë (f)	[əmbəlsírə]
conta (f)	faturë (f)	[fatúrə]
pagar a conta	paguaj faturën	[pagúaj fatúrən]
dar o troco	jap kusur	[jap kusúr]
gorjeta (f)	bakshish (m)	[bakʃíʃ]

Família, parentes e amigos

54. Informação pessoal. Formulários

nome (m)	emër (m)	[émər]
apelido (m)	mbiemër (m)	[mbiémər]
data (f) de nascimento	datëlindje (f)	[datəlíndjɛ]
local (m) de nascimento	vendlindje (f)	[vɛndlíndjɛ]
nacionalidade (f)	kombësi (f)	[kombəsí]
lugar (m) de residência	vendbanim (m)	[vɛndbaním]
país (m)	shtet (m)	[ʃtɛt]
profissão (f)	profesion (m)	[profɛsión]
sexo (m)	gjinia (f)	[ɟiníɑ]
estatura (f)	gjatësia (f)	[ɟatəsíɑ]
peso (m)	peshë (f)	[péʃə]

55. Membros da família. Parentes

mãe (f)	nënë (f)	[nə́nə]
pai (m)	baba (f)	[babá]
filho (m)	bir (m)	[bir]
filha (f)	bijë (f)	[bíjə]
filha (f) mais nova	vajza e vogël (f)	[vájza ɛ vógəl]
filho (m) mais novo	djali i vogël (m)	[djáli i vógəl]
filha (f) mais velha	vajza e madhe (f)	[vájza ɛ máðɛ]
filho (m) mais velho	djali i vogël (m)	[djáli i vógəl]
irmão (m)	vëlla (m)	[vəɫá]
irmão (m) mais velho	vëllai i madh (m)	[vəɫái i mað]
irmão (m) mais novo	vëllai i vogël (m)	[vəɫai i vógəl]
irmã (f)	motër (f)	[mótər]
irmã (f) mais velha	motra e madhe (f)	[mótra ɛ máðɛ]
irmã (f) mais nova	motra e vogël (f)	[mótra ɛ vógəl]
primo (m)	kushëri (m)	[kuʃərí]
prima (f)	kushërirë (f)	[kuʃərírə]
mamã (f)	mami (f)	[mámi]
papá (m)	babi (m)	[bábi]
pais (pl)	prindër (pl)	[príndər]
criança (f)	fëmijë (f)	[fəmíjə]
crianças (f pl)	fëmijë (pl)	[fəmíjə]
avó (f)	gjyshe (f)	[ɟýʃɛ]
avô (m)	gjysh (m)	[ɟyʃ]

neto (m)	nip (m)	[nip]
neta (f)	mbesë (f)	[mbésə]
netos (pl)	nipër e mbesa (pl)	[nípər ɛ mbésa]

tio (m)	dajë (f)	[dájə]
tia (f)	teze (f)	[tézɛ]
sobrinho (m)	nip (m)	[nip]
sobrinha (f)	mbesë (f)	[mbésə]

sogra (f)	vjehrrë (f)	[vjéhrə]
sogro (m)	vjehrri (m)	[vjéhri]
genro (m)	dhëndër (m)	[ðéndər]
madrasta (f)	njerkë (f)	[ɲérkə]
padrasto (m)	njerk (m)	[ɲérk]

criança (f) de colo	foshnjë (f)	[fóʃnə]
bebé (m)	fëmijë (f)	[fəmíjə]
menino (m)	djalosh (m)	[djalóʃ]

mulher (f)	bashkëshorte (f)	[baʃkəʃórtɛ]
marido (m)	bashkëshort (m)	[baʃkəʃórt]
esposo (m)	bashkëshort (m)	[baʃkəʃórt]
esposa (f)	bashkëshorte (f)	[baʃkəʃórtɛ]

casado	i martuar	[i martúar]
casada	e martuar	[ɛ martúar]
solteiro	beqar	[bɛcár]
solteirão (m)	beqar (m)	[bɛcár]
divorciado	i divorcuar	[i divortsúar]
viúva (f)	vejushë (f)	[vɛjúʃə]
viúvo (m)	vejan (m)	[vɛján]

parente (m)	kushëri (m)	[kuʃərí]
parente (m) próximo	kushëri i afërt (m)	[kuʃərí i áfərt]
parente (m) distante	kushëri i largët (m)	[kuʃərí i lárgət]
parentes (m pl)	kushërinj (pl)	[kuʃəríɲ]

órfão (m)	jetim (m)	[jɛtím]
órfã (f)	jetime (f)	[jɛtímɛ]
tutor (m)	kujdestar (m)	[kujdɛstár]
adotar (um filho)	adoptoj	[adoptój]
adotar (uma filha)	adoptoj	[adoptój]

56. Amigos. Colegas de trabalho

amigo (m)	mik (m)	[mik]
amiga (f)	mike (f)	[míkɛ]
amizade (f)	miqësi (f)	[micəsí]
ser amigos	të miqësohem	[tə micəsóhɛm]

amigo (m)	shok (m)	[ʃok]
amiga (f)	shoqe (f)	[ʃócɛ]
parceiro (m)	partner (m)	[partnér]
chefe (m)	shef (m)	[ʃɛf]

superior (m)	epror (m)	[εprór]
proprietário (m)	pronar (m)	[pronár]
subordinado (m)	vartës (m)	[vártəs]
colega (m)	koleg (m)	[kolég]

conhecido (m)	i njohur (m)	[i ɲóhur]
companheiro (m) de viagem	bashkudhëtar (m)	[baʃkuðətár]
colega (m) de classe	shok klase (m)	[ʃok klásɛ]

vizinho (m)	komshi (m)	[komʃí]
vizinha (f)	komshike (f)	[komʃíkɛ]
vizinhos (pl)	komshinj (pl)	[komʃíɲ]

57. Homem. Mulher

mulher (f)	grua (f)	[grúa]
rapariga (f)	vajzë (f)	[vájzə]
noiva (f)	nuse (f)	[núsɛ]

bonita	i bukur	[i búkur]
alta	i gjatë	[i ɟátə]
esbelta	i hollë	[i hótə]
de estatura média	i shkurtër	[i ʃkúrtər]

| loura (f) | bionde (f) | [bióndɛ] |
| morena (f) | zeshkane (f) | [zɛʃkánɛ] |

de senhora	për femra	[pər fémra]
virgem (f)	virgjëreshë (f)	[virɟəréʃə]
grávida	shtatzënë	[ʃtatzénə]

homem (m)	burrë (m)	[búrə]
louro (m)	biond (m)	[biónd]
moreno (m)	zeshkan (m)	[zɛʃkán]
alto	i gjatë	[i ɟátə]
de estatura média	i shkurtër	[i ʃkúrtər]

rude	i vrazhdë	[i vráʒdə]
atarracado	trupngjeshur	[trupnɟéʃur]
robusto	i fuqishëm	[i fucíʃəm]
forte	i fortë	[i fórtə]
força (f)	forcë (f)	[fórtsə]

gordo	bullafiq	[buɫafíc]
moreno	zeshkan	[zɛʃkán]
esbelto	i hollë	[i hótə]
elegante	elegant	[ɛlɛgánt]

58. Idade

| idade (f) | moshë (f) | [móʃə] |
| juventude (f) | rini (f) | [riní] |

jovem	i ri	[i rí]
mais novo	më i ri	[mə i rí]
mais velho	më i vjetër	[mə i vjétər]

jovem (m)	djalë i ri (m)	[djálə i rí]
adolescente (m)	adoleshent (m)	[adolɛʃént]
rapaz (m)	djalë (f)	[djálə]

velho (m)	plak (m)	[plak]
velhota (f)	plakë (f)	[plákə]

adulto	i rritur	[i rítur]
de meia-idade	mesoburrë	[mɛsobúrə]
idoso, de idade	i moshuar	[i moʃúar]
velho	i vjetër	[i vjétər]

reforma (f)	pension (m)	[pɛnsión]
reformar-se (vr)	dal në pension	[dál nə pɛnsión]
reformado (m)	pensionist (m)	[pɛnsioníst]

59. Crianças

criança (f)	fëmijë (f)	[fəmíjə]
crianças (f pl)	fëmijë (pl)	[fəmíjə]
gémeos (m pl)	binjakë (pl)	[biɲákə]

berço (m)	djep (m)	[djép]
guizo (m)	rraketake (f)	[rakɛtákɛ]
fralda (f)	pelenë (f)	[pɛlénə]

chupeta (f)	biberon (m)	[bibɛrón]
carrinho (m) de bebé	karrocë për bebe (f)	[karótsə pər bébɛ]
jardim (m) de infância	kopsht fëmijësh (m)	[kópʃt fəmíjəʃ]
babysitter (f)	dado (f)	[dádo]

infância (f)	fëmijëri (f)	[fəmijərí]
boneca (f)	kukull (f)	[kúkuɫ]
brinquedo (m)	lodër (f)	[lódər]
jogo (m) de armar	lodër për ndërtim (m)	[lódər pər ndərtím]
bem-educado	i edukuar	[i ɛdukúar]
mal-educado	i paedukuar	[i paɛdukúar]
mimado	i llastuar	[i ɫastúar]

ser travesso	trazovaç	[trazovátʃ]
travesso, traquinas	mistrec	[mistréts]
travessura (f)	shpirtligësi (f)	[ʃpirtligəsí]
criança (f) travessa	fëmijë mistrec (m)	[fəmíjə mistréts]

obediente	i bindur	[i bíndur]
desobediente	i pabindur	[i pabíndur]

dócil	i butë	[i bútə]
inteligente	i zgjuar	[i zɟúar]
menino (m) prodígio	fëmijë gjeni (m)	[fəmíjə ɟɛní]

60. Casais. Vida de família

beijar (vt)	puth	[puθ]
beijar-se (vr)	puthem	[púθɛm]
família (f)	familje (f)	[famíljɛ]
familiar	familjare	[familjárɛ]
casal (m)	çift (m)	[tʃíft]
matrimónio (m)	martesë (f)	[martésə]
lar (m)	vatra (f)	[vátra]
dinastia (f)	dinasti (f)	[dinastí]

encontro (m)	takim (m)	[takím]
beijo (m)	puthje (f)	[púθjɛ]

amor (m)	dashuri (f)	[daʃurí]
amar (vt)	dashuroj	[daʃurój]
amado, querido	i dashur	[i dáʃur]

ternura (f)	ndjeshmëri (f)	[ndjɛʃmərí]
terno, afetuoso	i ndjeshëm	[i ndjéʃəm]
fidelidade (f)	besnikëri (f)	[bɛsnikərí]
fiel	besnik	[bɛsník]
cuidado (m)	kujdes (m)	[kujdés]
carinhoso	i dashur	[i dáʃur]

recém-casados (m pl)	të porsamartuar (pl)	[tə porsamartúar]
lua de mel (f)	muaj mjalti (m)	[múaj mjálti]
casar-se (com um homem)	martohem	[martóhɛm]
casar-se (com uma mulher)	martohem	[martóhɛm]

boda (f)	dasmë (f)	[dásmə]
bodas (f pl) de ouro	martesë e artë (f)	[martésə ɛ ártə]
aniversário (m)	përvjetor (m)	[pərvjɛtór]

amante (m)	dashnor (m)	[daʃnór]
amante (f)	dashnore (f)	[daʃnórɛ]

adultério (m)	tradhti bashkëshortore (f)	[traðtí baʃkəʃortórɛ]
cometer adultério	tradhtoj ...	[traðtój ...]
ciumento	xheloz	[dʒɛlóz]
ser ciumento	jam xheloz	[jam dʒɛlóz]
divórcio (m)	divorc (m)	[divórts]
divorciar-se (vr)	divorcoj	[divortsój]

brigar (discutir)	grindem	[gríndɛm]
fazer as pazes	pajtohem	[pajtóhɛm]
juntos	së bashku	[sə báʃku]
sexo (m)	seks (m)	[sɛks]

felicidade (f)	lumturi (f)	[lumturí]
feliz	i lumtur	[i lúmtur]
infelicidade (f)	fatkeqësi (f)	[fatkɛcəsí]
infeliz	i trishtuar	[i triʃtúar]

Caráter. Sentimentos. Emoções

61. Sentimentos. Emoções

sentimento (m)	ndjenjë (f)	[ndjɛ́ɲə]
sentimentos (m pl)	ndjenja (pl)	[ndjɛ́ɲa]
sentir (vt)	ndjej	[ndjɛ́j]
fome (f)	uri (f)	[urí]
ter fome	kam uri	[kam urí]
sede (f)	etje (f)	[étjɛ]
ter sede	kam etje	[kam étjɛ]
sonolência (f)	përgjumësi (f)	[pəɾjuməsí]
estar sonolento	përgjumje	[pəɾjúmjɛ]
cansaço (m)	lodhje (f)	[lóðjɛ]
cansado	i lodhur	[i lóður]
ficar cansado	lodhem	[lóðɛm]
humor (m)	humor (m)	[humór]
tédio (m)	mërzitje (f)	[mərzítjɛ]
aborrecer-se (vr)	mërzitem	[mərzítɛm]
isolamento (m)	izolim (m)	[izolím]
isolar-se	izolohem	[izolóhɛm]
preocupar (vt)	shqetësoj	[ʃcɛtəsój]
preocupar-se (vr)	shqetësohem	[ʃcɛtəsóhɛm]
preocupação (f)	shqetësim (m)	[ʃcɛtəsím]
ansiedade (f)	ankth (m)	[ankθ]
preocupado	i merakosur	[i mɛrakósur]
estar nervoso	nervozohem	[nɛrvozóhɛm]
entrar em pânico	më zë paniku	[mə zə paníku]
esperança (f)	shpresë (f)	[ʃprésə]
esperar (vt)	shpresoj	[ʃprɛsój]
certeza (f)	siguri (f)	[sigurí]
certo	i sigurt	[i sígurt]
indecisão (f)	pasiguri (f)	[pasigurí]
indeciso	i pasigurt	[i pasígurt]
ébrio, bêbado	i dehur	[i déhur]
sóbrio	i kthjellët	[i kθjéɫət]
fraco	i dobët	[i dóbət]
feliz	i lumtur	[i lúmtur]
assustar (vt)	tremb	[trɛmb]
fúria (f)	tërbim (m)	[tərbím]
ira, raiva (f)	inat (m)	[inát]
depressão (f)	depresion (m)	[dɛprɛsión]
arrepender-se (vr)	pendohem	[pɛndóhɛm]

arrependimento (m)	pendim (m)	[pɛndím]
azar (m), má sorte (f)	ters (m)	[tɛrs]
tristeza (f)	trishtim (m)	[triʃtím]

vergonha (f)	turp (m)	[turp]
alegria (f)	gëzim (m)	[gəzím]
entusiasmo (m)	entuziazëm (m)	[ɛntuziázəm]
entusiasta (m)	entuziast (m)	[ɛntuziást]
mostrar entusiasmo	tregoj entuziazëm	[trɛgój ɛntuziázəm]

62. Caráter. Personalidade

caráter (m)	karakter (m)	[karaktér]
falha (f) de caráter	dobësi karakteri (f)	[dobəsí karaktéri]
mente (f)	mendje (f)	[méndjɛ]
razão (f)	arsye (f)	[arsýɛ]

consciência (f)	ndërgjegje (f)	[ndərɟéɟɛ]
hábito (m)	zakon (m)	[zakón]
habilidade (f)	aftësi (f)	[aftəsí]
saber (~ nadar, etc.)	mund	[mund]

paciente	i duruar	[i durúar]
impaciente	i paduruar	[i padurúar]
curioso	kurioz	[kurióz]
curiosidade (f)	kuriozitet (m)	[kuriozitét]

modéstia (f)	modesti (f)	[modɛstí]
modesto	modest	[modést]
imodesto	i paturpshëm	[i patúrpʃəm]

preguiça (f)	dembeli (f)	[dɛmbɛlí]
preguiçoso	dembel	[dɛmbél]
preguiçoso (m)	dembel (m)	[dɛmbél]

astúcia (f)	dinakëri (f)	[dinakərí]
astuto	dinak	[dinák]
desconfiança (f)	mosbesim (m)	[mosbɛsím]
desconfiado	mosbesues	[mosbɛsúɛs]

generosidade (f)	zemërgjerësi (f)	[zɛmərɟɛrəsí]
generoso	zemërgjerë	[zɛmərɟérə]
talentoso	i talentuar	[i talɛntúar]
talento (m)	talent (m)	[talént]

corajoso	i guximshëm	[i gudzímʃəm]
coragem (f)	guxim (m)	[gudzím]
honesto	i ndershëm	[i ndérʃəm]
honestidade (f)	ndershmëri (f)	[ndɛrʃmərí]

prudente	i kujdesshëm	[i kujdésʃəm]
valente	trim, guximtar	[trim], [gudzimtár]
sério	serioz	[sɛrióz]
severo	i rreptë	[i réptə]

decidido	i vendosur	[i vɛndósur]
indeciso	i pavendosur	[i pavɛndósur]
tímido	i turpshëm	[i túrpʃəm]
timidez (f)	turp (m)	[turp]

confiança (f)	besim në vetvete (m)	[bɛsím nə vɛtvétɛ]
confiar (vt)	besoj	[bɛsój]
crédulo	i besueshëm	[i bɛsúɛʃəm]

sinceramente	sinqerisht	[sínɛriʃt]
sincero	i sinqertë	[i sinɛ́rtə]
sinceridade (f)	sinqeritet (m)	[sinɛritét]
aberto	i hapur	[i hápur]

calmo	i qetë	[i cétə]
franco	i dëlirë	[i dəlírə]
ingénuo	naiv	[naív]
distraído	i hutuar	[i hutúar]
engraçado	zbavitës	[zbavítəs]

ganância (f)	lakmi (f)	[lakmí]
ganancioso	lakmues	[lakmúɛs]
avarento	koprrac	[kopráts]
mau	djallëzor	[djaɫəzór]
teimoso	kokëfortë	[kokəfórtə]
desagradável	i pakëndshëm	[i pakə́ndʃəm]

egoísta (m)	egoist (m)	[ɛgoíst]
egoísta	egoist	[ɛgoíst]
cobarde (m)	frikacak (m)	[frikatsák]
cobarde	frikacak	[frikatsák]

63. O sono. Sonhos

dormir (vi)	fle	[flɛ]
sono (m)	gjumë (m)	[ɟúmə]
sonho (m)	ëndërr (m)	[ə́ndər]
sonhar (vi)	ëndërroj	[əndərój]
sonolento	përgjumshëm	[pərɟúmʃəm]

cama (f)	shtrat (m)	[ʃtrat]
colchão (m)	dyshek (m)	[dyʃék]
cobertor (m)	mbulesë (f)	[mbulésə]
almofada (f)	jastëk (m)	[jasték]
lençol (m)	çarçaf (m)	[tʃartʃáf]

insónia (f)	pagjumësi (f)	[paɟuməsí]
insone	i pagjumë	[i paɟúmə]
sonífero (m)	ilaç gjumi (m)	[ilátʃ ɟúmi]
tomar um sonífero	marr ilaç gjumi	[mar ilátʃ ɟúmi]

estar sonolento	përgjumje	[pərɟúmjɛ]
bocejar (vi)	më hapet goja	[mə hápɛt gója]
ir para a cama	shkoj të fle	[ʃkoj tə flɛ]

| fazer a cama | rregulloj shtratin | [rɛgułój ʃtrátin] |
| adormecer (vi) | më zë gjumi | [mə zə ɟúmi] |

pesadelo (m)	ankth (m)	[ankθ]
ronco (m)	gërhitje (f)	[gərhítjɛ]
roncar (vi)	gërhas	[gərhás]

despertador (m)	orë me zile (f)	[órə mɛ zílɛ]
acordar, despertar (vt)	zgjoj	[zɟoj]
acordar (vi)	zgjohem nga gjumi	[zɟóhɛm ŋa ɟúmi]
levantar-se (vr)	ngrihem	[ŋríhɛm]
lavar-se (vr)	laj	[laj]

64. Humor. Riso. Alegria

humor (m)	humor (m)	[humór]
sentido (m) de humor	sens humori (m)	[sɛns humóri]
divertir-se (vr)	kënaqem	[kənáɕɛm]
alegre	gëzueshëm	[gəzúɛʃəm]
alegria (f)	gëzim (m)	[gəzím]

sorriso (m)	buzëqeshje (f)	[buzəcéʃjɛ]
sorrir (vi)	buzëqesh	[buzəcéʃ]
começar a rir	filloj të qesh	[fiłój tə céʃ]
rir (vi)	qesh	[cɛʃ]
riso (m)	qeshje (f)	[céʃjɛ]

anedota (f)	anekdotë (f)	[anɛkdótə]
engraçado	për të qeshur	[pər tə céʃur]
ridículo	zbavitës	[zbavítəs]

brincar, fazer piadas	bëj shaka	[bəj ʃaká]
piada (f)	shaka (f)	[ʃaká]
alegria (f)	gëzim (m)	[gəzím]
regozijar-se (vr)	ngazëllohem	[ŋazəłóhɛm]
alegre	gazmor	[gazmór]

65. Discussão, conversação. Parte 1

| comunicação (f) | komunikim (m) | [komunikím] |
| comunicar-se (vr) | komunikoj | [komunikój] |

conversa (f)	bisedë (f)	[bisédə]
diálogo (m)	dialog (m)	[dialóg]
discussão (f)	diskutim (m)	[diskutím]
debate (m)	mosmarrëveshje (f)	[mosmarəvéʃjɛ]
debater (vt)	kundërshtoj	[kundərʃtój]

interlocutor (m)	bashkëbisedues (m)	[baʃkəbisɛdúɛs]
tema (m)	temë (f)	[témə]
ponto (m) de vista	pikëpamje (f)	[pikəpámjɛ]
opinião (f)	opinion (m)	[opinión]

discurso (m)	fjalim (m)	[fjalím]
discussão (f)	diskutim (m)	[diskutím]
discutir (vt)	diskutoj	[diskutój]
conversa (f)	bisedë (f)	[bisédə]
conversar (vi)	bisedoj	[bisɛdój]
encontro (m)	takim (m)	[takím]
encontrar-se (vr)	takoj	[takój]

provérbio (m)	fjalë e urtë (f)	[fjálə ɛ úrtə]
ditado (m)	thënie (f)	[θə́niɛ]
adivinha (f)	gjëegjëzë (f)	[ɟəéɟəzə]
dizer uma adivinha	them gjëegjëzë	[θɛm ɟəéɟəzə]
senha (f)	fjalëkalim (m)	[fjalǝkalím]
segredo (m)	sekret (m)	[sɛkrét]

juramento (m)	betim (m)	[bɛtím]
jurar (vi)	betohem	[bɛtóhɛm]
promessa (f)	premtim (m)	[prɛmtím]
prometer (vt)	premtoj	[prɛmtój]

conselho (m)	këshillë (f)	[kəʃíɫə]
aconselhar (vt)	këshilloj	[kəʃiɫój]
seguir o conselho	ndjek këshillën	[ndjék kəʃíɫən]
escutar (~ os conselhos)	bindem ...	[bíndɛm ...]

novidade, notícia (f)	lajme (f)	[lájmɛ]
sensação (f)	ndjesi (f)	[ndjɛsí]
informação (f)	informacion (m)	[informatsión]
conclusão (f)	përfundim (m)	[pərfundím]
voz (f)	zë (f)	[zə]
elogio (m)	kompliment (m)	[komplimént]
amável	i mirë	[i mírə]

palavra (f)	fjalë (f)	[fjálə]
frase (f)	frazë (f)	[frázə]
resposta (f)	përgjigje (f)	[pərɟíɟɛ]

| verdade (f) | e vërtetë (f) | [ɛ vərtétə] |
| mentira (f) | gënjeshtër (f) | [gəɲéʃtər] |

pensamento (m)	mendim (m)	[mɛndím]
ideia (f)	ide (f)	[idé]
fantasia (f)	fantazi (f)	[fantazí]

66. Discussão, conversação. Parte 2

estimado	i nderuar	[i ndɛrúaɾ]
respeitar (vt)	nderoj	[ndɛrój]
respeito (m)	nder (m)	[ndéɾ]
Estimado ..., Caro ...	i dashur ...	[i dáʃuɾ ...]

apresentar (vt)	prezantoj	[prɛzantój]
travar conhecimento	njoftoj	[ɲoftój]
intenção (f)	qëllim (m)	[cəɫím]

tencionar (vt)	kam ndërmend	[kam ndərménd]
desejo (m)	dëshirë (f)	[dəʃírə]
desejar (ex. ~ boa sorte)	dëshiroj	[dəʃirój]

surpresa (f)	surprizë (f)	[surprízə]
surpreender (vt)	befasoj	[bɛfasój]
surpreender-se (vr)	çuditem	[tʃudítɛm]

dar (vt)	jap	[jap]
pegar (tomar)	marr	[mar]
devolver (vt)	kthej	[kθɛj]
retornar (vt)	rikthej	[rikθéj]

desculpar-se (vr)	kërkoj falje	[kərkój fáljɛ]
desculpa (f)	falje (f)	[fáljɛ]
perdoar (vt)	fal	[fal]

falar (vi)	flas	[flas]
escutar (vt)	dëgjoj	[dəɟój]
ouvir até o fim	tregoj vëmendje	[trɛgój vəméndjɛ]
compreender (vt)	kuptoj	[kuptój]
mostrar (vt)	tregoj	[trɛgój]
olhar para ...	shikoj ...	[ʃikój ...]
chamar (dizer em voz alta o nome)	thërras	[θərás]
distrair (vt)	tërheq vëmendjen	[tərhéc vəméndjɛn]
perturbar (vt)	shqetësoj	[ʃcɛtəsój]
entregar (~ em mãos)	jap	[jap]

pedido (m)	kërkesë (f)	[kərkésə]
pedir (ex. ~ ajuda)	kërkoj	[kərkój]
exigência (f)	kërkesë (f)	[kərkésə]
exigir (vt)	kërkoj	[kərkój]

chamar nomes (vt)	ngacmoj	[ŋatsmój]
zombar (vt)	tallem	[táɬɛm]
zombaria (f)	tallje (f)	[táɬjɛ]
alcunha (f)	pseudonim (m)	[psɛudoním]

insinuação (f)	nënkuptim (m)	[nənkuptím]
insinuar (vt)	nënkuptoj	[nənkuptój]
subentender (vt)	dua të them	[dúa tə θém]

descrição (f)	përshkrim (m)	[pərʃkrím]
descrever (vt)	përshkruaj	[pərʃkrúaj]
elogio (m)	lëvdatë (f)	[ləvdátə]
elogiar (vt)	lavdëroj	[lavdərój]

desapontamento (m)	zhgënjim (m)	[ʒgəɲím]
desapontar (vt)	zhgënjej	[ʒgəɲéj]
desapontar-se (vr)	zhgënjehem	[ʒgəɲéhɛm]

suposição (f)	supozim (m)	[supozím]
supor (vt)	supozoj	[supozój]
advertência (f)	paralajmërim (m)	[paralajmərím]
advertir (vt)	paralajmëroj	[paralajmərój]

67. Discussão, conversação. Parte 3

convencer (vt)	bind	[bínd]
acalmar (vt)	qetësoj	[cɛtəsój]
silêncio (o ~ é de ouro)	heshtje (f)	[héʃtjɛ]
ficar em silêncio	i heshtur	[i héʃtur]
sussurrar (vt)	pëshpëris	[pəʃpərís]
sussurro (m)	pëshpërimë (f)	[pəʃpərímə]
francamente	sinqerisht	[síncɛriʃt]
a meu ver ...	sipas mendimit tim ...	[sipás mɛndímit tim ...]
detalhe (~ da história)	detaj (m)	[dɛtáj]
detalhado	i detajuar	[i dɛtajúar]
detalhadamente	hollësisht	[hoɫəsíʃt]
dica (f)	sugjerim (m)	[suɟɛrím]
dar uma dica	aludoj	[aludój]
olhar (m)	shikim (m)	[ʃikím]
dar uma vista de olhos	i hedh një sy	[i héð ɲə sý]
fixo (olhar ~)	i ngurtë	[i ŋúrtə]
piscar (vi)	hap e mbyll sytë	[hap ɛ mbýɫ sýtə]
pestanejar (vt)	luaj syrin	[lúaj sýrin]
acenar (com a cabeça)	pohoj me kokë	[pohój mɛ kókə]
suspiro (m)	psherëtimë (f)	[pʃɛrətímə]
suspirar (vi)	psherëtij	[pʃɛrətíj]
estremecer (vi)	rrëqethem	[rəcéθɛm]
gesto (m)	gjest (m)	[ɟɛst]
tocar (com as mãos)	prek	[prɛk]
agarrar (~ pelo braço)	kap	[kap]
bater de leve	prek	[prɛk]
Cuidado!	Kujdes!	[kujdés!]
A sério?	Vërtet?	[vərtét?]
Tem certeza?	Je i sigurt?	[jɛ i sígurt?]
Boa sorte!	Paç fat!	[patʃ fat!]
Compreendi!	E kuptova!	[ɛ kuptóva!]
Que pena!	Sa keq!	[sa kɛc!]

68. Acordo. Recusa

consentimento (~ mútuo)	leje (f)	[léjɛ]
consentir (vi)	lejoj	[lɛjój]
aprovação (f)	miratim (m)	[miratím]
aprovar (vt)	miratoj	[miratój]
recusa (f)	refuzim (m)	[rɛfuzím]
negar-se (vt)	refuzoj	[rɛfuzój]
Está ótimo!	Të lumtë!	[tə lúmtə!]
Muito bem!	Në rregull!	[nə réguɫ!]

Está bem! De acordo!	Në rregull!	[nə réguɬ!]
proibido	i ndaluar	[i ndalúar]
é proibido	është e ndalúar	[ə́ʃtə ɛ ndalúar]
é impossível	është e pamundur	[ə́ʃtə ɛ pámundur]
incorreto	i pasaktë	[i pasáktə]

rejeitar (~ um pedido)	hedh poshtë	[hɛð póʃtə]
apoiar (vt)	mbështes	[mbəʃtés]
aceitar (desculpas, etc.)	pranoj	[pranój]

confirmar (vt)	konfirmoj	[konfirmój]
confirmação (f)	konfirmim (m)	[konfirmím]
permissão (f)	leje (f)	[léjɛ]
permitir (vt)	lejoj	[lɛjój]
decisão (f)	vendim (m)	[vɛndím]
não dizer nada	nuk them asgjë	[nuk θɛm ásɟə]

condição (com uma ~)	kusht (m)	[kuʃt]
pretexto (m)	justifikim (m)	[justifikím]
elogio (m)	lëvdata (f)	[ləvdáta]
elogiar (vt)	lavdëroj	[lavdərój]

69. Sucesso. Boa sorte. Insucesso

êxito, sucesso (m)	sukses (m)	[suksés]
com êxito	me sukses	[mɛ suksés]
bem sucedido	i suksesshëm	[i suksésʃəm]
sorte (fortuna)	fat (m)	[fat]
Boa sorte!	Paç fat!	[patʃ fat!]
de sorte	me fat	[mɛ fat]
sortudo, felizardo	fatlum	[fatlúm]

fracasso (m)	dështim (m)	[dəʃtím]
pouca sorte (f)	fatkeqësi (f)	[fatkɛcəsí]
azar (m), má sorte (f)	ters (m)	[tɛrs]
mal sucedido	i pasuksesshëm	[i pasuksésʃəm]
catástrofe (f)	katastrofë (f)	[katastrófə]

orgulho (m)	krenari (f)	[krɛnarí]
orgulhoso	krenar	[krɛnár]
estar orgulhoso	jam krenar	[jam krɛnár]
vencedor (m)	fitues (m)	[fitúɛs]
vencer (vi)	fitoj	[fitój]
perder (vt)	humb	[húmb]
tentativa (f)	përpjekje (f)	[pərpjékjɛ]
tentar (vt)	përpiqem	[pərpícɛm]
chance (m)	shans (m)	[ʃans]

70. Conflitos. Emoções negativas

grito (m)	britmë (f)	[brítmə]
gritar (vi)	bërtas	[bərtás]

começar a gritar	filloj të ulërij	[fiɫój tə ulərij]
discussão (f)	grindje (f)	[gríndjɛ]
discutir (vt)	grindem	[gríndɛm]
escândalo (m)	sherr (m)	[ʃɛr]
criar escândalo	bëj skenë	[bəj skénə]
conflito (m)	konflikt (m)	[konflíkt]
mal-entendido (m)	keqkuptim (m)	[kɛckuptím]

insulto (m)	ofendim (m)	[ofɛndím]
insultar (vt)	fyej	[fýɛj]
insultado	i ofenduar	[i ofɛndúar]
ofensa (f)	fyerje (f)	[fýɛrjɛ]
ofender (vt)	ofendoj	[ofɛndój]
ofender-se (vr)	mbrohem	[mbróhɛm]

indignação (f)	indinjatë (f)	[indiɲátə]
indignar-se (vr)	zemërohem	[zɛməróhɛm]
queixa (f)	ankesë (f)	[ankésə]
queixar-se (vr)	ankohem	[ankóhɛm]

desculpa (f)	falje (f)	[fáljɛ]
desculpar-se (vr)	kërkoj falje	[kərkój fáljɛ]
pedir perdão	kërkoj ndjesë	[kərkój ndjésə]

crítica (f)	kritikë (f)	[kritíkə]
criticar (vt)	kritikoj	[kritikój]
acusação (f)	akuzë (f)	[akúzə]
acusar (vt)	akuzoj	[akuzój]

vingança (f)	hakmarrje (f)	[hakmárjɛ]
vingar (vt)	hakmerrem	[hakmérɛm]
vingar-se (vr)	shpaguaj	[ʃpagúaj]

desprezo (m)	përbuzje (f)	[pərbúzjɛ]
desprezar (vt)	përbuz	[pərbúz]
ódio (m)	urrejtje (f)	[uréjtjɛ]
odiar (vt)	urrej	[uréj]

nervoso	nervoz	[nɛrvóz]
estar nervoso	nervozohem	[nɛrvozóhɛm]
zangado	i zemëruar	[i zɛmərúar]
zangar (vt)	zemëroj	[zɛmərój]

humilhação (f)	poshtërim (m)	[poʃtərím]
humilhar (vt)	poshtëroj	[poʃtərój]
humilhar-se (vr)	poshtërohem	[poʃtəróhɛm]

| choque (m) | tronditje (f) | [trondítjɛ] |
| chocar (vt) | trondit | [trondít] |

| aborrecimento (m) | shqetësim (m) | [ʃcɛtəsím] |
| desagradável | i pakëndshëm | [i pakéndʃəm] |

medo (m)	frikë (f)	[fríkə]
terrível (tempestade, etc.)	i tmerrshëm	[i tmérʃəm]
assustador (ex. história ~a)	i frikshëm	[i fríkʃəm]

| horror (m) | horror (m) | [horór] |
| horrível (crime, etc.) | i tmerrshëm | [i tmérʃəm] |

começar a tremer	filloj të dridhem	[fiłój tə dríðɛm]
chorar (vi)	qaj	[caj]
começar a chorar	filloj të qaj	[fiłój tə cáj]
lágrima (f)	lot (m)	[lot]

falta (f)	faj (m)	[faj]
culpa (f)	faj (m)	[faj]
desonra (f)	turp (m)	[turp]
protesto (m)	protestë (f)	[protéstə]
stresse (m)	stres (m)	[strɛs]

perturbar (vt)	shqetësoj	[ʃcɛtəsój]
zangar-se com ...	tërbohem	[tərbóhɛm]
zangado	i inatosur	[i inatósur]
terminar (vt)	përfundoj	[pərfundój]
praguejar	betohem	[bɛtóhɛm]

assustar-se	tremb	[trɛmb]
golpear (vt)	qëlloj	[cəłój]
brigar (na rua, etc.)	grindem	[gríndɛm]

resolver (o conflito)	zgjidh	[zɟið]
descontente	i pakënaqur	[i pakənácur]
furioso	i xhindosur	[i dʒindósur]

| Não está bem! | Nuk është mirë! | [nuk éʃtə mírə!] |
| É mau! | Është keq! | [éʃtə kɛc!] |

Medicina

doença (f)	sëmundje (f)	[səmúndjɛ]
estar doente	jam sëmurë	[jam səmúrə]
saúde (f)	shëndet (m)	[ʃəndét]
nariz (m) a escorrer	rrifë (f)	[rífə]
amigdalite (f)	grykët (m)	[grýkət]
constipação (f)	ftohje (f)	[ftóhjɛ]
constipar-se (vr)	ftohem	[ftóhɛm]
bronquite (f)	bronkit (m)	[bronkít]
pneumonia (f)	pneumoni (f)	[pnɛumoní]
gripe (f)	grip (m)	[grip]
míope	miop	[mióp]
presbita	presbit	[prɛsbít]
estrabismo (m)	strabizëm (m)	[strabízəm]
estrábico	strabik	[strabík]
catarata (f)	katarakt (m)	[katarákt]
glaucoma (m)	glaukoma (f)	[glaukóma]
AVC (m), apoplexia (f)	goditje (f)	[godítjɛ]
ataque (m) cardíaco	sulm në zemër (m)	[sulm nə zémər]
enfarte (m) do miocárdio	infarkt miokardiak (m)	[infárkt miokardiák]
paralisia (f)	paralizë (f)	[paralízə]
paralisar (vt)	paralizoj	[paralizój]
alergia (f)	alergji (f)	[alɛrɟí]
asma (f)	astmë (f)	[ástmə]
diabetes (f)	diabet (m)	[diabét]
dor (f) de dentes	dhimbje dhëmbi (f)	[ðímbjɛ ðə́mbi]
cárie (f)	karies (m)	[kariés]
diarreia (f)	diarre (f)	[diaré]
prisão (f) de ventre	kapsllëk (m)	[kapsɬə́k]
desarranjo (m) intestinal	dispepsi (f)	[dispɛpsí]
intoxicação (f) alimentar	helmim (m)	[hɛlmím]
intoxicar-se	helmohem nga ushqimi	[hɛlmóhɛm ŋa uʃcími]
artrite (f)	artrit (m)	[artrít]
raquitismo (m)	rakit (m)	[rakít]
reumatismo (m)	reumatizëm (m)	[rɛumatízəm]
arteriosclerose (f)	arteriosklerozë (f)	[artɛriosklɛrózə]
gastrite (f)	gastrit (m)	[gastrít]
apendicite (f)	apendicit (m)	[apɛnditsít]

| colecistite (f) | kolecistit (m) | [kolɛtsistít] |
| úlcera (f) | ulcerë (f) | [ultsérǝ] |

sarampo (m)	fruth (m)	[fruθ]
rubéola (f)	rubeola (f)	[rubɛóla]
iterícia (f)	verdhëza (f)	[vérðǝza]
hepatite (f)	hepatit (m)	[hɛpatít]

esquizofrenia (f)	skizofreni (f)	[skizofrɛní]
raiva (f)	sëmundje e tërbimit (f)	[sǝmúndjɛ ɛ tǝrbímit]
neurose (f)	neurozë (f)	[nɛurózǝ]
comoção (f) cerebral	tronditje (f)	[trondítjɛ]

cancro (m)	kancer (m)	[kantsér]
esclerose (f)	sklerozë (f)	[sklɛrózǝ]
esclerose (f) múltipla	sklerozë e shumëfishtë (f)	[sklɛrózǝ ɛ ʃumǝfíʃtǝ]

alcoolismo (m)	alkoolizëm (m)	[alkoolízǝm]
alcoólico (m)	alkoolik (m)	[alkoolík]
sífilis (f)	sifiliz (m)	[sifilíz]
SIDA (f)	SIDA (f)	[sída]

tumor (m)	tumor (m)	[tumór]
maligno	malinj	[malíɲ]
benigno	beninj	[bɛníɲ]

febre (f)	ethe (f)	[éθɛ]
malária (f)	malarie (f)	[malaríɛ]
gangrena (f)	gangrenë (f)	[gaɲrénǝ]
enjoo (m)	sëmundje deti (f)	[sǝmúndjɛ déti]
epilepsia (f)	epilepsi (f)	[ɛpilɛpsí]

epidemia (f)	epidemi (f)	[ɛpidɛmí]
tifo (m)	tifo (f)	[tífo]
tuberculose (f)	tuberkuloz (f)	[tubɛrkulóz]
cólera (f)	kolerë (f)	[kolérǝ]
peste (f)	murtaja (f)	[murtája]

72. Sintomas. Tratamentos. Parte 1

sintoma (m)	simptomë (f)	[simptómǝ]
temperatura (f)	temperaturë (f)	[tɛmpɛratúrǝ]
febre (f)	temperaturë e lartë (f)	[tɛmpɛratúrǝ ɛ lártǝ]
pulso (m)	puls (m)	[puls]

vertigem (f)	marrje mendsh (m)	[márjɛ méndʃ]
quente (testa, etc.)	i nxehtë	[i ndzéhtǝ]
calafrio (m)	drithërima (f)	[driθǝríma]
pálido	i zbehur	[i zbéhuɾ]

tosse (f)	kollë (f)	[kółǝ]
tossir (vi)	kollitem	[kołítɛm]
espirrar (vi)	teshtij	[tɛʃtíj]
desmaio (m)	të fikët (f)	[tǝ fíkǝt]

desmaiar (vi)	bie të fikët	[bíɛ tə fíkət]
nódoa (f) negra	mavijosje (f)	[mavijósjɛ]
galo (m)	gungë (f)	[gúŋə]
magoar-se (vr)	godas	[godás]
pisadura (f)	lëndim (m)	[ləndím]
aleijar-se (vr)	lëndohem	[ləndóhɛm]

coxear (vi)	çaloj	[tʃalój]
deslocação (f)	dislokim (m)	[dislokím]
deslocar (vt)	del nga vendi	[dɛl ŋa véndi]
fratura (f)	thyerje (f)	[θýɛrjɛ]
fraturar (vt)	thyej	[θýɛj]

corte (m)	e prerë (f)	[ɛ prérə]
cortar-se (vr)	pres veten	[prɛs vétɛn]
hemorragia (f)	rrjedhje gjaku (f)	[rjéðjɛ ɟáku]

| queimadura (f) | djegie (f) | [djégiɛ] |
| queimar-se (vr) | digjem | [díɟɛm] |

picar (vt)	shpoj	[ʃpoj]
picar-se (vr)	shpohem	[ʃpóhɛm]
lesionar (vt)	dëmtoj	[dəmtój]
lesão (m)	dëmtim (m)	[dəmtím]
ferida (f), ferimento (m)	plagë (f)	[plágə]
trauma (m)	traumë (f)	[traúmə]

delirar (vi)	fol përçart	[fól pərtʃárt]
gaguejar (vi)	belbëzoj	[bɛlbəzój]
insolação (f)	pikë e diellit (f)	[píkə ɛ diéɬit]

73. Sintomas. Tratamentos. Parte 2

| dor (f) | dhimbje (f) | [ðímbjɛ] |
| farpa (no dedo) | cifël (f) | [tsífəl] |

suor (m)	djersë (f)	[djérsə]
suar (vi)	djersij	[djɛrsíj]
vómito (m)	të vjella (f)	[tə vjéɬa]
convulsões (f pl)	konvulsione (f)	[konvulsiónɛ]

grávida	shtatzënë	[ʃtatzénə]
nascer (vi)	lind	[lind]
parto (m)	lindje (f)	[líndjɛ]
dar à luz	sjell në jetë	[sjɛɬ nə jétə]
aborto (m)	abort (m)	[abórt]

respiração (f)	frymëmarrje (f)	[fryməmárjɛ]
inspiração (f)	mbajtje e frymës (f)	[mbájtjɛ ɛ frýməs]
expiração (f)	lëshim i frymës (m)	[ləʃím i frýməs]
expirar (vi)	nxjerr frymën	[ndzjér frýmən]
inspirar (vi)	marr frymë	[mar frýmə]
inválido (m)	invalid (m)	[invalíd]
aleijado (m)	i gjymtuar (m)	[i ɟymtúar]

toxicodependente (m)	narkoman (m)	[narkomán]
surdo	shurdh	[ʃurð]
mudo	memec	[mɛméts]
surdo-mudo	shurdh-memec	[ʃurð-mɛméts]

louco (adj.)	i marrë	[i márə]
louco (m)	i çmendur (m)	[i tʃméndur]
louca (f)	e çmendur (f)	[ɛ tʃméndur]
ficar louco	çmendem	[tʃméndɛm]

gene (m)	gen (m)	[gɛn]
imunidade (f)	imunitet (m)	[imunitét]
hereditário	e trashëguar	[ɛ traʃəgúar]
congénito	e lindur	[ɛ líndur]

vírus (m)	virus (m)	[virús]
micróbio (m)	mikrob (m)	[mikrób]
bactéria (f)	bakterie (f)	[baktériɛ]
infeção (f)	infeksion (m)	[infɛksión]

74. Sintomas. Tratamentos. Parte 3

| hospital (m) | spital (m) | [spitál] |
| paciente (m) | pacient (m) | [patsiént] |

diagnóstico (m)	diagnozë (f)	[diagnózə]
cura (f)	kurë (f)	[kúrə]
tratamento (m) médico	trajtim mjekësor (m)	[trajtím mjɛkəsór]
curar-se (vr)	kurohem	[kuróhɛm]
tratar (vt)	kuroj	[kurój]
cuidar (pessoa)	kujdesem	[kujdésɛm]
cuidados (m pl)	kujdes (m)	[kujdés]

operação (f)	operacion (m)	[opɛratsión]
enfaixar (vt)	fashoj	[faʃój]
enfaixamento (m)	fashim (m)	[faʃím]

vacinação (f)	vaksinim (m)	[vaksiním]
vacinar (vt)	vaksinoj	[vaksinój]
injeção (f)	injeksion (m)	[iɲɛksión]
dar uma injeção	bëj injeksion	[bəj iɲɛksíon]

ataque (~ de asma, etc.)	atak (m)	[aták]
amputação (f)	amputim (m)	[amputím]
amputar (vt)	amputoj	[amputój]
coma (f)	komë (f)	[kómə]
estar em coma	jam në komë	[jam nə kómə]
reanimação (f)	kujdes intensiv (m)	[kujdés intɛnsív]

recuperar-se (vr)	shërohem	[ʃəróhɛm]
estado (~ de saúde)	gjendje (f)	[ɟéndjɛ]
consciência (f)	vetëdije (f)	[vɛtədíjɛ]
memória (f)	kujtesë (f)	[kujtésə]
tirar (vt)	heq	[hɛc]

chumbo (m), obturação (f)	**mbushje** (f)	[mbúʃjɛ]
chumbar, obturar (vt)	**mbush**	[mbúʃ]
hipnose (f)	**hipnozë** (f)	[hipnózə]
hipnotizar (vt)	**hipnotizim**	[hipnotizím]

75. Médicos

médico (m)	**mjek** (m)	[mjék]
enfermeira (f)	**infermiere** (f)	[infɛrmiérɛ]
médico (m) pessoal	**mjek personal** (m)	[mjék pɛrsonál]
dentista (m)	**dentist** (m)	[dɛntíst]
oculista (m)	**okulist** (m)	[okulíst]
terapeuta (m)	**mjek i përgjithshëm** (m)	[mjék i pərɟíθʃəm]
cirurgião (m)	**kirurg** (m)	[kirúrg]
psiquiatra (m)	**psikiatër** (m)	[psikiátər]
pediatra (m)	**pediatër** (m)	[pɛdiátər]
psicólogo (m)	**psikolog** (m)	[psikológ]
ginecologista (m)	**gjinekolog** (m)	[ɟinɛkológ]
cardiologista (m)	**kardiolog** (m)	[kardiológ]

76. Medicina. Drogas. Acessórios

medicamento (m)	**ilaç** (m)	[ilátʃ]
remédio (m)	**mjekim** (m)	[mjɛkím]
receitar (vt)	**shkruaj recetë**	[ʃkrúaj rɛtsétə]
receita (f)	**recetë** (f)	[rɛtsétə]
comprimido (m)	**pilulë** (f)	[pilúlə]
pomada (f)	**krem** (m)	[krɛm]
ampola (f)	**ampulë** (f)	[ampúlə]
preparado (m)	**përzierje** (f)	[pərzíɛrjɛ]
xarope (m)	**shurup** (m)	[ʃurúp]
cápsula (f)	**pilulë** (f)	[pilúlə]
remédio (m) em pó	**pudër** (f)	[púdər]
ligadura (f)	**fashë garze** (f)	[faʃə gárzɛ]
algodão (m)	**pambuk** (m)	[pambúk]
iodo (m)	**jod** (m)	[jod]
penso (m) rápido	**leukoplast** (m)	[lɛukoplást]
conta-gotas (m)	**pikatore** (f)	[pikatórɛ]
termómetro (m)	**termometër** (m)	[tɛrmométər]
seringa (f)	**shiringë** (f)	[ʃiríɲə]
cadeira (f) de rodas	**karrocë me rrota** (f)	[karótsə mɛ róta]
muletas (f pl)	**paterica** (f)	[patɛrítsa]
analgésico (m)	**qetësues** (m)	[cɛtəsúɛs]
laxante (m)	**laksativ** (m)	[laksatív]

álcool (m) etílico	alkool dezinfektues (m)	[alkoól dɛzinfɛktúɛs]
ervas (f pl) medicinais	bimë mjekësore (f)	[bímə mjɛkəsórɛ]
de ervas (chá ~)	çaj bimor	[tʃáj bimór]

77. Fumar. Produtos tabágicos

tabaco (m)	duhan (m)	[duhán]
cigarro (m)	cigare (f)	[tsigárɛ]
charuto (m)	puro (f)	[púro]
cachimbo (m)	llullë (f)	[ɫúɫə]
maço (~ de cigarros)	pako cigaresh (m)	[páko tsigárɛʃ]

fósforos (m pl)	shkrepëse (pl)	[ʃkrépəsɛ]
caixa (f) de fósforos	kuti shkrepësesh (f)	[kutí ʃkrépəsɛʃ]
isqueiro (m)	çakmak (m)	[tʃakmák]
cinzeiro (m)	taketuke (f)	[takɛtúkɛ]
cigarreira (f)	kuti cigaresh (f)	[kutí tsigárɛʃ]

boquilha (f)	cigarishte (f)	[tsigaríʃtɛ]
filtro (m)	filtër (m)	[fíltər]

fumar (vi, vt)	pi duhan	[pi duhán]
acender um cigarro	ndez një cigare	[ndɛz ɲə tsigárɛ]
tabagismo (m)	pirja e duhanit (f)	[pírja ɛ duhánit]
fumador (m)	duhanpirës (m)	[duhanpírəs]

beata (f)	bishti i cigares (m)	[bíʃti i tsigárɛs]
fumo (m)	tym (m)	[tym]
cinza (f)	hi (m)	[hi]

HABITAT HUMANO

Cidade

cidade (f)	qytet (m)	[cytét]
capital (f)	kryeqytet (m)	[kryεcytét]
aldeia (f)	fshat (m)	[ffát]
mapa (m) da cidade	hartë e qytetit (f)	[hárta ε cytétit]
centro (m) da cidade	qendër e qytetit (f)	[céndər ε cytétit]
subúrbio (m)	periferi (f)	[pεrifεrí]
suburbano	periferik	[pεrifεrík]
periferia (f)	periferia (f)	[pεrifεría]
arredores (m pl)	periferia (f)	[pεrifεría]
quarteirão (m)	bllok pallatesh (m)	[bɫók paɫátεʃ]
quarteirão (m) residencial	bllok banimi (m)	[bɫók baními]
tráfego (m)	trafik (m)	[trafík]
semáforo (m)	semafor (m)	[sεmafór]
transporte (m) público	transport publik (m)	[transpórt publík]
cruzamento (m)	kryqëzim (m)	[krycəzím]
passadeira (f)	kalim për këmbësorë (m)	[kalím pər kəmbəsóra]
passagem (f) subterrânea	nënkalim për këmbësorë (m)	[nənkalím pər kəmbəsóra]
cruzar, atravessar (vt)	kapërcej	[kapərtséj]
peão (m)	këmbësor (m)	[kəmbəsór]
passeio (m)	trotuar (m)	[trotuár]
ponte (f)	urë (f)	[úra]
margem (f) do rio	breg lumi (m)	[brεg lúmi]
fonte (f)	shatërvan (m)	[ʃatərván]
alameda (f)	rrugëz (m)	[rúgəz]
parque (m)	park (m)	[park]
bulevar (m)	bulevard (m)	[bulεvárd]
praça (f)	shesh (m)	[ʃεʃ]
avenida (f)	bulevard (m)	[bulεvárd]
rua (f)	rrugë (f)	[rúgə]
travessa (f)	rrugë dytësore (f)	[rúgə dytəsórε]
beco (m) sem saída	rrugë pa krye (f)	[rúgə pa krýε]
casa (f)	shtëpi (f)	[ʃtəpí]
edifício, prédio (m)	ndërtesë (f)	[ndərtésə]
arranha-céus (m)	qiellgërvishtës (m)	[ciεɫgərvíʃtəs]
fachada (f)	fasadë (f)	[fasádə]
telhado (m)	çati (f)	[tʃatí]

janela (f)	dritare (f)	[dritárɛ]
arco (m)	hark (m)	[hárk]
coluna (f)	kolonë (f)	[kolónə]
esquina (f)	kënd (m)	[kénd]

montra (f)	vitrinë (f)	[vitrínə]
letreiro (m)	tabelë (f)	[tabélə]
cartaz (m)	poster (m)	[postér]
cartaz (m) publicitário	afishe reklamuese (f)	[afíʃɛ rɛklamúɛsɛ]
painel (m) publicitário	tabelë reklamash (f)	[tabélə rɛklámaʃ]

lixo (m)	plehra (f)	[pléhra]
cesta (f) do lixo	kosh plehrash (m)	[koʃ pléhraʃ]
jogar lixo na rua	hedh mbeturina	[hɛð mbɛturína]
aterro (m) sanitário	deponi plehrash (f)	[dɛponí pléhraʃ]

cabine (f) telefónica	kabinë telefonike (f)	[kabínə tɛlɛfoníkɛ]
candeeiro (m) de rua	shtyllë dritash (f)	[ʃtýtə drítaʃ]
banco (m)	stol (m)	[stol]

polícia (m)	polic (m)	[políts]
polícia (instituição)	polici (f)	[politsí]
mendigo (m)	lypës (m)	[lýpəs]
sem-abrigo (m)	i pastrehë (m)	[i pastréhə]

79. Instituições urbanas

loja (f)	dyqan (m)	[dycán]
farmácia (f)	farmaci (f)	[farmatsí]
ótica (f)	optikë (f)	[optíkə]
centro (m) comercial	qendër tregtare (f)	[céndər trɛgtárɛ]
supermercado (m)	supermarket (m)	[supɛrmarkét]

padaria (f)	furrë (f)	[fúrə]
padeiro (m)	furrtar (m)	[furtár]
pastelaria (f)	pastiçeri (f)	[pastitʃɛrí]
mercearia (f)	dyqan ushqimor (m)	[dycán uʃcimór]
talho (m)	dyqan mishi (m)	[dycán míʃi]

loja (f) de legumes	dyqan fruta-perimesh (m)	[dycán frúta-pɛrímɛʃ]
mercado (m)	treg (m)	[trɛg]

café (m)	kafene (f)	[kafɛné]
restaurante (m)	restorant (m)	[rɛstoránt]
bar (m), cervejaria (f)	pab (m), pijetore (f)	[pab], [pijɛtórɛ]
pizzaria (f)	piceri (f)	[pitsɛrí]

salão (m) de cabeleireiro	parukeri (f)	[parukɛrí]
correios (m pl)	zyrë postare (f)	[zýrə postárɛ]
lavandaria (f)	pastrim kimik (m)	[pastrím kimík]
estúdio (m) fotográfico	studio fotografike (f)	[stúdio fotografíkɛ]

sapataria (f)	dyqan këpucësh (m)	[dycán kəpútsəʃ]
livraria (f)	librari (f)	[librarí]

loja (f) de artigos de desporto	dyqan me mallra sportivë (m)	[dycán mɛ mátra sportívə]
reparação (f) de roupa	rrobaqepësi (f)	[robacɛpəsí]
aluguer (m) de roupa	dyqan veshjesh me qira (m)	[dycán véʃjɛʃ mɛ cirá]
aluguer (m) de filmes	dyqan videosh me qira (m)	[dycán vídɛoʃ mɛ cirá]

circo (m)	cirk (m)	[tsírk]
jardim (m) zoológico	kopsht zoologjik (m)	[kópʃt zooloɟík]
cinema (m)	kinema (f)	[kinɛmá]
museu (m)	muze (m)	[muzé]
biblioteca (f)	bibliotekë (f)	[bibliotékə]

teatro (m)	teatër (m)	[tɛátər]
ópera (f)	opera (f)	[opéra]
clube (m) noturno	klub nate (m)	[klúb nátɛ]
casino (m)	kazino (f)	[kazíno]

mesquita (f)	xhami (f)	[dʒamí]
sinagoga (f)	sinagogë (f)	[sinagógə]
catedral (f)	katedrale (f)	[katɛdrálɛ]
templo (m)	tempull (m)	[témpuł]
igreja (f)	kishë (f)	[kíʃə]

instituto (m)	kolegj (m)	[koléɟ]
universidade (f)	universitet (m)	[univɛrsitét]
escola (f)	shkollë (f)	[ʃkółə]

prefeitura (f)	prefekturë (f)	[prɛfɛktúrə]
câmara (f) municipal	bashki (f)	[baʃkí]
hotel (m)	hotel (m)	[hotél]
banco (m)	bankë (f)	[bánkə]

embaixada (f)	ambasadë (f)	[ambasádə]
agência (f) de viagens	agjenci udhëtimesh (f)	[aɟɛntsí uðətímɛʃ]
agência (f) de informações	zyrë informacioni (f)	[zýrə informatsióni]
casa (f) de câmbio	këmbim valutor (m)	[kəmbím valutór]

metro (m)	metro (f)	[mɛtró]
hospital (m)	spital (m)	[spitál]

posto (m) de gasolina	pikë karburanti (f)	[píkə karburánti]
parque (m) de estacionamento	parking (m)	[parkíŋ]

80. Sinais

letreiro (m)	tabelë (f)	[tabélə]
inscrição (f)	njoftim (m)	[ɲoftím]
cartaz, póster (m)	poster (m)	[postér]
sinal (m) informativo	tabelë drejtuese (f)	[tabélə drɛjtúɛsɛ]
seta (f)	shigjetë (f)	[ʃiɟétə]

aviso (advertência)	kujdes (m)	[kujdés]
sinal (m) de aviso	shenjë paralajmëruese (f)	[ʃéɲə paralajmərúɛsɛ]
avisar, advertir (vt)	paralajmëroj	[paralajmərój]

dia (m) de folga	ditë pushimi (f)	[díta puʃími]
horário (m)	orar (m)	[orár]
horário (m) de funcionamento	orari i punës (m)	[orári i púnəs]

BEM-VINDOS!	MIRË SE VINI!	[míra sɛ víni!]
ENTRADA	HYRJE	[hýrjɛ]
SAÍDA	DALJE	[dáljɛ]

EMPURRE	SHTY	[ʃty]
PUXE	TËRHIQ	[tərhíc]
ABERTO	HAPUR	[hápur]
FECHADO	MBYLLUR	[mbýɬur]

MULHER	GRA	[gra]
HOMEM	BURRA	[búra]

DESCONTOS	ZBRITJE	[zbrítjɛ]
SALDOS	ULJE	[úljɛ]
NOVIDADE!	TË REJA!	[tə réja!]
GRÁTIS	FALAS	[fálas]

ATENÇÃO!	KUJDES!	[kujdés!]
NÃO HÁ VAGAS	NUK KA VENDE TË LIRA	[nuk ka véndɛ tə líra]
RESERVADO	E REZERVUAR	[ɛ rɛzɛrvúar]

ADMINISTRAÇÃO	ADMINISTRATA	[administráta]
SOMENTE PESSOAL AUTORIZADO	VETËM PËR STAFIN	[vétəm pər stáfin]

CUIDADO CÃO FEROZ	RUHUNI NGA QENI!	[rúhuni ŋa céni!]
PROIBIDO FUMAR!	NDALOHET DUHANI	[ndalóhɛt duháni]
NÃO TOCAR	MOS PREK!	[mos prék!]

PERIGOSO	TË RREZIKSHME	[tə rɛzíkʃmɛ]
PERIGO	RREZIK	[rɛzík]
ALTA TENSÃO	TENSION I LARTË	[tɛnsión i lártə]
PROIBIDO NADAR	NUK LEJOHET NOTI!	[nuk lɛjóhɛt nóti!]
AVARIADO	E PRISHUR	[ɛ príʃur]

INFLAMÁVEL	LËNDË DJEGËSE	[ləndə djégəsɛ]
PROIBIDO	E NDALUAR	[ɛ ndalúar]
ENTRADA PROIBIDA	NDALOHET HYRJA	[ndalóhɛt hýrja]
CUIDADO TINTA FRESCA	BOJË E FRESKËT	[bója ɛ fréskət]

81. Transportes urbanos

autocarro (m)	autobus (m)	[autobús]
elétrico (m)	tramvaj (m)	[tramvái]
troleicarro (m)	autobus tramvaj (m)	[autobús tramvái]
itinerário (m)	itinerar (m)	[itinɛrár]
número (m)	numër (m)	[númər]

ir de ... (carro, etc.)	udhëtoj me ...	[uðətój mɛ ...]
entrar (~ no autocarro)	hip	[hip]

descer de ...	zbres ...	[zbrɛs ...]
paragem (f)	stacion (m)	[statsión]
próxima paragem (f)	stacioni tjetër (m)	[statsióni tjétər]
ponto (m) final	terminal (m)	[tɛrminál]
horário (m)	orar (m)	[orár]
esperar (vt)	pres	[prɛs]

bilhete (m)	biletë (f)	[bilétə]
custo (m) do bilhete	çmim bilete (m)	[tʃmím bilétɛ]

bilheteiro (m)	shitës biletash (m)	[ʃítəs bilétaʃ]
controlo (m) dos bilhetes	kontroll biletash (m)	[kontróɫ bilétaʃ]
revisor (m)	kontrollues biletash (m)	[kontroɫúɛs bilétaʃ]

atrasar-se (vr)	vonohem	[vonóhɛm]
perder (o autocarro, etc.)	humbas	[humbás]
estar com pressa	nxitoj	[ndzitój]

táxi (m)	taksi (m)	[táksi]
taxista (m)	shofer taksie (m)	[ʃofér taksíɛ]
de táxi (ir ~)	me taksi	[mɛ táksi]
praça (f) de táxis	stacion taksish (m)	[statsión táksiʃ]
chamar um táxi	thërras taksi	[θərás táksi]
apanhar um táxi	marr taksi	[mar táksi]

tráfego (m)	trafik (m)	[trafík]
engarrafamento (m)	bllokim trafiku (m)	[bɫokím trafíku]
horas (f pl) de ponta	orë e trafikut të rëndë (f)	[órə ɛ trafíkut tə rəndə]
estacionar (vi)	parkoj	[parkój]
estacionar (vt)	parkim	[parkím]
parque (m) de estacionamento	parking (m)	[parkín]

metro (m)	metro (f)	[mɛtró]
estação (f)	stacion (m)	[statsión]
ir de metro	shkoj me metro	[ʃkoj mɛ métro]
comboio (m)	tren (m)	[trɛn]
estação (f)	stacion treni (m)	[statsión tréni]

82. Turismo

monumento (m)	monument (m)	[monumént]
fortaleza (f)	kala (f)	[kalá]
palácio (m)	pallat (m)	[paɫát]
castelo (m)	kështjellë (f)	[kəʃtjétə]
torre (f)	kullë (f)	[kútə]
mausoléu (m)	mauzoleum (m)	[mauzolɛúm]

arquitetura (f)	arkitekturë (f)	[arkitɛktúrə]
medieval	mesjetare	[mɛsjɛtárɛ]
antigo	e lashtë	[ɛ láʃtə]
nacional	kombëtare	[kombətárɛ]
conhecido	i famshëm	[i fámʃəm]
turista (m)	turist (m)	[turíst]
guia (pessoa)	udhërrëfyes (m)	[uðərəfýɛs]

excursão (f)	ekskursion (m)	[ɛkskursión]
mostrar (vt)	tregoj	[trɛgój]
contar (vt)	dëftoj	[dəftój]

encontrar (vt)	gjej	[ʎéj]
perder-se (vr)	humbas	[humbás]
mapa (~ do metrô)	hartë (f)	[hártə]
mapa (~ da cidade)	hartë (f)	[hártə]

lembrança (f), presente (m)	suvenir (m)	[suvɛnír]
loja (f) de presentes	dyqan dhuratash (m)	[dycán ðurátaʃ]
fotografar (vt)	bëj foto	[bəj fóto]
fotografar-se	bëj fotografi	[bəj fotografí]

83. Compras

comprar (vt)	blej	[blɛj]
compra (f)	blerje (f)	[blérjɛ]
fazer compras	shkoj për pazar	[ʃkoj pər pazár]
compras (f pl)	pazar (m)	[pazár]

| estar aberta (loja, etc.) | hapur | [hápur] |
| estar fechada | mbyllur | [mbýɫur] |

calçado (m)	këpucë (f)	[kəpútsə]
roupa (f)	veshje (f)	[véʃjɛ]
cosméticos (m pl)	kozmetikë (f)	[kozmɛtíkə]
alimentos (m pl)	mallra ushqimore (f)	[máɫra uʃcimórɛ]
presente (m)	dhuratë (f)	[ðurátə]

| vendedor (m) | shitës (m) | [ʃítəs] |
| vendedora (f) | shitëse (f) | [ʃítəsɛ] |

caixa (f)	arkë (f)	[árkə]
espelho (m)	pasqyrë (f)	[pascýrə]
balcão (m)	banak (m)	[bának]
cabine (f) de provas	dhomë prove (f)	[ðómə próvɛ]

provar (vt)	provoj	[provój]
servir (vi)	më rri mirë	[mə ri mírə]
gostar (apreciar)	pëlqej	[pəlcéj]

preço (m)	çmim (m)	[tʃmím]
etiqueta (f) de preço	etiketa e çmimit (f)	[ɛtikéta ɛ tʃmímit]
custar (vt)	kushton	[kuʃtón]
Quanto?	Sa?	[sa?]
desconto (m)	ulje (f)	[úljɛ]

não caro	jo e shtrenjtë	[jo ɛ ʃtréɲtə]
barato	e lirë	[ɛ lírə]
caro	i shtrenjtë	[i ʃtréɲtə]
É caro	Është e shtrenjtë	[éʃtə ɛ ʃtréɲtə]
aluguer (m)	qiramarrje (f)	[ciramárjɛ]
alugar (vestidos, etc.)	marr me qira	[mar mɛ cirá]

crédito (m)	**kredit** (m)	[krɛdít]
a crédito	**me kredi**	[mɛ krɛdí]

84. Dinheiro

dinheiro (m)	**para** (f)	[pará]
câmbio (m)	**këmbim valutor** (m)	[kəmbím valutór]
taxa (f) de câmbio	**kurs këmbimi** (m)	[kurs kəmbími]
Caixa Multibanco (m)	**bankomat** (m)	[bankomát]
moeda (f)	**monedhë** (f)	[monéðə]

dólar (m)	**dollar** (m)	[doɬár]
euro (m)	**euro** (f)	[éuro]

lira (f)	**lirë** (f)	[lírə]
marco (m)	**Marka gjermane** (f)	[márka ɟɛrmánɛ]
franco (m)	**franga** (f)	[fráŋa]
libra (f) esterlina	**sterlina angleze** (f)	[stɛrlína aŋlézɛ]
iene (m)	**jen** (m)	[jén]

dívida (f)	**borxh** (m)	[bórdʒ]
devedor (m)	**debitor** (m)	[dɛbitór]
emprestar (vt)	**jap hua**	[jap huá]
pedir emprestado	**marr hua**	[mar huá]

banco (m)	**bankë** (f)	[bánkə]
conta (f)	**llogari** (f)	[ɬogarí]
depositar (vt)	**depozitoj**	[dɛpozitój]
depositar na conta	**depozitoj në llogari**	[dɛpozitój nə ɬogarí]
levantar (vt)	**tërheq**	[tərhéc]

cartão (m) de crédito	**kartë krediti** (f)	[kártə krɛdíti]
dinheiro (m) vivo	**kesh** (m)	[kɛʃ]
cheque (m)	**çek** (m)	[tʃɛk]
passar um cheque	**lëshoj një çek**	[ləʃój ɲə tʃék]
livro (m) de cheques	**bllok çeqesh** (m)	[bɬók tʃécɛʃ]

carteira (f)	**portofol** (m)	[portofól]
porta-moedas (m)	**kuletë** (f)	[kulétə]
cofre (m)	**kasafortë** (f)	[kasafórtə]

herdeiro (m)	**trashëgimtar** (m)	[traʃəgimtár]
herança (f)	**trashëgimi** (f)	[traʃəgimí]
fortuna (riqueza)	**pasuri** (f)	[pasurí]

arrendamento (m)	**qira** (f)	[cirá]
renda (f) de casa	**qiraja** (f)	[cirája]
alugar (vt)	**marr me qira**	[mar mɛ cirá]

preço (m)	**çmim** (m)	[tʃmím]
custo (m)	**kosto** (f)	[kósto]
soma (f)	**shumë** (f)	[ʃúmə]
gastar (vt)	**shpenzoj**	[ʃpɛnzój]
gastos (m pl)	**shpenzime** (f)	[ʃpɛnzímɛ]

| economizar (vi) | kursej | [kurséj] |
| económico | ekonomik | [ɛkonomík] |

pagar (vt)	paguaj	[pagúaj]
pagamento (m)	pagesë (f)	[pagésə]
troco (m)	kusur (m)	[kusúr]

imposto (m)	taksë (f)	[táksə]
multa (f)	gjobë (f)	[ɟóbə]
multar (vt)	vendos gjobë	[vɛndós ɟóbə]

85. Correios. Serviço postal

correios (m pl)	zyrë postare (f)	[zýrə postárɛ]
correio (m)	postë (f)	[póstə]
carteiro (m)	postier (m)	[postiér]
horário (m)	orari i punës (m)	[orári i púnəs]

carta (f)	letër (f)	[létər]
carta (f) registada	letër rekomande (f)	[létər rɛkomándɛ]
postal (m)	kartolinë (f)	[kartolínə]
telegrama (m)	telegram (m)	[tɛlɛgrám]
encomenda (f) postal	pako (f)	[páko]
remessa (f) de dinheiro	transfer parash (m)	[transfér paráʃ]

receber (vt)	pranoj	[pranój]
enviar (vt)	dërgoj	[dərgój]
envio (m)	dërgesë (f)	[dərgésə]

endereço (m)	adresë (f)	[adrésə]
código (m) postal	kodi postar (m)	[kódi postár]
remetente (m)	dërguesi (m)	[dərgúɛsi]
destinatário (m)	pranues (m)	[pranúɛs]

| nome (m) | emër (m) | [émər] |
| apelido (m) | mbiemër (m) | [mbiémər] |

tarifa (f)	tarifë postare (f)	[tarífə postárɛ]
ordinário	standard	[standárd]
económico	ekonomike	[ɛkonomíkɛ]

peso (m)	peshë (f)	[péʃə]
pesar (estabelecer o peso)	peshoj	[pɛʃój]
envelope (m)	zarf (m)	[zarf]
selo (m)	pullë postare (f)	[púɬə postárɛ]
colar o selo	vendos pullën postare	[vɛndós púɬən postárɛ]

Moradia. Casa. Lar

86. Casa. Habitação

casa (f)	shtëpi (f)	[ʃtəpí]
em casa	në shtëpi	[nə ʃtəpí]
pátio (m)	oborr (m)	[obór]
cerca (f)	gardh (m)	[garð]
tijolo (m)	tullë (f)	[túłə]
de tijolos	me tulla	[mɛ túła]
pedra (f)	gur (m)	[gur]
de pedra	guror	[gurór]
betão (m)	çimento (f)	[tʃiménto]
de betão	prej çimentoje	[prɛj tʃiméntojɛ]
novo	i ri	[i rí]
velho	i vjetër	[i vjétər]
decrépito	e vjetruar	[ɛ vjɛtrúar]
moderno	moderne	[modérnɛ]
de muitos andares	shumëkatëshe	[ʃuməkátəʃɛ]
alto	e lartë	[ɛ lártə]
andar (m)	kat (m)	[kat]
de um andar	njëkatëshe	[ɲəkátəʃɛ]
andar (m) de baixo	përdhese (f)	[pərðésɛ]
andar (m) de cima	kati i fundit (m)	[káti i fúndit]
telhado (m)	çati (f)	[tʃatí]
chaminé (f)	oxhak (m)	[odʒák]
telha (f)	tjegulla (f)	[tjéguła]
de telha	me tjegulla	[mɛ tjéguła]
sótão (m)	papafingo (f)	[papafíɲo]
janela (f)	dritare (f)	[dritárɛ]
vidro (m)	xham (m)	[dʒam]
parapeito (m)	prag dritareje (m)	[prag dritárɛjɛ]
portadas (f pl)	grila (f)	[gríla]
parede (f)	mur (m)	[mur]
varanda (f)	ballkon (m)	[bałkón]
tubo (m) de queda	ulluk (m)	[ułúk]
em cima	lart	[lart]
subir (~ as escadas)	ngjitem lart	[ɲɟitém lárt]
descer (vi)	zbres	[zbrɛs]
mudar-se (vr)	lëviz	[ləvíz]

87. Casa. Entrada. Elevador

entrada (f)	hyrje (f)	[hýrjɛ]
escada (f)	shkallë (f)	[ʃkáɫə]
degraus (m pl)	shkallë (f)	[ʃkáɫə]
corrimão (m)	parmak (m)	[parmák]
hall (m) de entrada	holl (m)	[hoɫ]
caixa (f) de correio	kuti postare (f)	[kutí postárɛ]
caixote (m) do lixo	kazan mbeturinash (m)	[kazán mbɛturínaʃ]
conduta (f) do lixo	ashensor mbeturinash (m)	[aʃɛnsór mbɛturínaʃ]
elevador (m)	ashensor (m)	[aʃɛnsór]
elevador (m) de carga	ashensor mallrash (m)	[aʃɛnsór máɫraʃ]
cabine (f)	kabinë ashensori (f)	[kabínə aʃɛnsóri]
pegar o elevador	marr ashensorin	[mar aʃɛnsórin]
apartamento (m)	apartament (m)	[apartamént]
moradores (m pl)	banorë (pl)	[banórə]
vizinho (m)	komshi (m)	[komʃí]
vizinha (f)	komshike (f)	[komʃíkɛ]
vizinhos (pl)	komshinj (pl)	[komʃíɲ]

88. Casa. Eletricidade

eletricidade (f)	elektricitet (m)	[ɛlɛktritsitét]
lâmpada (f)	poç (m)	[potʃ]
interruptor (m)	çelës drite (m)	[tʃéləs drítɛ]
fusível (m)	siguresë (f)	[sigurésə]
fio, cabo (m)	kabllo (f)	[kábɫo]
instalação (f) elétrica	rrjet elektrik (m)	[rjét ɛlɛktrík]
contador (m) de eletricidade	njehsor elektrik (m)	[ɲɛhsór ɛlɛktrík]
indicação (f), registo (m)	matjet (pl)	[mátjɛt]

89. Casa. Portas. Fechaduras

porta (f)	derë (f)	[dérə]
portão (m)	portik (m)	[portík]
maçaneta (f)	dorezë (f)	[dorézə]
destrancar (vt)	zhbllokoj	[ʒbɫokój]
abrir (vt)	hap	[hap]
fechar (vt)	mbyll	[mbyɫ]
chave (f)	çelës (m)	[tʃéləs]
molho (m)	tufë çelësash (f)	[túfə tʃéləsaʃ]
ranger (vi)	kërcet	[kərtsét]
rangido (m)	kërcitje (f)	[kərtsítjɛ]
dobradiça (f)	menteshë (f)	[mɛntéʃə]
tapete (m) de entrada	tapet hyrës (m)	[tapét hýrəs]
fechadura (f)	kyç (m)	[kytʃ]

buraco (m) da fechadura	vrimë e çelësit (f)	[vrímə ɛ tʃéləsit]
ferrolho (m)	shul (m)	[ʃul]
fecho (ferrolho pequeno)	shul (m)	[ʃul]
cadeado (m)	dry (m)	[dry]

tocar (vt)	i bie ziles	[i bíɛ zílɛs]
toque (m)	tingulli i ziles (m)	[tíŋuɫi i zílɛs]
campainha (f)	zile (f)	[zílɛ]
botão (m)	çelësi i ziles (m)	[tʃéləsi i zílɛs]
batida (f)	trokitje (f)	[trokítjɛ]
bater (vi)	trokas	[trokás]

código (m)	kod (m)	[kod]
fechadura (f) de código	kod (m)	[kod]
telefone (m) de porta	interkom (m)	[intɛrkóm]
número (m)	numër (m)	[númər]
placa (f) de porta	pllakë e emrit (f)	[pɫákə ɛ émrit]
vigia (f), olho (m) mágico	vrimë përgjimi (f)	[vrímə pərɟími]

90. Casa de campo

aldeia (f)	fshat (m)	[fʃát]
horta (f)	kopsht zarzavatesh (m)	[kópʃt zarzavátɛʃ]
cerca (f)	gardh (m)	[garð]
paliçada (f)	gardh kunjash	[garð kúɲaʃ]
cancela (f) do jardim	portik (m)	[portík]

celeiro (m)	hambar (m)	[hambár]
adega (f)	qilar (m)	[cilár]
galpão, barracão (m)	kasolle (f)	[kasóɫɛ]
poço (m)	pus (m)	[pus]

fogão (m)	sobë (f)	[sóbə]
atiçar o fogo	mbush sobën	[mbúʃ sóbən]
lenha (carvão ou ~)	dru për zjarr (m)	[dru pər zjár]
acha (lenha)	dru (m)	[dru]

varanda (f)	verandë (f)	[vɛrándə]
alpendre (m)	ballkon (m)	[baɫkón]
degraus (m pl) de entrada	prag i derës (m)	[prag i dérəs]
balouço (m)	kolovajzë (f)	[kolovájzə]

91. Moradia. Mansão

casa (f) de campo	vilë (f)	[vílə]
vila (f)	vilë (f)	[vílə]
ala (~ do edifício)	krah (m)	[krah]

jardim (m)	kopsht (m)	[kopʃt]
parque (m)	park (m)	[park]
estufa (f)	serrë (f)	[sérə]
cuidar de ...	përkujdesem	[pərkujdésɛm]

piscina (f)	pishinë (f)	[piʃínə]
ginásio (m)	palestër (f)	[paléstər]
campo (m) de ténis	fushë tenisi (f)	[fúʃə tɛnísi]
cinema (m)	sallon teatri (m)	[saɫón tɛátri]
garagem (f)	garazh (m)	[garáʒ]

propriedade (f) privada	pronë private (f)	[prónə privátɛ]
terreno (m) privado	tokë private (f)	[tókə privátɛ]

advertência (f)	paralajmërim (m)	[paralajmərím]
sinal (m) de aviso	shenjë paralajmëruese (f)	[ʃéɲə paralajmərúɛsɛ]

guarda (f)	sigurim (m)	[sigurím]
guarda (m)	roje sigurimi (m)	[rójɛ sigurími]
alarme (m)	alarm (m)	[alárm]

92. Castelo. Palácio

castelo (m)	kështjellë (f)	[kəʃtjéɫə]
palácio (m)	pallat (m)	[paɫát]
fortaleza (f)	kala (f)	[kalá]
muralha (f)	mur rrethues (m)	[mur rɛθúɛs]
torre (f)	kullë (f)	[kúɫə]
calabouço (m)	kulla e parë (f)	[kúɫa ɛ párə]

grade (f) levadiça	portë me hekura (f)	[pórtə mɛ hékura]
passagem (f) subterrânea	nënkalim (m)	[nənkalím]
fosso (m)	kanal (m)	[kanál]
corrente, cadeia (f)	zinxhir (m)	[zindʒír]
seteira (f)	frëngji (f)	[frənɟí]

magnífico	e mrekullueshme	[ɛ mrɛkuɫúɛʃmɛ]
majestoso	madhështore	[maðəʃtórɛ]
inexpugnável	e padepërtueshme	[ɛ padɛpərtúɛʃmɛ]
medieval	mesjetare	[mɛsjɛtárɛ]

93. Apartamento

apartamento (m)	apartament (m)	[apartamént]
quarto (m)	dhomë (f)	[ðómə]
quarto (m) de dormir	dhomë gjumi (f)	[ðómə ɟúmi]
sala (f) de jantar	dhomë ngrënie (f)	[ðómə ŋrəníɛ]
sala (f) de estar	dhomë ndeje (f)	[ðómə ndéjɛ]
escritório (m)	dhomë pune (f)	[ðómə púnɛ]

antessala (f)	hyrje (f)	[hýrjɛ]
quarto (m) de banho	banjo (f)	[báɲo]
toilette (lavabo)	tualet (m)	[tualét]

teto (m)	tavan (m)	[taván]
chão, soalho (m)	dysheme (f)	[dyʃɛmé]
canto (m)	qoshe (f)	[cóʃɛ]

94. Apartamento. Limpeza

arrumar, limpar (vt)	pastroj	[pastrój]
guardar (no armário, etc.)	vendos	[vɛndós]
pó (m)	pluhur (m)	[plúhur]
empoeirado	e pluhurosur	[ɛ pluhurósur]
limpar o pó	marr pluhurat	[mar plúhurat]
aspirador (m)	fshesë elektrike (f)	[ffésə ɛlɛktríkɛ]
aspirar (vt)	thith pluhurin	[θiθ plúhurin]
varrer (vt)	fshij	[ffíj]
sujeira (f)	plehra (f)	[pléhra]
arrumação (f), ordem (f)	rregull (m)	[réguɫ]
desordem (f)	rrëmujë (f)	[rəmújə]
esfregão (m)	shtupë (f)	[ʃtúpə]
pano (m), trapo (m)	leckë (f)	[létskə]
vassoura (f)	fshesë (f)	[ffésə]
pá (f) de lixo	kaci (f)	[katsí]

95. Mobiliário. Interior

mobiliário (m)	orendi (f)	[orɛndí]
mesa (f)	tryezë (f)	[tryézə]
cadeira (f)	karrige (f)	[karígɛ]
cama (f)	shtrat (m)	[ʃtrat]
divã (m)	divan (m)	[diván]
cadeirão (m)	kolltuk (m)	[koɫtúk]
estante (f)	raft librash (m)	[ráft líbraʃ]
prateleira (f)	sergjen (m)	[sɛrɟén]
guarda-vestidos (m)	gardërobë (f)	[gardəróbə]
cabide (m) de parede	varëse (f)	[várəsɛ]
cabide (m) de pé	varëse xhaketash (f)	[várəsɛ dʒakétaʃ]
cómoda (f)	komodë (f)	[komódə]
mesinha (f) de centro	tryezë e ulët (f)	[tryézə ɛ úlət]
espelho (m)	pasqyrë (f)	[pascýrə]
tapete (m)	qilim (m)	[cilím]
tapete (m) pequeno	tapet (m)	[tapét]
lareira (f)	oxhak (m)	[odʒák]
vela (f)	qiri (m)	[círi]
castiçal (m)	shandan (m)	[ʃandán]
cortinas (f pl)	perde (f)	[pérdɛ]
papel (m) de parede	tapiceri (f)	[tapitsɛrí]
estores (f pl)	grila (f)	[gríla]
candeeiro (m) de mesa	llambë tavoline (f)	[ɫámbə tavolínɛ]
candeeiro (m) de parede	llambadar muri (m)	[ɫambadár múri]

candeeiro (m) de pé	llambadar (m)	[ɬambadár]
lustre (m)	llambadar (m)	[ɬambadár]

pé (de mesa, etc.)	këmbë (f)	[kə́mbə]
braço (m)	mbështetëse krahu (f)	[mbəʃtétəsɛ kráhu]
costas (f pl)	mbështetëse (f)	[mbəʃtétəsɛ]
gaveta (f)	sirtar (m)	[sirtár]

96. Quarto de dormir

roupa (f) de cama	çarçafë (pl)	[tʃartʃáfə]
almofada (f)	jastëk (m)	[jastə́k]
fronha (f)	këllëf jastëku (m)	[kəɬə́f jastə́ku]
cobertor (m)	jorgan (m)	[jorgán]
lençol (m)	çarçaf (m)	[tʃartʃáf]
colcha (f)	mbulesë (f)	[mbulésə]

97. Cozinha

cozinha (f)	kuzhinë (f)	[kuʒínə]
gás (m)	gaz (m)	[gaz]
fogão (m) a gás	sobë me gaz (f)	[sóbə mɛ gaz]
fogão (m) elétrico	sobë elektrike (f)	[sóbə ɛlɛktríkɛ]
forno (m)	furrë (f)	[fúrə]
forno (m) de micro-ondas	mikrovalë (f)	[mikroválə]

frigorífico (m)	frigorifer (m)	[frigorifér]
congelador (m)	frigorifer (m)	[frigorifér]
máquina (f) de lavar louça	pjatalarëse (f)	[pjatalárəsɛ]

moedor (m) de carne	grirëse mishi (f)	[grírəsɛ míʃi]
espremedor (m)	shtrydhëse frutash (f)	[ʃtrýðəsɛ frútaʃ]
torradeira (f)	toster (m)	[tostér]
batedeira (f)	mikser (m)	[miksér]

máquina (f) de café	makinë kafeje (f)	[makínə kaféjɛ]
cafeteira (f)	kafetierë (f)	[kafɛtiérə]
moinho (m) de café	mulli kafeje (f)	[muɬí káfɛjɛ]

chaleira (f)	çajnik (m)	[tʃajník]
bule (m)	çajnik (m)	[tʃajník]
tampa (f)	kapak (m)	[kapák]
coador (m) de chá	sitë çaji (f)	[sítə tʃáji]

colher (f)	lugë (f)	[lúgə]
colher (f) de chá	lugë çaji (f)	[lúgə tʃáji]
colher (f) de sopa	lugë gjelle (f)	[lúgə ɟétɛ]
garfo (m)	pirun (m)	[pirún]
faca (f)	thikë (f)	[θíkə]

louça (f)	enë kuzhine (f)	[énə kuʒínɛ]
prato (m)	pjatë (f)	[pjátə]

pires (m)	pjatë filxhani (f)	[pjátə fildʒáni]
cálice (m)	potir (m)	[potír]
copo (m)	gotë (f)	[gótə]
chávena (f)	filxhan (m)	[fildʒán]

açucareiro (m)	tas për sheqer (m)	[tas pər ʃecér]
saleiro (m)	kripore (f)	[kripórɛ]
pimenteiro (m)	enë piperi (f)	[énə pipéri]
manteigueira (f)	pjatë gjalpi (f)	[pjátə ɟálpi]

panela, caçarola (f)	tenxhere (f)	[tɛndʒérɛ]
frigideira (f)	tigan (m)	[tigán]
concha (f)	garuzhdë (f)	[garúʒdə]
passador (m)	kullesë (f)	[kuɫésə]
bandeja (f)	tabaka (f)	[tabaká]

garrafa (f)	shishe (f)	[ʃíʃɛ]
boião (m) de vidro	kavanoz (m)	[kavanóz]
lata (f)	kanoçe (f)	[kanótʃɛ]

abre-garrafas (m)	hapëse shishesh (f)	[hapəsé ʃíʃɛʃ]
abre-latas (m)	hapëse kanoçesh (f)	[hapəsé kanótʃɛʃ]
saca-rolhas (m)	turjelë tapash (f)	[turjélə tápaʃ]
filtro (m)	filtër (m)	[fíltər]
filtrar (vt)	filtroj	[filtrój]

lixo (m)	pleh (m)	[plɛh]
balde (m) do lixo	kosh plehrash (m)	[koʃ pléhraʃ]

98. Casa de banho

quarto (m) de banho	banjo (f)	[báɲo]
água (f)	ujë (m)	[újə]
torneira (f)	rubinet (m)	[rubinét]
água (f) quente	ujë i nxehtë (f)	[újə i ndzéhtə]
água (f) fria	ujë i ftohtë (f)	[újə i ftóhtə]

pasta (f) de dentes	pastë dhëmbësh (f)	[pástə ðémbəʃ]
escovar os dentes	laj dhëmbët	[laj ðémbət]
escova (f) de dentes	furçë dhëmbësh (f)	[fúrtʃə ðémbəʃ]

barbear-se (vr)	rruhem	[rúhɛm]
espuma (f) de barbear	shkumë rroje (f)	[ʃkumə rójɛ]
máquina (f) de barbear	brisk (m)	[brísk]

lavar (vt)	laj duart	[laj dúart]
lavar-se (vr)	lahem	[láhɛm]
duche (m)	dush (m)	[duʃ]
tomar um duche	bëj dush	[bəj dúʃ]

banheira (f)	vaskë (f)	[váskə]
sanita (f)	tualet (m)	[tualét]
lavatório (m)	lavaman (m)	[lavamán]
sabonete (m)	sapun (m)	[sapún]

saboneteira (f)	pjatë sapuni (f)	[pjátə sapúni]
esponja (f)	sfungjer (m)	[sfunɟér]
champô (m)	shampo (f)	[ʃampó]
toalha (f)	peshqir (m)	[pɛʃcír]
roupão (m) de banho	peshqir trupi (m)	[pɛʃcír trúpi]

lavagem (f)	larje (f)	[lárjɛ]
máquina (f) de lavar	makinë larëse (f)	[makínə lárəsɛ]
lavar a roupa	laj rroba	[laj róba]
detergente (m)	detergjent (m)	[dɛtɛɾɟént]

99. Eletrodomésticos

televisor (m)	televizor (m)	[tɛlɛvizór]
gravador (m)	inçizues me shirit (m)	[intʃizúɛs mɛ ʃirít]
videogravador (m)	video regjistrues (m)	[vídɛo rɛɟistrúɛs]
rádio (m)	radio (f)	[rádio]
leitor (m)	kasetofon (m)	[kasɛtofón]

projetor (m)	projektor (m)	[projɛktór]
cinema (m) em casa	kinema shtëpie (f)	[kinɛmá ʃtəpíɛ]
leitor (m) de DVD	DVD player (m)	[dividí plɛjər]
amplificador (m)	amplifikator (m)	[amplifikatór]
console (f) de jogos	konsol video loje (m)	[konsól vídɛo lójɛ]

câmara (f) de vídeo	videokamerë (f)	[vidɛokamérə]
máquina (f) fotográfica	aparat fotografik (m)	[aparát fotografík]
câmara (f) digital	kamerë digjitale (f)	[kamérə diɟitálɛ]

aspirador (m)	fshesë elektrike (f)	[fʃésə ɛlɛktríkɛ]
ferro (m) de engomar	hekur (m)	[hékur]
tábua (f) de engomar	tryezë për hekurosje (f)	[tryézə pər hɛkurósjɛ]

telefone (m)	telefon (m)	[tɛlɛfón]
telemóvel (m)	celular (m)	[tsɛlulár]
máquina (f) de escrever	makinë shkrimi (f)	[makínə ʃkrími]
máquina (f) de costura	makinë qepëse (f)	[makínə cépəsɛ]

microfone (m)	mikrofon (m)	[mikrofón]
auscultadores (m pl)	kufje (f)	[kúfjɛ]
controlo remoto (m)	telekomandë (f)	[tɛlɛkomándə]

CD (m)	CD (f)	[tsɛdé]
cassete (f)	kasetë (f)	[kasétə]
disco (m) de vinil	pllakë gramafoni (f)	[pɫákə gramafóni]

100. Reparações. Renovação

renovação (f)	renovim (m)	[rɛnovím]
renovar (vt), fazer obras	rinovoj	[rinovój]
reparar (vt)	riparoj	[riparój]
consertar (vt)	rregulloj	[rɛguɫój]

refazer (vt)	ribëj	[ribéj]
tinta (f)	bojë (f)	[bójə]
pintar (vt)	lyej	[lýɛj]
pintor (m)	bojaxhi (m)	[bojadʒí]
pincel (m)	furçë (f)	[fúrtʃə]

| cal (f) | gëlqere (f) | [gəlcérɛ] |
| caiar (vt) | lyej me gëlqere | [lýɛj mɛ gəlcérɛ] |

papel (m) de parede	tapiceri (f)	[tapitsɛrí]
colocar papel de parede	vendos tapiceri	[vɛndós tapitsɛrí]
verniz (m)	llak (m)	[ɫak]
envernizar (vt)	lustroj	[lustrój]

101. Canalizações

água (f)	ujë (m)	[újə]
água (f) quente	ujë i nxehtë (f)	[újə i ndzéhtə]
água (f) fria	ujë i ftohtë (f)	[újə i ftóhtə]
torneira (f)	rubinet (m)	[rubinét]

gota (f)	pikë uji (f)	[píkə új]
gotejar (vi)	pikon	[pikón]
vazar (vt)	rrjedh	[rjéð]
vazamento (m)	rrjedhje (f)	[rjéðjɛ]
poça (f)	pellg (m)	[pɛɫg]

tubo (m)	gyp (m)	[gyp]
válvula (f)	valvulë (f)	[valvúlə]
entupir-se (vr)	bllokohet	[bɫokóhɛt]

ferramentas (f pl)	vegla (pl)	[végla]
chave (f) inglesa	çelës anglez (m)	[tʃéləs aŋléz]
desenroscar (vt)	zhvidhos	[ʒviðós]
enroscar (vt)	vidhos	[viðós]

desentupir (vt)	zhbllokoj	[ʒbɫokój]
canalizador (m)	hidraulik (m)	[hidraulík]
cave (f)	qilar (m)	[cilár]
sistema (m) de esgotos	kanalizim (m)	[kanalizím]

102. Fogo. Deflagração

incêndio (m)	zjarr (m)	[zjar]
chama (f)	flakë (f)	[flákə]
faísca (f)	shkëndijë (f)	[ʃkəndíjə]
fumo (m)	tym (m)	[tym]
tocha (f)	pishtar (m)	[piʃtár]
fogueira (f)	zjarr kampingu (m)	[zjar kampíɲu]

| gasolina (f) | benzinë (f) | [bɛnzínə] |
| querosene (m) | vajgur (m) | [vajgúr] |

inflamável	djegëse	[djégəsɛ]
explosivo	shpërthyese	[ʃpərθýɛsɛ]
PROIBIDO FUMAR!	NDALOHET DUHANI	[ndalóhɛt duháni]

segurança (f)	siguri (f)	[sigurí]
perigo (m)	rrezik (m)	[rɛzík]
perigoso	i rrezikshëm	[i rɛzíkʃəm]

incendiar-se (vr)	merr flakë	[mɛr flákə]
explosão (f)	shpërthim (m)	[ʃpərθím]
incendiar (vt)	vë flakën	[və flákən]
incendiário (m)	zjarrvënës (m)	[zjarvénəs]
incêndio (m) criminoso	zjarrvënie e qëllimshme (f)	[zjarvéniɛ ɛ cəɫímʃmɛ]

arder (vi)	flakëron	[flakərón]
queimar (vi)	digjet	[díɟɛt]
queimar tudo (vi)	u dogj	[u doɟ]

chamar os bombeiros	telefonoj zjarrfikësit	[tɛlɛfonój zjarfíkəsit]
bombeiro (m)	zjarrfikës (m)	[zjarfíkəs]
carro (m) de bombeiros	kamion zjarrfikës (m)	[kamión zjarfíkəs]
corpo (m) de bombeiros	zjarrfikës (m)	[zjarfíkəs]
escada (f) extensível	shkallë e zjarrfikëses (f)	[ʃkáɫə ɛ zjarfíkəsɛs]

mangueira (f)	pompë e ujit (f)	[pómpə ɛ újit]
extintor (m)	bombolë kundër zjarrit (f)	[bombólə kúndər zjárit]
capacete (m)	helmetë (f)	[hɛlmétə]
sirene (f)	alarm (m)	[alárm]

gritar (vi)	bërtas	[bərtás]
chamar por socorro	thërras për ndihmë	[θərás pər ndíhmə]
salvador (m)	shpëtimtar (m)	[ʃpətimtár]
salvar, resgatar (vt)	shpëtoj	[ʃpətój]

chegar (vi)	arrij	[aríj]
apagar (vt)	shuaj	[ʃúaj]
água (f)	ujë (m)	[újə]
areia (f)	rërë (f)	[rérə]

ruínas (f pl)	gërmadhë (f)	[gərmáðə]
ruir (vi)	shembet	[ʃémbɛt]
desmoronar (vi)	rrëzohem	[rəzóhɛm]
desabar (vi)	shembet	[ʃémbɛt]

fragmento (m)	mbetje (f)	[mbétjɛ]
cinza (f)	hi (m)	[hi]

sufocar (vi)	asfiksim	[asfiksím]
perecer (vi)	vdes	[vdɛs]

ATIVIDADES HUMANAS

Emprego. Negócios. Parte 1

escritório (~ de advogados)	**zyrë** (f)	[zýrə]
escritório (do diretor, etc.)	**zyrë** (f)	[zýrə]
receção (f)	**recepsion** (m)	[rɛtsɛpsión]
secretário (m)	**sekretar** (m)	[sɛkrɛtár]
secretária (f)	**sekretare** (f)	[sɛkrɛtárɛ]
diretor (m)	**drejtor** (m)	[drɛjtór]
gerente (m)	**menaxher** (m)	[mɛnadʒér]
contabilista (m)	**kontabilist** (m)	[kontabilíst]
empregado (m)	**punonjës** (m)	[punóɲəs]
mobiliário (m)	**orendi** (f)	[orɛndí]
mesa (f)	**tavolinë pune** (f)	[tavolínə púnɛ]
cadeira (f)	**karrige pune** (f)	[karígɛ púnɛ]
bloco (m) de gavetas	**njësi sirtarësh** (f)	[ɲəsí sirtárəʃ]
cabide (m) de pé	**varëse xhaketash** (f)	[várəsɛ dʒakétaʃ]
computador (m)	**kompjuter** (m)	[kompjutér]
impressora (f)	**printer** (m)	[printér]
fax (m)	**aparat faksi** (m)	[aparát fáksi]
fotocopiadora (f)	**fotokopje** (f)	[fotokópjɛ]
papel (m)	**letër** (f)	[létər]
artigos (m pl) de escritório	**pajisje zyre** (f)	[pajísjɛ zýrɛ]
tapete (m) de rato	**shtroje e mausit** (f)	[ʃtrójɛ ɛ máusit]
folha (f) de papel	**fletë** (f)	[flétə]
pasta (f)	**dosje** (f)	[dósjɛ]
catálogo (m)	**katalog** (m)	[katalóg]
diretório (f) telefónico	**numerator telefonik** (m)	[numɛratór tɛlɛfoník]
documentação (f)	**dokumentacion** (m)	[dokumɛntatsión]
brochura (f)	**broshurë** (f)	[broʃúrə]
flyer (m)	**fletëpalosje** (f)	[flɛtəpalósjɛ]
amostra (f)	**mostër** (f)	[móstər]
formação (f)	**takim trajnimi** (m)	[takím trajními]
reunião (f)	**takim** (m)	[takím]
hora (f) de almoço	**pushim dreke** (m)	[puʃím drékɛ]
fazer uma cópia	**bëj fotokopje**	[bəj fotokópjɛ]
tirar cópias	**shumëfishoj**	[ʃuməfiʃój]
receber um fax	**marr faks**	[mar fáks]
enviar um fax	**dërgoj faks**	[dərgój fáks]

fazer uma chamada	telefonoj	[tɛlɛfonój]
responder (vt)	përgjigjem	[pərɟíɟɛm]
passar (vt)	kaloj linjën	[kalój líɲən]
marcar (vt)	lë takim	[lə takím]
demonstrar (vt)	tregoj	[trɛgój]
estar ausente	mungoj	[muɲój]
ausência (f)	mungesë (f)	[muɲésə]

104. Processos negociais. Parte 1

negócio (m)	biznes (m)	[biznés]
ocupação (f)	profesion (m)	[profɛsión]
firma, empresa (f)	firmë (f)	[fírmə]
companhia (f)	kompani (f)	[kompaní]
corporação (f)	korporatë (f)	[korporátə]
empresa (f)	ndërmarrje (f)	[ndərmárjɛ]
agência (f)	agjenci (f)	[aɟɛntsí]
acordo (documento)	marrëveshje (f)	[marəvéʃjɛ]
contrato (m)	kontratë (f)	[kontrátə]
acordo (transação)	marrëveshje (f)	[marəvéʃjɛ]
encomenda (f)	porosi (f)	[porosí]
cláusulas (f pl), termos (m pl)	kushte (f)	[kúʃtɛ]
por grosso (adv)	me shumicë	[mɛ ʃumítsə]
por grosso (adj)	me shumicë	[mɛ ʃumítsə]
venda (f) por grosso	me shumicë (f)	[mɛ ʃumítsə]
a retalho	me pakicë	[mɛ pakítsə]
venda (f) a retalho	me pakicë (f)	[mɛ pakítsə]
concorrente (m)	konkurrent (m)	[konkurént]
concorrência (f)	konkurrencë (f)	[konkuréntsə]
competir (vi)	konkurroj	[konkurój]
sócio (m)	ortak (m)	[orták]
parceria (f)	partneritet (m)	[partnɛritét]
crise (f)	krizë (f)	[krízə]
bancarrota (f)	falimentim (m)	[falimɛntím]
entrar em falência	falimentoj	[falimɛntój]
dificuldade (f)	vështirësi (f)	[vəʃtirəsí]
problema (m)	problem (m)	[problém]
catástrofe (f)	katastrofë (f)	[katastrófə]
economia (f)	ekonomi (f)	[ɛkonomí]
económico	ekonomik	[ɛkonomík]
recessão (f) económica	recesion ekonomik (m)	[rɛtsɛsión ɛkonomík]
objetivo (m)	qëllim (m)	[cəɬím]
tarefa (f)	detyrë (f)	[dɛtýrə]
comerciar (vi, vt)	tregtoj	[trɛgtój]
rede (de distribuição)	rrjet (m)	[rjét]

| estoque (m) | inventar (m) | [invɛntár] |
| sortimento (m) | gamë (f) | [gámǝ] |

líder (m)	lider (m)	[lidér]
grande (~ empresa)	e madhe	[ɛ máðɛ]
monopólio (m)	monopol (m)	[monopól]

teoria (f)	teori (f)	[tɛorí]
prática (f)	praktikë (f)	[praktíkǝ]
experiência (falar por ~)	përvojë (f)	[pǝrvójǝ]
tendência (f)	trend (m)	[trɛnd]
desenvolvimento (m)	zhvillim (m)	[ʒviłím]

105. Processos negociais. Parte 2

| rentabilidade (f) | fitim (m) | [fitím] |
| rentável | fitimprurës | [fitimprúrǝs] |

delegação (f)	delegacion (m)	[dɛlɛgatsión]
salário, ordenado (m)	pagë (f)	[págǝ]
corrigir (um erro)	korrigjoj	[koriɟój]
viagem (f) de negócios	udhëtim pune (m)	[uðǝtím púnɛ]
comissão (f)	komision (m)	[komisión]

controlar (vt)	kontrolloj	[kontrołój]
conferência (f)	konferencë (f)	[konfɛréntsǝ]
licença (f)	licencë (f)	[litséntsǝ]
confiável	i besueshëm	[i bɛsúɛʃǝm]

empreendimento (m)	nismë (f)	[nísmǝ]
norma (f)	normë (f)	[nórmǝ]
circunstância (f)	rrethanë (f)	[rɛθánǝ]
dever (m)	detyrë (f)	[dɛtýrǝ]

empresa (f)	organizatë (f)	[organizátǝ]
organização (f)	organizativ (m)	[organizatív]
organizado	i organizuar	[i organizúar]
anulação (f)	anulim (m)	[anulím]
anular, cancelar (vt)	anuloj	[anulój]
relatório (m)	raport (m)	[rapórt]

patente (f)	patentë (f)	[paténtǝ]
patentear (vt)	patentoj	[patɛntój]
planear (vt)	planifikoj	[planifikój]

prémio (m)	bonus (m)	[bonús]
profissional	profesional	[profɛsionál]
procedimento (m)	procedurë (f)	[protsɛdúrǝ]

examinar (a questão)	shqyrtoj	[ʃcyrtój]
cálculo (m)	llogaritje (f)	[łogarítjɛ]
reputação (f)	reputacion (m)	[rɛputatsión]
risco (m)	rrezik (m)	[rɛzík]
dirigir (~ uma empresa)	drejtoj	[drɛjtój]

informação (f)	informacion (m)	[informatsión]
propriedade (f)	pronë (f)	[prónə]
união (f)	bashkim (m)	[baʃkím]

seguro (m) de vida	sigurim jete (m)	[sigurím jétɛ]
fazer um seguro	siguroj	[sigurój]
seguro (m)	sigurim (m)	[sigurím]

leilão (m)	ankand (m)	[ankánd]
notificar (vt)	njoftoj	[ɲoftój]
gestão (f)	menaxhim (m)	[mɛnadʒím]
serviço (indústria de ~s)	shërbim (m)	[ʃərbím]

fórum (m)	forum (m)	[forúm]
funcionar (vi)	funksionoj	[funksionój]
estágio (m)	fazë (f)	[fázə]
jurídico	ligjor	[liɟór]
jurista (m)	avokat (m)	[avokát]

106. Produção. Trabalhos

usina (f)	uzinë (f)	[uzínə]
fábrica (f)	fabrikë (f)	[fabríkə]
oficina (f)	punëtori (f)	[punətorí]
local (m) de produção	punishte (f)	[puníʃtɛ]

indústria (f)	industri (f)	[industrí]
industrial	industrial	[industriál]
indústria (f) pesada	industri e rëndë (f)	[industrí ɛ rəndə]
indústria (f) ligeira	industri e lehtë (f)	[industrí ɛ léhtə]

produção (f)	produkt (m)	[prodúkt]
produzir (vt)	prodhoj	[proðój]
matérias-primas (f pl)	lëndë e parë (f)	[lɛ́ndə ɛ párə]

chefe (m) de brigada	përgjegjës (m)	[pərɟéɟəs]
brigada (f)	skuadër (f)	[skuádər]
operário (m)	punëtor (m)	[punətór]

dia (m) de trabalho	ditë pune (f)	[dítə púnɛ]
pausa (f)	pushim (m)	[puʃím]
reunião (f)	mbledhje (f)	[mbléðjɛ]
discutir (vt)	diskutoj	[diskutój]

plano (m)	plan (m)	[plan]
cumprir o plano	përmbush planin	[pərmbúʃ plánin]
taxa (f) de produção	normë prodhimi (f)	[nórmə proðími]
qualidade (f)	cilësi (f)	[tsiləsí]
controlo (m)	kontroll (m)	[kontróɫ]
controlo (m) da qualidade	kontroll cilësie (m)	[kontróɫ tsiləsíɛ]

segurança (f) no trabalho	siguri në punë (f)	[sigurí nə púnə]
disciplina (f)	disiplinë (f)	[disiplínə]
infração (f)	thyerje rregullash (f)	[θýɛrjɛ réguɫaʃ]

95

violar (as regras)	thyej rregullat	[θýɛj régułat]
greve (f)	grevë (f)	[grévə]
grevista (m)	grevist (m)	[grɛvíst]
estar em greve	jam në grevë	[jam nə grévə]
sindicato (m)	sindikatë punëtorësh (f)	[sindikátə punətórəʃ]

inventar (vt)	shpik	[ʃpik]
invenção (f)	shpikje (f)	[ʃpíkjɛ]
pesquisa (f)	kërkim (m)	[kərkím]
melhorar (vt)	përmirësoj	[pərmirəsój]
tecnologia (f)	teknologji (f)	[tɛknoloʝí]
desenho (m) técnico	vizatim teknik (m)	[vizatím tɛkník]

carga (f)	ngarkesë (f)	[ŋarkésə]
carregador (m)	ngarkues (m)	[ŋarkúɛs]
carregar (vt)	ngarkoj	[ŋarkój]
carregamento (m)	ngarkimi	[ŋarkími]
descarregar (vt)	shkarkoj	[ʃkarkój]
descarga (f)	shkarkim (m)	[ʃkarkím]

transporte (m)	transport (m)	[transpórt]
companhia (f) de transporte	agjenci transporti (f)	[aɟɛntsí transpórti]
transportar (vt)	transportoj	[transportój]

vagão (m) de carga	vagon mallrash (m)	[vagón máłraʃ]
cisterna (f)	cisternë (f)	[tsistérnə]
camião (m)	kamion (m)	[kamión]

| máquina-ferramenta (f) | makineri veglash (f) | [makinɛrí vɛgláʃ] |
| mecanismo (m) | mekanizëm (m) | [mɛkanízəm] |

resíduos (m pl) industriais	mbetje industriale (f)	[mbétjɛ industriálɛ]
embalagem (f)	paketim (m)	[pakɛtím]
embalar (vt)	paketoj	[pakɛtój]

107. Contrato. Acordo

contrato (m)	kontratë (f)	[kontrátə]
acordo (m)	marrëveshje (f)	[marəvéʃjɛ]
adenda (f), anexo (m)	shtojcë (f)	[ʃtójtsə]

assinar o contrato	nënshkruaj një kontratë	[nənʃkrúaj ɲə kontrátə]
assinatura (f)	nënshkrim (m)	[nənʃkrím]
assinar (vt)	nënshkruaj	[nənʃkrúaj]
carimbo (m)	vulë (f)	[vúlə]

objeto (m) do contrato	objekt i kontratës (m)	[objékt i kontrátəs]
cláusula (f)	kusht (m)	[kuʃt]
partes (f pl)	palët (m)	[pálət]
morada (f) jurídica	adresa zyrtare (f)	[adrésa zyrtárɛ]

violar o contrato	mosrespektim kontrate	[mosrɛspɛktím kontrátɛ]
obrigação (f)	detyrim (m)	[dɛtyrím]
responsabilidade (f)	përgjegjësi (f)	[pərɟɛɟəsí]

força (f) maior	forcë madhore (f)	[fórtsə maðórɛ]
litígio (m), disputa (f)	mosmarrëveshje (f)	[mosmarəvéʃjɛ]
multas (f pl)	ndëshkime (pl)	[ndəʃkímɛ]

108. Importação & Exportação

importação (f)	import (m)	[impórt]
importador (m)	importues (m)	[importúɛs]
importar (vt)	importoj	[importój]
de importação	i importuar	[i importúar]

exportação (f)	eksport (m)	[ɛksport]
exportador (m)	eksportues (m)	[ɛksportúɛs]
exportar (vt)	eksportoj	[ɛksportój]
de exportação	i eksportuar	[i ɛksportúar]

| mercadoria (f) | mallra (pl) | [mátra] |
| lote (de mercadorias) | ngarkesë (f) | [ŋarkésə] |

peso (m)	peshë (f)	[péʃə]
volume (m)	vëllim (m)	[vətím]
metro (m) cúbico	metër kub (m)	[métər kúb]

produtor (m)	prodhues (m)	[proðúɛs]
companhia (f) de transporte	agjenci transporti (f)	[aɟɛntsí transpórti]
contentor (m)	kontejner (m)	[kontɛjnér]

fronteira (f)	kufi (m)	[kufí]
alfândega (f)	doganë (f)	[dogánə]
taxa (f) alfandegária	taksë doganore (f)	[táksə doganórɛ]
funcionário (m) da alfândega	doganier (m)	[doganiér]
contrabando (atividade)	trafikim (m)	[trafikím]
contrabando (produtos)	kontrabandë (f)	[kontrabándə]

109. Finanças

ação (f)	stok (m)	[stok]
obrigação (f)	certifikatë valutore (f)	[tsɛrtifikátə valutórɛ]
nota (f) promissória	letër me vlerë (f)	[létər mɛ vlérə]

| bolsa (f) | bursë (f) | [búrsə] |
| cotação (m) das ações | çmimi i stokut (m) | [tʃmími i stókut] |

| tornar-se mais barato | ulet | [úlɛt] |
| tornar-se mais caro | rritet | [rítɛt] |

| parte (f) | kuotë (f) | [kuótə] |
| participação (f) maioritária | përqindje kontrolluese (f) | [pərcíndjɛ kontrotúɛsɛ] |

investimento (m)	investim (m)	[invɛstím]
investir (vt)	investoj	[invɛstój]
percentagem (f)	përqindje (f)	[pərcíndjɛ]

juros (m pl)	interes (m)	[intɛrés]
lucro (m)	fitim (m)	[fitím]
lucrativo	fitimprurës	[fitimprúrəs]
imposto (m)	taksë (f)	[táksə]

divisa (f)	valutë (f)	[valútə]
nacional	kombëtare	[kombətárɛ]
câmbio (m)	këmbim valute (m)	[kəmbím valútɛ]

| contabilista (m) | kontabilist (m) | [kontabilíst] |
| contabilidade (f) | kontabilitet (m) | [kontabilitét] |

bancarrota (f)	falimentim (m)	[falimɛntím]
falência (f)	kolaps (m)	[koláps]
ruína (f)	rrënim (m)	[rəním]
arruinar-se (vr)	rrënohem	[rənóhɛm]
inflação (f)	inflacion (m)	[inflatsión]
desvalorização (f)	zhvlerësim (m)	[ʒvlɛrəsím]

capital (m)	kapital (m)	[kapitál]
rendimento (m)	të ardhura (f)	[tə árðura]
volume (m) de negócios	qarkullim (m)	[carkuɫím]
recursos (m pl)	burime (f)	[burímɛ]
recursos (m pl) financeiros	burime monetare (f)	[burímɛ monɛtárɛ]

| despesas (f pl) gerais | shpenzime bazë (f) | [ʃpɛnzímɛ bázə] |
| reduzir (vt) | zvogëloj | [zvogəlój] |

110. Marketing

marketing (m)	marketing (m)	[markɛtíŋ]
mercado (m)	treg (m)	[trɛg]
segmento (m) do mercado	segment tregu (m)	[sɛgmént trégu]
produto (m)	produkt (m)	[prodúkt]
mercadoria (f)	mallra (pl)	[máɫra]

marca (f)	markë (f)	[márkə]
marca (f) comercial	markë tregtare (f)	[márkə trɛgtárɛ]
logotipo (m)	logo (f)	[lógo]
logo (m)	logo (f)	[lógo]

demanda (f)	kërkesë (f)	[kərkésə]
oferta (f)	furnizim (m)	[furnizím]
necessidade (f)	nevojë (f)	[nɛvójə]
consumidor (m)	konsumator (m)	[konsumatór]

análise (f)	analizë (f)	[analízə]
analisar (vt)	analizoj	[analizój]
posicionamento (m)	vendosje (f)	[vɛndósjɛ]
posicionar (vt)	vendos	[vɛndós]

preço (m)	çmim (m)	[tʃmím]
política (f) de preços	politikë e çmimeve (f)	[politíkə ɛ tʃmímɛvɛ]
formação (f) de preços	formim i çmimit (m)	[formím i tʃmímit]

111. Publicidade

publicidade (f)	reklamë (f)	[rɛklámə]
publicitar (vt)	reklamoj	[rɛklamój]
orçamento (m)	buxhet (m)	[budʒét]

anúncio (m) publicitário	reklamë (f)	[rɛklámə]
publicidade (f) televisiva	reklamë televizive (f)	[rɛklámə tɛlɛvizívɛ]
publicidade (f) na rádio	reklamë në radio (f)	[rɛklámə nə rádio]
publicidade (f) exterior	reklamë ambientale (f)	[rɛklámə ambiɛntálɛ]

comunicação (f) de massa	masmedia (f)	[masmédia]
periódico (m)	botim periodik (m)	[botím pɛriodík]
imagem (f)	imazh (m)	[imáʒ]

| slogan (m) | slogan (m) | [slogán] |
| mote (m), divisa (f) | moto (f) | [móto] |

campanha (f)	fushatë (f)	[fuʃátə]
companha (f) publicitária	fushatë reklamuese (f)	[fuʃátə rɛklamúɛsɛ]
grupo (m) alvo	grup i synuar (m)	[grup i synúar]

cartão (m) de visita	kartëvizitë (f)	[kartəvizítə]
flyer (m)	fletëpalosje (f)	[flɛtəpalósjɛ]
brochura (f)	broshurë (f)	[broʃúrə]
folheto (m)	pamflet (m)	[pamflét]
boletim (~ informativo)	buletin (m)	[bulɛtín]

letreiro (m)	tabelë (f)	[tabélə]
cartaz, póster (m)	poster (m)	[postér]
painel (m) publicitário	tabelë reklamash (f)	[tabélə rɛklámaʃ]

112. Banca

| banco (m) | bankë (f) | [bánkə] |
| sucursal, balcão (f) | degë (f) | [dégə] |

| consultor (m) | punonjës banke (m) | [punóɲəs bánkɛ] |
| gerente (m) | drejtor (m) | [drɛjtór] |

conta (f)	llogari bankare (f)	[ɬogarí bankárɛ]
número (m) da conta	numër llogarie (m)	[númər ɬogaríɛ]
conta (f) corrente	llogari rrjedhëse (f)	[ɬogarí rjéðəsɛ]
conta (f) poupança	llogari kursimesh (f)	[ɬogarí kursímɛʃ]

abrir uma conta	hap një llogari	[hap ɲə ɬogarí]
fechar uma conta	mbyll një llogari	[mbýɬ ɲə ɬogarí]
depositar na conta	depozitoj në llogari	[dɛpozitój nə ɬogarí]
levantar (vt)	tërheq	[tərhéc]

depósito (m)	depozitë (f)	[dɛpozítə]
fazer um depósito	kryej një depozitim	[krýɛj ɲə dɛpozitím]
transferência (f) bancária	transfer bankar (m)	[transfér bankár]

transferir (vt)	transferoj para	[transfɛrój pará]
soma (f)	shumë (f)	[ʃúmə]
Quanto?	Sa?	[sa?]

| assinatura (f) | nënshkrim (m) | [nənʃkrím] |
| assinar (vt) | nënshkruaj | [nənʃkrúaj] |

cartão (m) de crédito	kartë krediti (f)	[kártə krɛdíti]
código (m)	kodi PIN (m)	[kódi pin]
número (m) do cartão de crédito	numri i kartës së kreditit (m)	[númri i kártəs sə krɛdítit]
Caixa Multibanco (m)	bankomat (m)	[bankomát]

cheque (m)	çek (m)	[tʃɛk]
passar um cheque	lëshoj një çek	[ləʃój ɲə tʃék]
livro (m) de cheques	bllok çeqesh (m)	[bɫók tʃécɛʃ]

empréstimo (m)	kredi (f)	[krɛdí]
pedir um empréstimo	aplikoj për kredi	[aplikój pər krɛdí]
obter um empréstimo	marr kredi	[mar krɛdí]
conceder um empréstimo	jap kredi	[jap krɛdí]
garantia (f)	garanci (f)	[garantsí]

113. Telefone. Conversação telefónica

telefone (m)	telefon (m)	[tɛlɛfón]
telemóvel (m)	celular (m)	[tsɛlulár]
secretária (f) electrónica	sekretari telefonike (f)	[sɛkrɛtarí tɛlɛfoníkɛ]

| fazer uma chamada | telefonoj | [tɛlɛfonój] |
| chamada (f) | telefonatë (f) | [tɛlɛfonátə] |

marcar um número	i bie numrit	[i bíɛ númrit]
Alô!	Përshëndetje!	[pərʃəndétjɛ!]
perguntar (vt)	pyes	[pýɛs]
responder (vt)	përgjigjem	[pərɟʝɛm]

ouvir (vt)	dëgjoj	[dəɟój]
bem	mirë	[mírə]
mal	jo mirë	[jo mírə]
ruído (m)	zhurmë (f)	[ʒúrmə]

auscultador (m)	marrës (m)	[márəs]
pegar o telefone	ngre telefonin	[ŋré tɛlɛfónin]
desligar (vi)	mbyll telefonin	[mbýɫ tɛlɛfónin]

ocupado	i zënë	[i zénə]
tocar (vi)	bie zilja	[bíɛ zílja]
lista (f) telefónica	numerator telefonik (m)	[numɛratór tɛlɛfoník]
local	lokale	[lokálɛ]
chamada (f) local	thirrje lokale (f)	[θírjɛ lokálɛ]
de longa distância	distancë e largët	[distántsə ɛ lárgət]
chamada (f) de longa distância	thirrje në distancë (f)	[θírjɛ nə distántsə]

| internacional | ndërkombëtar | [ndərkombətár] |
| chamada (f) internacional | thirrje ndërkombëtare (f) | [θírjɛ ndərkombətárɛ] |

114. Telefone móvel

telemóvel (m)	celular (m)	[tsɛlulár]
ecrã (m)	ekran (m)	[ɛkrán]
botão (m)	buton (m)	[butón]
cartão SIM (m)	karta SIM (m)	[kárta sim]

bateria (f)	bateri (f)	[batɛrí]
descarregar-se	e shkarkuar	[ɛ ʃkarkúar]
carregador (m)	karikues (m)	[karikúɛs]

menu (m)	menu (f)	[mɛnú]
definições (f pl)	parametra (f)	[paramétra]
melodia (f)	melodi (f)	[mɛlodí]
escolher (vt)	përzgjedh	[pərzɟéð]

| calculadora (f) | makinë llogaritëse (f) | [makínə ɫogarítəsɛ] |
| correio (m) de voz | postë zanore (f) | [póstə zanórɛ] |

| despertador (m) | alarm (m) | [alárm] |
| contatos (m pl) | kontakte (pl) | [kontáktɛ] |

| mensagem (f) de texto | SMS (m) | [ɛsɛmɛs] |
| assinante (m) | abonent (m) | [abonént] |

115. Estacionário

| caneta (f) | stilolaps (m) | [stiloláps] |
| caneta (f) tinteiro | stilograf (m) | [stilográf] |

lápis (m)	laps (m)	[láps]
marcador (m)	shënjues (m)	[ʃəɲúɛs]
caneta (f) de feltro	tushë me bojë (f)	[túʃə mɛ bójə]

| bloco (m) de notas | bllok shënimesh (m) | [bɫók ʃənímɛʃ] |
| agenda (f) | agjendë (f) | [aɟéndə] |

régua (f)	vizore (f)	[vizórɛ]
calculadora (f)	makinë llogaritëse (f)	[makínə ɫogarítəsɛ]
borracha (f)	gomë (f)	[gómə]

| pionés (m) | pineskë (f) | [pinéskə] |
| clipe (m) | kapëse fletësh (f) | [kápəsɛ flétəʃ] |

| cola (f) | ngjitës (m) | [nɟítəs] |
| agrafador (m) | ngjitës metalik (m) | [nɟítəs mɛtalík] |

| furador (m) | hapës vrimash (m) | [hápəs vrímaʃ] |
| afia-lápis (m) | mprehëse lapsash (m) | [mpréhəsɛ lápsaʃ] |

116. Vários tipos de documentos

relatório (m)	raport (m)	[rapórt]
acordo (m)	marrëveshje (f)	[marəvéʃjɛ]
ficha (f) de inscrição	aplikacion (m)	[aplikatsión]
autêntico	autentike	[autɛntíkɛ]
crachá (m)	kartë identifikimi (f)	[kártə idɛntifikími]
cartão (m) de visita	kartëvizitë (f)	[kartəvizítə]

certificado (m)	certifikatë (f)	[tsɛrtifikátə]
cheque (m)	çek (m)	[tʃɛk]
conta (f)	llogari (f)	[ɫogarí]
constituição (f)	kushtetutë (f)	[kuʃtɛtútə]

contrato (m)	kontratë (f)	[kontrátə]
cópia (f)	kopje (f)	[kópjɛ]
exemplar (m)	kopje (f)	[kópjɛ]

declaração (f) alfandegária	deklarim doganor (m)	[dɛklarím doganór]
documento (m)	dokument (m)	[dokumént]
carta (f) de condução	patentë shoferi (f)	[paténtə ʃoféri]
adenda (ao contrato)	shtojcë (f)	[ʃtójtsə]
questionário (m)	formular (m)	[formulár]

bilhete (m) de identidade	letërnjoftim (m)	[lɛtərɲoftím]
inquérito (m)	kërkesë (f)	[kərkésə]
convite (m)	ftesë (f)	[ftésə]
fatura (f)	faturë (f)	[fatúrə]

lei (f)	ligj (m)	[liɟ]
carta (correio)	letër (f)	[létər]
papel (m) timbrado	kryeradhë (f)	[kryɛráðə]
lista (f)	listë (f)	[lístə]
manuscrito (m)	dorëshkrim (m)	[dorəʃkrím]
boletim (~ informativo)	buletin (m)	[bulɛtín]
bilhete (mensagem breve)	shënim (m)	[ʃəním]

passe (m)	lejekalim (m)	[lɛjɛkalím]
passaporte (m)	pasaportë (f)	[pasapórtə]
permissão (f)	leje (f)	[léjɛ]
CV, currículo (m)	resume (f)	[rɛsumé]
vale (nota promissória)	shënim borxhi (m)	[ʃəním bórdʒi]
recibo (m)	faturë (f)	[fatúrə]
talão (f)	faturë shitjesh (f)	[fatúrə ʃítjɛʃ]
relatório (m)	raport (m)	[rapórt]

mostrar (vt)	tregoj	[trɛgój]
assinar (vt)	nënshkruaj	[nənʃkrúaj]
assinatura (f)	nënshkrim (m)	[nənʃkrím]
carimbo (m)	vulë (f)	[vúlə]
texto (m)	tekst (m)	[tɛkst]
bilhete (m)	biletë (f)	[bilétə]

| riscar (vt) | fshij | [fʃíj] |
| preencher (vt) | plotësoj | [plotəsój] |

guia (f) de remessa	faturë dërgese (f)	[fatúrə dərgésɛ]
testamento (m)	testament (m)	[tɛstamént]

117. Tipos de negócios

serviços (m pl) de contabilidade	kontabilitet (m)	[kontabilitét]
publicidade (f)	reklamë (f)	[rɛklámə]
agência (f) de publicidade	agjenci reklamash (f)	[aɟɛntsí rɛklámaʃ]
ar (m) condicionado	kondicioner (m)	[konditsionér]
companhia (f) aérea	kompani ajrore (f)	[kompaní ajrórɛ]

bebidas (f pl) alcoólicas	pije alkoolike (pl)	[píjɛ alkoólikɛ]
comércio (m) de antiguidades	antikitete (pl)	[antikitétɛ]
galeria (f) de arte	galeri e artit (f)	[galɛrí ɛ ártit]
serviços (m pl) de auditoria	shërbime auditimi (pl)	[ʃərbíme auditími]

negócios (m pl) bancários	industri bankare (f)	[industrí bankárɛ]
bar (m)	lokal (m)	[lokál]
salão (m) de beleza	sallon bukurie (m)	[saɫón bukuríɛ]
livraria (f)	librari (f)	[librarí]
cervejaria (f)	birrari (f)	[birarí]
centro (m) de escritórios	qendër biznesi (f)	[céndər biznési]
escola (f) de negócios	shkollë biznesi (f)	[ʃkóɫə biznési]

casino (m)	kazino (f)	[kazíno]
construção (f)	ndërtim (m)	[ndərtím]
serviços (m pl) de consultoria	konsulencë (f)	[konsuléntsə]

estomatologia (f)	klinikë dentare (f)	[kliníkə dɛntárɛ]
design (m)	dizajn (m)	[dizájn]
farmácia (f)	farmaci (f)	[farmatsí]
lavandaria (f)	pastrim kimik (m)	[pastrím kimík]
agência (f) de emprego	agjenci punësimi (f)	[aɟɛntsí punəsími]

serviços (m pl) financeiros	shërbime financiare (pl)	[ʃərbímɛ finantsiárɛ]
alimentos (m pl)	mallra ushqimore (f)	[máɫra uʃcimórɛ]
agência (f) funerária	agjenci funeralesh (f)	[aɟɛntsí funɛrálɛʃ]
mobiliário (m)	orendi (f)	[orɛndí]
roupa (f)	rroba (f)	[róba]
hotel (m)	hotel (m)	[hotél]

gelado (m)	akullore (f)	[akuɫórɛ]
indústria (f)	industri (f)	[industrí]
seguro (m)	sigurim (m)	[sigurím]
internet (f)	internet (m)	[intɛrnét]
investimento (m)	investim (m)	[invɛstím]

joalheiro (m)	argjendar (m)	[arɟɛndár]
joias (f pl)	bizhuteri (f)	[biʒutɛrí]
lavandaria (f)	lavanteri (f)	[lavantɛrí]
serviços (m pl) jurídicos	këshilltar ligjor (m)	[kəʃiɫtár liɟór]
indústria (f) ligeira	industri e lehtë (f)	[industrí ɛ léhtə]
revista (f)	revistë (f)	[rɛvístə]

vendas (f pl) por catálogo	shitje me katalog (f)	[ʃítjɛ mɛ katalóg]
medicina (f)	mjekësi (f)	[mjɛkəsí]
cinema (m)	kinema (f)	[kinɛmá]
museu (m)	muze (m)	[muzé]

agência (f) de notícias	agjenci lajmesh (f)	[aɟɛntsí lájmɛʃ]
jornal (m)	gazetë (f)	[gazétə]
clube (m) noturno	klub nate (m)	[klúb nátɛ]

petróleo (m)	naftë (f)	[náftə]
serviço (m) de encomendas	shërbime postare (f)	[ʃərbímɛ postárɛ]
indústria (f) farmacêutica	industria farmaceutike (f)	[industría farmatsɛutíkɛ]
poligrafia (f)	shtyp (m)	[ʃtyp]
editora (f)	shtëpi botuese (f)	[ʃtəpí botúɛsɛ]

rádio (m)	radio (f)	[rádio]
imobiliário (m)	patundshmëri (f)	[patundʃmərí]
restaurante (m)	restorant (m)	[rɛstoránt]

empresa (f) de segurança	kompani sigurimi (f)	[kompaní sigurími]
desporto (m)	sport (m)	[sport]
bolsa (f)	bursë (f)	[búrsə]
loja (f)	dyqan (m)	[dycán]
supermercado (m)	supermarket (m)	[supɛrmarkét]
piscina (f)	pishinë (f)	[piʃínə]

alfaiataria (f)	rrobaqepësi (f)	[robacɛpəsí]
televisão (f)	televizor (m)	[tɛlɛvizór]
teatro (m)	teatër (m)	[tɛátər]
comércio (atividade)	tregti (f)	[trɛgtí]
serviços (m pl) de transporte	transport (m)	[transpórt]
viagens (f pl)	udhëtim (m)	[uðətím]

veterinário (m)	veteriner (m)	[vɛtɛrinér]
armazém (m)	magazinë (f)	[magazínə]
recolha (f) do lixo	mbledhja e mbeturinave (f)	[mbléðja ɛ mbɛturínavɛ]

Emprego. Negócios. Parte 2

118. Espetáculo. Feira

| feira (f) | ekspozitë (f) | [ɛkspozítə] |
| feira (f) comercial | panair (m) | [panaír] |

participação (f)	pjesëmarrje (f)	[pjɛsəmárjɛ]
participar (vi)	marr pjesë	[mar pjésə]
participante (m)	pjesëmarrës (m)	[pjɛsəmárəs]

diretor (m)	drejtor (m)	[drɛjtór]
direção (f)	zyra drejtuese (f)	[zýra drɛjtúɛsɛ]
organizador (m)	organizator (m)	[organizatór]
organizar (vt)	organizoj	[organizój]

ficha (f) de inscrição	kërkesë për pjesëmarrje (f)	[kərkésə pər pjɛsəmárjɛ]
preencher (vt)	plotësoj	[plotəsój]
detalhes (m pl)	hollësi (pl)	[hoɬəsí]
informação (f)	informacion (m)	[informatsión]

preço (m)	çmim (m)	[tʃmím]
incluindo	përfshirë	[pərfʃírə]
incluir (vt)	përfshij	[pərfʃíj]
pagar (vt)	paguaj	[pagúaj]
taxa (f) de inscrição	taksa e regjistrimit (f)	[táksa ɛ rɛɟistrímit]

entrada (f)	hyrje (f)	[hýrjɛ]
pavilhão (m)	pavijon (m)	[pavijón]
inscrever (vt)	regjistroj	[rɛɟistrój]
crachá (m)	kartë identifikimi (f)	[kártə idɛntifikími]

| stand (m) | kioskë (f) | [kióskə] |
| reservar (vt) | rezervoj | [rɛzɛrvój] |

vitrina (f)	vitrinë (f)	[vitrínə]
foco, spot (m)	dritë (f)	[drítə]
design (m)	dizajn (m)	[dizájn]
pôr, colocar (vt)	vendos	[vɛndós]
ser colocado, -a	vendosur	[vɛndósur]

distribuidor (m)	distributor (m)	[distributór]
fornecedor (m)	furnitor (m)	[furnitór]
fornecer (vt)	furnizoj	[furnizój]

país (m)	shtet (m)	[ʃtɛt]
estrangeiro	huaj	[húaj]
produto (m)	produkt (m)	[prodúkt]
associação (f)	shoqatë (f)	[ʃocátə]
sala (f) de conferências	sallë konference (f)	[sáɬə konfɛréntsɛ]

| congresso (m) | kongres (m) | [koŋrés] |
| concurso (m) | konkurs (m) | [konkúrs] |

visitante (m)	vizitor (m)	[vizitór]
visitar (vt)	vizitoj	[vizitój]
cliente (m)	klient (m)	[kliént]

119. Media

jornal (m)	gazetë (f)	[gazétə]
revista (f)	revistë (f)	[rɛvístə]
imprensa (f)	shtyp (m)	[ʃtyp]
rádio (m)	radio (f)	[rádio]
estação (f) de rádio	radio stacion (m)	[rádio statsión]
televisão (f)	televizor (m)	[tɛlɛvizór]

apresentador (m)	prezantues (m)	[prɛzantúɛs]
locutor (m)	prezantues lajmesh (m)	[prɛzantúɛs lájmɛʃ]
comentador (m)	komentues (m)	[komɛntúɛs]

jornalista (m)	gazetar (m)	[gazɛtár]
correspondente (m)	reporter (m)	[rɛportér]
repórter (m) fotográfico	fotograf gazetar (m)	[fotográf gazɛtár]
repórter (m)	reporter (m)	[rɛportér]

| redator (m) | redaktor (m) | [rɛdaktór] |
| redator-chefe (m) | kryeredaktor (m) | [kryɛrɛdaktór] |

assinar a ...	abonohem	[abonóhɛm]
assinatura (f)	abonim (m)	[aboním]
assinante (m)	abonent (m)	[abonént]
ler (vt)	lexoj	[lɛdzój]
leitor (m)	lexues (m)	[lɛdzúɛs]

tiragem (f)	qarkullim (m)	[carkułím]
mensal	mujore	[mujórɛ]
semanal	javor	[javór]
número (jornal, revista)	edicion (m)	[ɛditsión]
recente	i ri	[i rí]

manchete (f)	kryeradhë (f)	[kryɛráðə]
pequeno artigo (m)	artikull i shkurtër (m)	[artíkuł i ʃkúrtər]
coluna (~ semanal)	rubrikë (f)	[rubríkə]
artigo (m)	artikull (m)	[artíkuł]
página (f)	faqe (f)	[fácɛ]

reportagem (f)	reportazh (m)	[rɛportáʒ]
evento (m)	ceremoni (f)	[tsɛrɛmoní]
sensação (f)	ndjesi (f)	[ndjɛsí]
escândalo (m)	skandal (m)	[skandál]
escandaloso	skandaloz	[skandalóz]
grande	i madh	[i máð]
programa (m) de TV	emision (m)	[ɛmisión]
entrevista (f)	intervistë (f)	[intɛrvístə]

| transmissão (f) em direto | lidhje direkte (f) | [líðjɛ dirÉktɛ] |
| canal (m) | kanal (m) | [kanál] |

120. Agricultura

agricultura (f)	agrikulturë (f)	[agrikultúrə]
camponês (m)	fshatar (m)	[ffatár]
camponesa (f)	fshatare (f)	[ffatárɛ]
agricultor (m)	fermer (m)	[fɛrmér]

| trator (m) | traktor (m) | [traktór] |
| ceifeira-debulhadora (f) | autokombajnë (f) | [autokombájnə] |

arado (m)	plug (m)	[plug]
arar (vt)	lëroj	[lərój]
campo (m) lavrado	tokë bujqësore (f)	[tókə bujcəsórɛ]
rego (m)	brazdë (f)	[brázdə]

semear (vt)	mbjell	[mbjéɬ]
semeadora (f)	mbjellës (m)	[mbjéɬəs]
semeadura (f)	mbjellje (f)	[mbjéɬjɛ]

| gadanha (f) | kosë (f) | [kósə] |
| gadanhar (vt) | kosit | [kosít] |

| pá (f) | lopatë (f) | [lopátə] |
| cavar (vt) | lëroj | [lərój] |

enxada (f)	shat (m)	[fat]
carpir (vt)	prashis	[prafís]
erva (f) daninha	bar i keq (m)	[bar i kɛc]

regador (m)	vaditës (m)	[vadítəs]
regar (vt)	ujis	[ujís]
rega (f)	vaditje (f)	[vadítjɛ]

| forquilha (f) | sfurk (m) | [sfúrk] |
| ancinho (m) | grabujë (f) | [grabújə] |

fertilizante (m)	pleh (m)	[plɛh]
fertilizar (vt)	hedh pleh	[hɛð pléh]
estrume (m)	pleh kafshësh (m)	[plɛh káffəʃ]

campo (m)	fushë (f)	[fúfə]
prado (m)	lëndinë (f)	[ləndínə]
horta (f)	kopsht zarzavatesh (m)	[kópft zarzaváteʃ]
pomar (m)	kopsht frutor (m)	[kópft frutór]

pastar (vt)	kullos	[kuɬós]
pastor (m)	bari (m)	[barí]
pastagem (f)	kullota (f)	[kuɬóta]

| pecuária (f) | mbarështim bagëtish (m) | [mbarəftím bagətíf] |
| criação (f) de ovelhas | rritje e deleve (f) | [rítjɛ ɛ délɛvɛ] |

plantação (f)	plantacion (m)	[plantatsión]
canteiro (m)	rresht (m)	[réʃt]
invernadouro (m)	serë (f)	[sérə]

seca (f)	thatësirë (f)	[θatəsírə]
seco (verão ~)	e thatë	[ɛ θátə]

cereal (m)	drithë (m)	[dríθə]
cereais (m pl)	drithëra (pl)	[dríθəra]
colher (vt)	korr	[kor]

moleiro (m)	mullixhi (m)	[muɫidʒí]
moinho (m)	mulli (m)	[muɫí]
moer (vt)	bluaj	[blúaj]
farinha (f)	miell (m)	[míɛɫ]
palha (f)	kashtë (f)	[káʃtə]

121. Construção. Processo de construção

canteiro (m) de obras	kantier ndërtimi (m)	[kantiér ndərtími]
construir (vt)	ndërtoj	[ndərtój]
construtor (m)	punëtor ndërtimi (m)	[punətór ndərtími]

projeto (m)	projekt (m)	[projékt]
arquiteto (m)	arkitekt (m)	[arkitékt]
operário (m)	punëtor (m)	[punətór]

fundação (f)	themel (m)	[θɛmél]
telhado (m)	çati (f)	[tʃatí]
estaca (f)	shtyllë themeli (f)	[ʃtýɫə θɛméli]
parede (f)	mur (m)	[mur]

varões (m pl) para betão	shufra përforcuese (pl)	[ʃúfra pərfortsúɛsɛ]
andaime (m)	skela (f)	[skéla]

betão (m)	beton (m)	[bɛtón]
granito (m)	granit (m)	[graním]
pedra (f)	gur (m)	[gur]
tijolo (m)	tullë (f)	[túɫə]

areia (f)	rërë (f)	[rérə]
cimento (m)	çimento (f)	[tʃiménto]
emboço (m)	suva (f)	[súva]
emboçar (vt)	suvatoj	[suvatój]

tinta (f)	bojë (f)	[bójə]
pintar (vt)	lyej	[lýɛj]
barril (m)	fuçi (f)	[futʃí]

grua (f), guindaste (m)	vinç (m)	[vintʃ]
erguer (vt)	ngreh	[ŋréh]
baixar (vt)	ul	[ul]
buldózer (m)	buldozer (m)	[buldozér]
escavadora (f)	ekskavator (m)	[ɛkskavatór]

caçamba (f)	goja e ekskavatorit (f)	[gója ɛ ɛkskavatórit]
escavar (vt)	gërmoj	[gərmój]
capacete (m) de proteção	helmetë (f)	[hɛlmétə]

122. Ciência. Investigação. Cientistas

ciência (f)	shkencë (f)	[ʃkéntsə]
científico	shkencore	[ʃkɛntsórɛ]
cientista (m)	shkencëtar (m)	[ʃkɛntsətár]
teoria (f)	teori (f)	[tɛorí]
axioma (m)	aksiomë (f)	[aksiómə]
análise (f)	analizë (f)	[analízə]
analisar (vt)	analizoj	[analizój]
argumento (m)	argument (m)	[argumént]
substância (f)	substancë (f)	[substántsə]
hipótese (f)	hipotezë (f)	[hipotézə]
dilema (m)	dilemë (f)	[dilémə]
tese (f)	disertacion (m)	[disɛrtatsión]
dogma (m)	dogma (f)	[dógma]
doutrina (f)	doktrinë (f)	[doktrínə]
pesquisa (f)	kërkim (m)	[kərkím]
pesquisar (vt)	kërkoj	[kərkój]
teste (m)	analizë (f)	[analízə]
laboratório (m)	laborator (m)	[laboratór]
método (m)	metodë (f)	[mɛtódə]
molécula (f)	molekulë (f)	[molɛkúlə]
monitoramento (m)	monitorim (m)	[monitorím]
descoberta (f)	zbulim (m)	[zbulím]
postulado (m)	postulat (m)	[postulát]
princípio (m)	parim (m)	[parím]
prognóstico (previsão)	parashikim (m)	[paraʃikím]
prognosticar (vt)	parashikoj	[paraʃikój]
síntese (f)	sintezë (f)	[sintézə]
tendência (f)	trend (m)	[trɛnd]
teorema (m)	teoremë (f)	[tɛorémə]
ensinamentos (m pl)	mësim (m)	[məsím]
facto (m)	fakt (m)	[fakt]
expedição (f)	ekspeditë (f)	[ɛkspɛdítə]
experiência (f)	eksperiment (m)	[ɛkspɛrimént]
académico (m)	akademik (m)	[akadɛmík]
bacharel (m)	baçelor (m)	[bátʃɛlor]
doutor (m)	doktor shkencash (m)	[doktór ʃkéntsaʃ]
docente (m)	Profesor i Asociuar (m)	[profɛsór i asotsiúar]
mestre (m)	Master (m)	[mastér]
professor (m) catedrático	profesor (m)	[profɛsór]

Profissões e ocupações

trabalho (m)	punë (f)	[púnə]
equipa (f)	staf (m)	[staf]
pessoal (m)	personel (m)	[pɛrsonél]
carreira (f)	karrierë (f)	[kariérə]
perspetivas (f pl)	mundësi (f)	[mundəsí]
mestria (f)	aftësi (f)	[aftəsí]
seleção (f)	përzgjedhje (f)	[pərzʝéðjɛ]
agência (f) de emprego	agjenci punësimi (f)	[aɟɛntsí punəsími]
CV, currículo (m)	resume (f)	[rɛsumé]
entrevista (f) de emprego	intervistë punësimi (f)	[intɛrvístə punəsími]
vaga (f)	vend i lirë pune (m)	[vɛnd i lírə púnɛ]
salário (m)	rrogë (f)	[rógə]
salário (m) fixo	rrogë fikse (f)	[rógə fíksɛ]
pagamento (m)	pagesë (f)	[pagésə]
posto (m)	post (m)	[post]
dever (do empregado)	detyrë (f)	[dɛtýrə]
gama (f) de deveres	lista e detyrave (f)	[lísta ɛ dɛtýravɛ]
ocupado	i zënë	[i zénə]
despedir, demitir (vt)	pushoj nga puna	[puʃój ŋa púna]
demissão (f)	pushim nga puna (m)	[puʃím ŋa púna]
desemprego (m)	papunësi (m)	[papunəsí]
desempregado (m)	i papunë (m)	[i papúnə]
reforma (f)	pension (m)	[pɛnsión]
reformar-se	dal në pension	[dál nə pɛnsión]

diretor (m)	drejtor (m)	[drɛjtór]
gerente (m)	drejtor (m)	[drɛjtór]
patrão, chefe (m)	bos (m)	[bos]
superior (m)	epror (m)	[ɛprór]
superiores (m pl)	eprorët (pl)	[ɛprórət]
presidente (m)	president (m)	[prɛsidént]
presidente (m) de direção	kryetar (m)	[kryɛtár]
substituto (m)	zëvendës (m)	[zəvéndəs]
assistente (m)	ndihmës (m)	[ndíhməs]

| secretário (m) | sekretar (m) | [sɛkrɛtár] |
| secretário (m) pessoal | ndihmës personal (m) | [ndíhməs pɛrsonál] |

homem (m) de negócios	biznesmen (m)	[biznɛsmén]
empresário (m)	sipërmarrës (m)	[sipərmárəs]
fundador (m)	themelues (m)	[θɛmɛlúɛs]
fundar (vt)	themeloj	[θɛmɛlój]

fundador, sócio (m)	bashkëthemelues (m)	[baʃkəθɛmɛlúɛs]
parceiro, sócio (m)	partner (m)	[partnér]
acionista (m)	aksioner (m)	[aksionér]

milionário (m)	milioner (m)	[milionér]
bilionário (m)	bilioner (m)	[bilionér]
proprietário (m)	pronar (m)	[pronár]
proprietário (m) de terras	pronar tokash (m)	[pronár tókaʃ]

cliente (m)	klient (m)	[kliént]
cliente (m) habitual	klient i rregullt (m)	[kliént i réguɫt]
comprador (m)	blerës (m)	[blérəs]
visitante (m)	vizitor (m)	[vizitór]

profissional (m)	profesionist (m)	[profɛsioníst]
perito (m)	ekspert (m)	[ɛkspért]
especialista (m)	specialist (m)	[spɛtsialíst]

| banqueiro (m) | bankier (m) | [bankiér] |
| corretor (m) | komisioner (m) | [komisionér] |

caixa (m, f)	arkëtar (m)	[arkətár]
contabilista (m)	kontabilist (m)	[kontabilíst]
guarda (m)	roje sigurimi (m)	[rójɛ sigurími]

investidor (m)	investitor (m)	[invɛstitór]
devedor (m)	debitor (m)	[dɛbitór]
credor (m)	kreditor (m)	[krɛditór]
mutuário (m)	huamarrës (m)	[huamárəs]

| importador (m) | importues (m) | [importúɛs] |
| exportador (m) | eksportues (m) | [ɛksportúɛs] |

produtor (m)	prodhues (m)	[proðúɛs]
distribuidor (m)	distributor (m)	[distributór]
intermediário (m)	ndërmjetës (m)	[ndərmjétəs]

consultor (m)	këshilltar (m)	[kəʃiɫtár]
representante (m)	përfaqësues i shitjeve (m)	[pərfacəsúɛs i ʃitjévɛ]
agente (m)	agjent (m)	[aɟént]
agente (m) de seguros	agjent sigurimesh (m)	[aɟént sigurímɛʃ]

125. Profissões de serviços

| cozinheiro (m) | kuzhinier (m) | [kuʒiniér] |
| cozinheiro chefe (m) | shef kuzhine (m) | [ʃɛf kuʒínɛ] |

padeiro (m)	furrtar (m)	[furtár]
barman (m)	banakier (m)	[banakiér]
empregado (m) de mesa	kamerier (m)	[kamεriér]
empregada (f) de mesa	kameriere (f)	[kamεriérε]

advogado (m)	avokat (m)	[avokát]
jurista (m)	jurist (m)	[juríst]
notário (m)	noter (m)	[notér]

eletricista (m)	elektricist (m)	[εlεktritsíst]
canalizador (m)	hidraulik (m)	[hidraulík]
carpinteiro (m)	marangoz (m)	[maraŋóz]

massagista (m)	masazhist (m)	[masaʒíst]
massagista (f)	masazhiste (f)	[masaʒístε]
médico (m)	mjek (m)	[mjék]

taxista (m)	shofer taksie (m)	[ʃofér taksíε]
condutor (automobilista)	shofer (m)	[ʃofér]
entregador (m)	postier (m)	[postiér]

camareira (f)	pastruese (f)	[pastrúεsε]
guarda (m)	roje sigurimi (m)	[rójε sigurími]
hospedeira (f) de bordo	stjuardesë (f)	[stjuardésə]

professor (m)	mësues (m)	[məsúεs]
bibliotecário (m)	punonjës biblioteke (m)	[punóɲəs bibliotékε]
tradutor (m)	përkthyes (m)	[pərkθýεs]
intérprete (m)	përkthyes (m)	[pərkθýεs]
guia (pessoa)	udhërrëfyes (m)	[uðərəfýεs]

cabeleireiro (m)	parukiere (f)	[parukiérε]
carteiro (m)	postier (m)	[postiér]
vendedor (m)	shitës (m)	[ʃítəs]

jardineiro (m)	kopshtar (m)	[kopʃtár]
criado (m)	shërbëtor (m)	[ʃərbətór]
criada (f)	shërbëtore (f)	[ʃərbətórε]
empregada (f) de limpeza	pastruese (f)	[pastrúεsε]

126. Profissões militares e postos

soldado (m) raso	ushtar (m)	[uʃtár]
sargento (m)	rreshter (m)	[rεʃtér]
tenente (m)	toger (m)	[togér]
capitão (m)	kapiten (m)	[kapitén]

major (m)	major (m)	[majór]
coronel (m)	kolonel (m)	[kolonél]
general (m)	gjeneral (m)	[ɟενεrál]
marechal (m)	marshall (m)	[marʃáɫ]
almirante (m)	admiral (m)	[admirál]
militar (m)	ushtri (f)	[uʃtrí]
soldado (m)	ushtar (m)	[uʃtár]

oficial (m)	oficer (m)	[ofitsér]
comandante (m)	komandant (m)	[komandánt]

guarda (m) fronteiriço	roje kufiri (m)	[rójɛ kufíri]
operador (m) de rádio	radist (m)	[radíst]
explorador (m)	eksplorues (m)	[ɛksplorúɛs]
sapador (m)	xhenier (m)	[dʒɛniér]
atirador (m)	shënjues (m)	[ʃəɲúɛs]
navegador (m)	navigues (m)	[navigúɛs]

127. Oficiais. Padres

rei (m)	mbret (m)	[mbrét]
rainha (f)	mbretëreshë (f)	[mbrɛtəréʃə]

príncipe (m)	princ (m)	[prints]
princesa (f)	princeshë (f)	[printséʃə]

czar (m)	car (m)	[tsár]
czarina (f)	carina (f)	[tsarína]

presidente (m)	president (m)	[prɛsidént]
ministro (m)	ministër (m)	[minístər]
primeiro-ministro (m)	kryeministër (m)	[kryɛminístər]
senador (m)	senator (m)	[sɛnatór]

diplomata (m)	diplomat (m)	[diplomát]
cônsul (m)	konsull (m)	[kónsuɫ]
embaixador (m)	ambasador (m)	[ambasadór]
conselheiro (m)	këshilltar diplomatik (m)	[kəʃiɫtár diplomatík]

funcionário (m)	zyrtar (m)	[zyrtár]
prefeito (m)	prefekt (m)	[prɛfékt]
Presidente (m) da Câmara	kryetar komune (m)	[kryɛtár komúnɛ]

juiz (m)	gjykatës (m)	[ɟykátəs]
procurador (m)	prokuror (m)	[prokurór]

missionário (m)	misionar (m)	[misionár]
monge (m)	murg (m)	[murg]
abade (m)	abat (m)	[abát]
rabino (m)	rabin (m)	[rabín]

vizir (m)	vezir (m)	[vɛzír]
xá (m)	shah (m)	[ʃah]
xeque (m)	sheik (m)	[ʃéik]

128. Profissões agrícolas

apicultor (m)	bletar (m)	[blɛtár]
pastor (m)	bari (m)	[barí]
agrónomo (m)	agronom (m)	[agronóm]

| criador (m) de gado | rritës bagëtish (m) | [rítəs bagətíʃ] |
| veterinário (m) | veteriner (m) | [vɛtɛrinér] |

agricultor (m)	fermer (m)	[fɛrmér]
vinicultor (m)	prodhues verërash (m)	[proðúɛs vérəraʃ]
zoólogo (m)	zoolog (m)	[zoológ]
cowboy (m)	lopar (m)	[lopár]

129. Profissões artísticas

| ator (m) | aktor (m) | [aktór] |
| atriz (f) | aktore (f) | [aktórɛ] |

| cantor (m) | këngëtar (m) | [kəŋətár] |
| cantora (f) | këngëtare (f) | [kəŋətárɛ] |

| bailarino (m) | valltar (m) | [vałtár] |
| bailarina (f) | valltare (f) | [vałtárɛ] |

| artista (m) | artist (m) | [artíst] |
| artista (f) | artiste (f) | [artístɛ] |

músico (m)	muzikant (m)	[muzikánt]
pianista (m)	pianist (m)	[pianíst]
guitarrista (m)	kitarist (m)	[kitaríst]

maestro (m)	dirigjent (m)	[diriɟént]
compositor (m)	kompozitor (m)	[kompozitór]
empresário (m)	organizator (m)	[organizatór]

realizador (m)	regjisor (m)	[rɛɟisór]
produtor (m)	producent (m)	[produtsént]
argumentista (m)	skenarist (m)	[skɛnaríst]
crítico (m)	kritik (m)	[kritík]

escritor (m)	shkrimtar (m)	[ʃkrimtár]
poeta (m)	poet (m)	[poét]
escultor (m)	skulptor (m)	[skulptór]
pintor (m)	piktor (m)	[piktór]

malabarista (m)	zhongler (m)	[ʒoŋlér]
palhaço (m)	kloun (m)	[kloún]
acrobata (m)	akrobat (m)	[akrobát]
mágico (m)	magjistar (m)	[maɟistár]

130. Várias profissões

médico (m)	mjek (m)	[mjék]
enfermeira (f)	infermiere (f)	[infɛrmiérɛ]
psiquiatra (m)	psikiatër (m)	[psikiátər]
estomatologista (m)	dentist (m)	[dɛntíst]
cirurgião (m)	kirurg (m)	[kirúrg]

astronauta (m)	astronaut (m)	[astronaút]
astrónomo (m)	astronom (m)	[astronóm]
piloto (m)	pilot (m)	[pilót]
motorista (m)	shofer (m)	[ʃofér]
maquinista (m)	makinist (m)	[makiníst]
mecânico (m)	mekanik (m)	[mɛkaník]
mineiro (m)	minator (m)	[minatór]
operário (m)	punëtor (m)	[punətór]
serralheiro (m)	bravandreqës (m)	[bravandrécəs]
marceneiro (m)	marangoz (m)	[maraŋóz]
torneiro (m)	tornitor (m)	[tornitór]
construtor (m)	punëtor ndërtimi (m)	[punətór ndərtími]
soldador (m)	saldator (m)	[saldatór]
professor (m) catedrático	profesor (m)	[profɛsór]
arquiteto (m)	arkitekt (m)	[arkitékt]
historiador (m)	historian (m)	[historián]
cientista (m)	shkencëtar (m)	[ʃkɛntsətár]
físico (m)	fizikant (m)	[fizikánt]
químico (m)	kimist (m)	[kimíst]
arqueólogo (m)	arkeolog (m)	[arkɛológ]
geólogo (m)	gjeolog (m)	[ɟɛológ]
pesquisador (cientista)	studiues (m)	[studiúɛs]
babysitter (f)	dado (f)	[dádo]
professor (m)	mësues (m)	[məsúɛs]
redator (m)	redaktor (m)	[rɛdaktór]
redator-chefe (m)	kryeredaktor (m)	[kryɛrɛdaktór]
correspondente (m)	korrespondent (m)	[korɛspondént]
datilógrafa (f)	daktilografiste (f)	[daktilografístɛ]
designer (m)	projektues (m)	[projɛktúɛs]
especialista (m) em informática	ekspert kompjuterësh (m)	[ɛkspért kompjutérəʃ]
programador (m)	programues (m)	[programúɛs]
engenheiro (m)	inxhinier (m)	[indʒiniér]
marujo (m)	marinar (m)	[marinár]
marinheiro (m)	marinar (m)	[marinár]
salvador (m)	shpëtimtar (m)	[ʃpətimtár]
bombeiro (m)	zjarrfikës (m)	[zjarfíkəs]
polícia (m)	polic (m)	[políts]
guarda-noturno (m)	roje (f)	[rójɛ]
detetive (m)	detektiv (m)	[dɛtɛktív]
funcionário (m) da alfândega	doganier (m)	[doganiér]
guarda-costas (m)	truprojë (f)	[truprójə]
guarda (m) prisional	gardian burgu (m)	[gardián búrgu]
inspetor (m)	inspektor (m)	[inspɛktór]
desportista (m)	sportist (m)	[sportíst]
treinador (m)	trajner (m)	[trajnér]

talhante (m)	kasap (m)	[kasáp]
sapateiro (m)	këpucëtar (m)	[kəputsətár]
comerciante (m)	tregtar (m)	[trɛgtár]
carregador (m)	ngarkues (m)	[ŋarkúɛs]

estilista (m)	stilist (m)	[stilíst]
modelo (f)	modele (f)	[modélɛ]

131. Ocupações. Estatuto social

aluno, escolar (m)	nxënës (m)	[ndzénəs]
estudante (~ universitária)	student (m)	[studént]

filósofo (m)	filozof (m)	[filozóf]
economista (m)	ekonomist (m)	[ɛkonomíst]
inventor (m)	shpikës (m)	[ʃpíkəs]

desempregado (m)	i papunë (m)	[i papúnə]
reformado (m)	pensionist (m)	[pɛnsioníst]
espião (m)	spiun (m)	[spiún]

preso (m)	i burgosur (m)	[i burgósur]
grevista (m)	grevist (m)	[grɛvíst]
burocrata (m)	burokrat (m)	[burokrát]
viajante (m)	udhëtar (m)	[uðətár]

homossexual (m)	homoseksual (m)	[homosɛksuál]
hacker (m)	haker (m)	[hakér]
hippie	hipik (m)	[hipík]

bandido (m)	bandit (m)	[bandít]
assassino (m) a soldo	vrasës (m)	[vrásəs]
toxicodependente (m)	narkoman (m)	[narkomán]
traficante (m)	trafikant droge (m)	[trafikánt drógɛ]
prostituta (f)	prostitutë (f)	[prostitútə]
chulo (m)	tutor (m)	[tutór]

bruxo (m)	magjistar (m)	[maɟistár]
bruxa (f)	shtrigë (f)	[ʃtrígə]
pirata (m)	pirat (m)	[pirát]
escravo (m)	skllav (m)	[skɫav]
samurai (m)	samurai (m)	[samurái]
selvagem (m)	i egër (m)	[i égər]

Desportos

desportista (m)	sportist (m)	[sportíst]
tipo (m) de desporto	lloj sporti (m)	[ɫoj spórti]
basquetebol (m)	basketboll (m)	[baskɛtbóɫ]
jogador (m) de basquetebol	basketbollist (m)	[baskɛtboɫíst]
beisebol (m)	bejsboll (m)	[bɛjsbóɫ]
jogador (m) de beisebol	lojtar bejsbolli (m)	[lojtár bɛjsbóɫi]
futebol (m)	futboll (m)	[futbóɫ]
futebolista (m)	futbollist (m)	[futboɫíst]
guarda-redes (m)	portier (m)	[portiér]
hóquei (m)	hokej (m)	[hokéj]
jogador (m) de hóquei	lojtar hokeji (m)	[lojtár hokéji]
voleibol (m)	volejboll (m)	[volɛjbóɫ]
jogador (m) de voleibol	volejbollist (m)	[volɛjboɫíst]
boxe (m)	boks (m)	[boks]
boxeador, pugilista (m)	boksier (m)	[boksiér]
luta (f)	mundje (f)	[múndjɛ]
lutador (m)	mundës (m)	[múndəs]
karaté (m)	karate (f)	[karátɛ]
karateca (m)	karateist (m)	[karatɛíst]
judo (m)	xhudo (f)	[dʒúdo]
judoca (m)	xhudist (m)	[dʒudíst]
ténis (m)	tenis (m)	[tɛnís]
tenista (m)	tenist (m)	[tɛníst]
natação (f)	not (m)	[not]
nadador (m)	notar (m)	[notár]
esgrima (f)	skerma (f)	[skérma]
esgrimista (m)	skermist (m)	[skɛrmíst]
xadrez (m)	shah (m)	[ʃah]
xadrezista (m)	shahist (m)	[ʃahíst]
alpinismo (m)	alpinizëm (m)	[alpinízəm]
alpinista (m)	alpinist (m)	[alpiníst]
corrida (f)	vrapim (m)	[vrapím]

corredor (m)	vrapues (m)	[vrapúɛs]
atletismo (m)	atletikë (f)	[atlɛtíkə]
atleta (m)	atlet (m)	[atlét]

| hipismo (m) | kalërim (m) | [kalərím] |
| cavaleiro (m) | kalorës (m) | [kalórəs] |

patinagem (f) artística	patinazh (m)	[patináʒ]
patinador (m)	patinator (m)	[patinatór]
patinadora (f)	patinatore (f)	[patinatórɛ]

| halterofilismo (m) | peshëngritje (f) | [pɛʃəŋrítjɛ] |
| halterofilista (m) | peshëngritës (m) | [pɛʃəŋrítəs] |

| corrida (f) de carros | garë me makina (f) | [gárə mɛ makína] |
| piloto (m) | shofer garash (m) | [ʃofér gáraʃ] |

| ciclismo (m) | çiklizëm (m) | [tʃiklízəm] |
| ciclista (m) | çiklist (m) | [tʃiklíst] |

salto (m) em comprimento	kërcim së gjati (m)	[kərtsím sə ɟáti]
salto (m) à vara	kërcim së larti (m)	[kərtsím sə lárti]
atleta (m) de saltos	kërcyes (m)	[kərtsýɛs]

133. Tipos de desportos. Diversos

futebol (m) americano	futboll amerikan (m)	[futbóɫ amɛrikán]
badminton (m)	badminton (m)	[bádminton]
biatlo (m)	biatlon (m)	[biatlón]
bilhar (m)	bilardo (f)	[bilárdo]

bobsled (m)	bobsled (m)	[bobsléd]
musculação (f)	bodybuilding (m)	[bodybuildín]
polo (m) aquático	vaterpol (m)	[vatɛrpól]
andebol (m)	hendboll (m)	[hɛndbóɫ]
golfe (m)	golf (m)	[golf]

remo (m)	kanotazh (m)	[kanotáʒ]
mergulho (m)	zhytje (f)	[ʒýtjɛ]
corrida (f) de esqui	skijim nordik (m)	[skijím nordík]
ténis (m) de mesa	ping pong (m)	[piŋ póŋ]

vela (f)	lundrim me vela (m)	[lundrím mɛ véla]
rali (m)	garë rally (f)	[gárə ráɫy]
râguebi (m)	ragbi (m)	[rágbi]
snowboard (m)	snoubord (m)	[snoubórd]
tiro (m) com arco	gjuajtje me hark (f)	[ɟúajtjɛ mɛ hárk]

134. Ginásio

| barra (f) | peshë (f) | [péʃə] |
| halteres (m pl) | gira (f) | [gíra] |

aparelho (m) de musculaçao	makinë trajnimi (f)	[makínə trajními]
bicicleta (f) ergométrica	biçikletë ushtrimesh (f)	[bitʃiklétə uʃtrímɛʃ]
passadeira (f) de corrida	makinë vrapi (f)	[makínə vrápi]
barra (f) fixa	tra horizontal (m)	[tra horizontál]
barras (f) paralelas	trarë paralele (pl)	[trárə paralélɛ]
cavalo (m)	kaluç (m)	[kalútʃ]
tapete (m) de ginástica	tapet gjimnastike (m)	[tapét ɟimnastíkɛ]
corda (f) de saltar	litar kërcimi (m)	[litár kərtsími]
aeróbica (f)	aerobik (m)	[aɛrobík]
ioga (f)	joga (f)	[jóga]

135. Hóquei

hóquei (m)	hokej (m)	[hokéj]
jogador (m) de hóquei	lojtar hokeji (m)	[lojtár hokéji]
jogar hóquei	luaj hokej	[lúaj hokéj]
gelo (m)	akull (m)	[ákuɫ]
disco (m)	top hokeji (m)	[top hokéji]
taco (m) de hóquei	shkop hokeji (m)	[ʃkop hokéji]
patins (m pl) de gelo	patina akulli (pl)	[patína ákuɫi]
muro (m)	fushë hokeji (f)	[fúʃə hokéji]
tiro (m)	gjuajtje (f)	[ɟúajtʃɛ]
guarda-redes (m)	portier (m)	[portiér]
golo (m)	gol (m)	[gol]
marcar um golo	shënoj gol	[ʃənój gol]
tempo (m)	pjesë (f)	[pjésə]
segundo tempo (m)	pjesa e dytë	[pjésa ɛ dýtə]
banco (m) de reservas	stol i rezervave (m)	[stol i rɛzérvavɛ]

136. Futebol

futebol (m)	futboll (m)	[futbóɫ]
futebolista (m)	futbollist (m)	[futboɫíst]
jogar futebol	luaj futboll	[lúaj futbóɫ]
Liga Principal (f)	liga e parë (f)	[líga ɛ párə]
clube (m) de futebol	klub futbolli (m)	[klúb futbóɫi]
treinador (m)	trajner (m)	[trajnér]
proprietário (m)	pronar (m)	[pronár]
equipa (f)	skuadër (f)	[skuádər]
capitão (m) da equipa	kapiteni i skuadrës (m)	[kapiténi i skuádrəs]
jogador (m)	lojtar (m)	[lojtár]
jogador (m) de reserva	zëvendësues (m)	[zəvɛndəsúɛs]
atacante (m)	sulmues (m)	[sulmúɛs]
avançado (m) centro	qendërsulmues (m)	[cɛndərsulmúɛs]

marcador (m)	golashënues (m)	[golaʃənúɛs]
defesa (m)	mbrojtës (m)	[mbrójtəs]
médio (m)	mesfushor (m)	[mɛsfuʃór]
jogo (desafio)	ndeshje (f)	[ndéʃɛ]
encontrar-se (vr)	takoj	[takój]
final (m)	finale	[finálɛ]
meia-final (f)	gjysmë-finale (f)	[ɟýsmə-finálɛ]
campeonato (m)	kampionat (m)	[kampionát]
tempo (m)	pjesë (f)	[pjésə]
primeiro tempo (m)	pjesa e parë (f)	[pjésa ɛ párə]
intervalo (m)	pushim (m)	[puʃím]
baliza (f)	gol (m)	[gol]
guarda-redes (m)	portier (m)	[portiér]
trave (f)	shtyllë (f)	[ʃtýɫə]
barra (f) transversal	traversa (f)	[travérsa]
rede (f)	rrjetë (f)	[rjétə]
sofrer um golo	pësoj gol	[pəsój gol]
bola (f)	top (m)	[top]
passe (m)	pas (m)	[pas]
chute (m)	goditje (f)	[godítjɛ]
chutar (vt)	godas	[godás]
tiro (m) livre	goditje e lirë (f)	[godítjɛ ɛ lírə]
canto (m)	goditje nga këndi (f)	[godítjɛ ŋa kəndi]
ataque (m)	sulm (m)	[sulm]
contra-ataque (m)	kundërsulm (m)	[kundərsúlm]
combinação (f)	kombinim (m)	[kombiním]
árbitro (m)	arbitër (m)	[arbítər]
apitar (vi)	i bie bilbilit	[i bíɛ bilbílit]
apito (m)	bilbil (m)	[bilbíl]
falta (f)	faull (m)	[faúɫ]
cometer a falta	faulloj	[fauɫój]
expulsar (vt)	nxjerr nga loja	[ndzjér ŋa lója]
cartão (m) amarelo	karton i verdhë (m)	[kartón i vérðə]
cartão (m) vermelho	karton i kuq (m)	[kartón i kúc]
desqualificação (f)	diskualifikim (m)	[diskualifikím]
desqualificar (vt)	diskualifikoj	[diskualifikój]
penálti (m)	goditje dënimi (f)	[godítjɛ dəními]
barreira (f)	mur (m)	[mur]
marcar (vt)	shënoj	[ʃənój]
golo (m)	gol (m)	[gol]
marcar um golo	shënoj gol	[ʃənój gol]
substituição (f)	zëvendësim (m)	[zəvɛndəsím]
substituir (vt)	zëvendësoj	[zəvɛndəsój]
regras (f pl)	rregullat (pl)	[réguɫat]
tática (f)	taktikë (f)	[taktíkə]
estádio (m)	stadium (m)	[stadiúm]
bancadas (f pl)	tribunë (f)	[tribúnə]

| fã, adepto (m) | tifoz (m) | [tifóz] |
| gritar (vi) | bërtas | [bərtás] |

| marcador (m) | tabela e rezultateve (f) | [tabéla ɛ rɛzultátɛvɛ] |
| resultado (m) | rezultat (m) | [rɛzultát] |

| derrota (f) | humbje (f) | [húmbjɛ] |
| perder (vt) | humb | [húmb] |

| empate (m) | barazim (m) | [barazím] |
| empatar (vi) | barazoj | [barazój] |

vitória (f)	fitore (f)	[fitórɛ]
ganhar, vencer (vi, vt)	fitoj	[fitój]
campeão (m)	kampion (m)	[kampión]
melhor	më i miri	[mə i míri]
felicitar (vt)	përgëzoj	[pərgəzój]

comentador (m)	komentues (m)	[komɛntúɛs]
comentar (vt)	komentoj	[komɛntój]
transmissão (f)	transmetim (m)	[transmɛtím]

137. Esqui alpino

esqui (m)	ski (pl)	[ski]
esquiar (vi)	bëj ski	[bəj skí]
estância (f) de esqui	resort malor për ski (m)	[rɛsórt malór pər skí]
teleférico (m)	ashensor për ski (m)	[aʃɛnsór pər skí]

bastões (m pl) de esqui	heshta skish (pl)	[héʃta skíʃ]
declive (m)	shpat (m)	[ʃpat]
slalom (m)	slalom (m)	[slalóm]

138. Ténis. Golfe

golfe (m)	golf (m)	[golf]
clube (m) de golfe	klub golfi (m)	[klúb gólfi]
jogador (m) de golfe	golfist (m)	[golfíst]

buraco (m)	vrimë (f)	[vrímə]
taco (m)	shkop golfi (m)	[ʃkop gólfi]
trolley (m)	karrocë golfi (f)	[karótsə gólfi]

| ténis (m) | tenis (m) | [tɛnís] |
| quadra (f) de ténis | fushë tenisi (f) | [fúʃə tɛnísi] |

| saque (m) | servim (m) | [sɛrvím] |
| sacar (vi) | servoj | [sɛrvój] |

raquete (f)	reket (m)	[rɛkét]
rede (f)	rrjetë (f)	[rjétə]
bola (f)	top (m)	[top]

121

139. Xadrez

xadrez (m)	shah (m)	[ʃah]
peças (f pl) de xadrez	figura shahu (pl)	[figúra ʃáhu]
xadrezista (m)	shahist (m)	[ʃahíst]
tabuleiro (m) de xadrez	fushë shahu (f)	[fúʃə ʃáhu]
peça (f) de xadrez	figurë shahu (f)	[figúrə ʃáhu]
brancas (f pl)	të bardhat (pl)	[tə bárðat]
pretas (f pl)	të zezat (pl)	[tə zézat]
peão (m)	ushtar (m)	[uʃtáɾ]
bispo (m)	oficer (m)	[ofitséɾ]
cavalo (m)	kalorës (m)	[kalórəs]
torre (f)	top (m)	[top]
dama (f)	mbretëreshë (f)	[mbrɛtəréʃə]
rei (m)	mbret (m)	[mbrét]
vez (m)	lëvizje (f)	[ləvízjɛ]
mover (vt)	lëviz	[ləvíz]
sacrificar (vt)	sakrifikoj	[sakrifikój]
roque (m)	rokadë (f)	[rokádə]
xeque (m)	shah (m)	[ʃah]
xeque-mate (m)	shah mat (m)	[ʃah mat]
torneio (m) de xadrez	turne shahu (m)	[turné ʃáhu]
grão-mestre (m)	Mjeshtër i Madh (m)	[mjéʃtər i máð]
combinação (f)	kombinim (m)	[kombiním]
partida (f)	lojë (f)	[lójə]
jogo (m) de damas	damë (f)	[dámə]

140. Boxe

boxe (m)	boks (m)	[boks]
combate (m)	ndeshje (f)	[ndéʃɛ]
duelo (m)	ndeshje boksi (f)	[ndéʃɛ bóksi]
round (m)	raund (m)	[ráund]
ringue (m)	ring (m)	[riŋ]
gongo (m)	gong (m)	[goŋ]
murro, soco (m)	goditje (f)	[godítjɛ]
knockdown (m)	nokdaun (m)	[nokdáun]
nocaute (m)	nokaut (m)	[nokaút]
nocautear (vt)	hedh nokaut	[hɛð nokaút]
luva (f) de boxe	dorezë boksi (f)	[dorézə bóksi]
árbitro (m)	arbitër (m)	[arbítər]
peso-leve (m)	peshë e lehtë (f)	[péʃə ɛ léhtə]
peso-médio (m)	peshë e mesme (f)	[péʃə ɛ mésmɛ]
peso-pesado (m)	peshë e rëndë (f)	[péʃə ɛ rəndə]

141. Desportos. Diversos

Jogos (m pl) Olímpicos	Lojërat Olimpike (pl)	[lójərat olimpíkɛ]
vencedor (m)	fitues (m)	[fitúɛs]
vencer (vi)	duke fituar	[dúkɛ fitúar]
vencer, ganhar (vi)	fitoj	[fitój]

líder (m)	lider (m)	[lidér]
liderar (vt)	udhëheq	[uðəhéc]

primeiro lugar (m)	vendi i parë	[véndi i párə]
segundo lugar (m)	vendi i dytë	[véndi i dýtə]
terceiro lugar (m)	vendi i tretë	[véndi i trétə]

medalha (f)	medalje (f)	[mɛdáljɛ]
troféu (m)	trofe (f)	[trofé]
taça (f)	kupë (f)	[kúpə]
prémio (m)	çmim (m)	[tʃmím]
prémio (m) principal	çmimi i parë (m)	[tʃmími i párə]

recorde (m)	rekord (m)	[rɛkórd]
estabelecer um recorde	vendos rekord	[vɛndós rɛkórd]

final (m)	finale	[finálɛ]
final	finale	[finálɛ]

campeão (m)	kampion (m)	[kampión]
campeonato (m)	kampionat (m)	[kampionát]

estádio (m)	stadium (m)	[stadiúm]
bancadas (f pl)	tribunë (f)	[tribúnə]
fã, adepto (m)	tifoz (m)	[tifóz]
adversário (m)	kundërshtar (m)	[kundərʃtár]

partida (f)	start (m)	[start]
chegada, meta (f)	cak (m)	[tsák]

derrota (f)	humbje (f)	[húmbjɛ]
perder (vt)	humb	[húmb]

árbitro (m)	arbitër (m)	[arbítər]
júri (m)	juri (f)	[jurí]
resultado (m)	rezultat (m)	[rɛzultát]
empate (m)	barazim (m)	[barazím]
empatar (vi)	barazoj	[barazój]
ponto (m)	pikë (f)	[píkə]
resultado (m) final	rezultat (m)	[rɛzultát]

tempo, período (m)	pjesë (f)	[pjésə]
intervalo (m)	pushim (m)	[puʃím]

doping (m)	doping (m)	[dopíŋ]
penalizar (vt)	penalizoj	[pɛnalizój]
desqualificar (vt)	diskualifikoj	[diskualifikój]
aparelho (m)	aparat (m)	[aparát]

dardo (m)	**hedhje e shtizës** (f)	[héðjɛ ɛ ʃtízəs]
peso (m)	**gjyle** (f)	[ɟýlɛ]
bola (f)	**bile** (f)	[bílɛ]

alvo, objetivo (m)	**shënjestër** (f)	[ʃəɲéstər]
alvo (~ de papel)	**shënjestër** (f)	[ʃəɲéstər]
atirar, disparar (vi)	**qëlloj**	[cəɫój]
preciso (tiro ~)	**e saktë**	[ɛ sáktə]

treinador (m)	**trajner** (m)	[trajnér]
treinar (vt)	**stërvit**	[stərvít]
treinar-se (vr)	**stërvitem**	[stərvítɛm]
treino (m)	**trajnim** (m)	[trajním]

ginásio (m)	**palestër** (f)	[paléstər]
exercício (m)	**ushtrime** (f)	[uʃtrímɛ]
aquecimento (m)	**ngrohje** (f)	[ŋróhjɛ]

Educação

escola (f)	shkollë (f)	[ʃkółə]
diretor (m) de escola	drejtor shkolle (m)	[drɛjtór ʃkółɛ]
aluno (m)	nxënës (m)	[ndzénəs]
aluna (f)	nxënëse (f)	[ndzénəsɛ]
escolar (m)	nxënës (m)	[ndzénəs]
escolar (f)	nxënëse (f)	[ndzénəsɛ]
ensinar (vt)	jap mësim	[jap məsím]
aprender (vt)	mësoj	[məsój]
aprender de cor	mësoj përmendësh	[məsój pərméndəʃ]
estudar (vi)	mësoj	[məsój]
andar na escola	jam në shkollë	[jam nə ʃkółə]
ir à escola	shkoj në shkollë	[ʃkoj nə ʃkółə]
alfabeto (m)	alfabet (m)	[alfabét]
disciplina (f)	lëndë (f)	[léndə]
sala (f) de aula	klasë (f)	[klásə]
lição (f)	mësim (m)	[məsím]
recreio (m)	pushim (m)	[puʃím]
toque (m)	zile e shkollës (f)	[zílɛ ɛ ʃkółəs]
carteira (f)	bankë e shkollës (f)	[bánkə ɛ ʃkółəs]
quadro (m) negro	tabelë e zezë (f)	[tabélə ɛ zézə]
nota (f)	notë (f)	[nótə]
boa nota (f)	notë e mirë (f)	[nótə ɛ mírə]
nota (f) baixa	notë e keqe (f)	[nótə ɛ kécɛ]
dar uma nota	vendos notë	[vɛndós nótə]
erro (m)	gabim (m)	[gabím]
fazer erros	bëj gabime	[bəj gabímɛ]
corrigir (vt)	korrigjoj	[koriɲój]
cábula (f)	kopje (f)	[kópjɛ]
dever (m) de casa	detyrë shtëpie (f)	[dɛtýrə ʃtəpíɛ]
exercício (m)	ushtrim (m)	[uʃtrím]
estar presente	jam prezent	[jam prɛzént]
estar ausente	mungoj	[muɲój]
faltar às aulas	mungoj në shkollë	[muɲój nə ʃkółə]
punir (vt)	ndëshkoj	[ndəʃkój]
punição (f)	ndëshkim (m)	[ndəʃkím]
comportamento (m)	sjellje (f)	[sjétjɛ]

boletim (m) escolar	**dëftesë** (f)	[dəftésə]
lápis (m)	**laps** (m)	[láps]
borracha (f)	**gomë** (f)	[gómə]
giz (m)	**shkumës** (m)	[ʃkúməs]
estojo (m)	**portofol lapsash** (m)	[portofól lápsaʃ]
pasta (f) escolar	**çantë shkolle** (f)	[tʃántə ʃkółɛ]
caneta (f)	**stilolaps** (m)	[stiloláps]
caderno (m)	**fletore** (f)	[flɛtórɛ]
manual (m) escolar	**tekst mësimor** (m)	[tɛkst məsimór]
compasso (m)	**kompas** (m)	[kompás]
traçar (vt)	**vizatoj**	[vizatój]
desenho (m) técnico	**vizatim teknik** (m)	[vizatím tɛkník]
poesia (f)	**poezi** (f)	[poɛzí]
de cor	**përmendësh**	[pərméndəʃ]
aprender de cor	**mësoj përmendësh**	[məsój pərméndəʃ]
férias (f pl)	**pushimet e shkollës** (m)	[puʃímɛt ɛ ʃkółəs]
estar de férias	**jam me pushime**	[jam mɛ puʃímɛ]
passar as férias	**kaloj pushimet**	[kalój puʃímɛt]
teste (m)	**test** (m)	[tɛst]
composição, redação (f)	**ese** (f)	[ɛsé]
ditado (m)	**diktim** (m)	[diktím]
exame (m)	**provim** (m)	[provím]
fazer exame	**kam provim**	[kam provím]
experiência (~ química)	**eksperiment** (m)	[ɛkspɛrimént]

143. Colégio. Universidade

academia (f)	**akademi** (f)	[akadɛmí]
universidade (f)	**universitet** (m)	[univɛrsitét]
faculdade (f)	**fakultet** (m)	[fakultét]
estudante (m)	**student** (m)	[studént]
estudante (f)	**studente** (f)	[studéntɛ]
professor (m)	**pedagog** (m)	[pɛdagóg]
sala (f) de palestras	**auditor** (m)	[auditór]
graduado (m)	**i diplomuar** (m)	[i diplomúar]
diploma (m)	**diplomë** (f)	[diplómə]
tese (f)	**disertacion** (m)	[disɛrtatsión]
estudo (obra)	**studim** (m)	[studím]
laboratório (m)	**laborator** (m)	[laboratór]
palestra (f)	**leksion** (m)	[lɛksión]
colega (m) de curso	**shok kursi** (m)	[ʃok kúrsi]
bolsa (f) de estudos	**bursë** (f)	[búrsə]
grau (m) académico	**diplomë akademike** (f)	[diplómə akadɛmíkɛ]

144. Ciências. Disciplinas

matemática (f)	**matematikë** (f)	[matɛmatíkə]
álgebra (f)	**algjebër** (f)	[aljébər]
geometria (f)	**gjeometri** (f)	[jɛomɛtrí]

astronomia (f)	**astronomi** (f)	[astronomí]
biologia (f)	**biologji** (f)	[biolojí]
geografia (f)	**gjeografi** (f)	[jɛografí]
geologia (f)	**gjeologji** (f)	[jɛolojí]
história (f)	**histori** (f)	[historí]

medicina (f)	**mjekësi** (f)	[mjɛkəsí]
pedagogia (f)	**pedagogji** (f)	[pɛdagojí]
direito (m)	**drejtësi** (f)	[drɛjtəsí]

física (f)	**fizikë** (f)	[fizíkə]
química (f)	**kimi** (f)	[kimí]
filosofia (f)	**filozofi** (f)	[filozofí]
psicologia (f)	**psikologji** (f)	[psikolojí]

145. Sistema de escrita. Ortografia

gramática (f)	**gramatikë** (f)	[gramatíkə]
vocabulário (m)	**fjalor** (m)	[fjalór]
fonética (f)	**fonetikë** (f)	[fonɛtíkə]

substantivo (m)	**emër** (m)	[émər]
adjetivo (m)	**mbiemër** (m)	[mbiémər]
verbo (m)	**folje** (f)	[fóljɛ]
advérbio (m)	**ndajfolje** (f)	[ndajfóljɛ]

pronome (m)	**përemër** (m)	[pərémər]
interjeição (f)	**pasthirrmë** (f)	[pasθírrmə]
preposição (f)	**parafjalë** (f)	[parafjálə]

raiz (f) da palavra	**rrënjë** (f)	[réɲə]
terminação (f)	**fundore** (f)	[fundórɛ]
prefixo (m)	**parashtesë** (f)	[paraʃtésə]
sílaba (f)	**rrokje** (f)	[rókjɛ]
sufixo (m)	**prapashtesë** (f)	[prapaʃtésə]

acento (m)	**theks** (m)	[θɛks]
apóstrofo (m)	**apostrof** (m)	[apostróf]

ponto (m)	**pikë** (f)	[píkə]
vírgula (f)	**presje** (f)	[présjɛ]
ponto e vírgula (m)	**pikëpresje** (f)	[pikəprésjɛ]
dois pontos (m pl)	**dy pika** (f)	[dy píka]
reticências (f pl)	**tre pika** (f)	[trɛ píka]

ponto (m) de interrogação	**pikëpyetje** (f)	[pikəpýɛtjɛ]
ponto (m) de exclamação	**pikëçuditje** (f)	[pikətʃudítjɛ]

aspas (f pl)	thonjëza (f)	[θóɲəza]
entre aspas	në thonjëza	[nə θóɲəza]
parênteses (m pl)	kllapa (f)	[kɬápa]
entre parênteses	brenda kllapave	[brénda kɬápavɛ]
hífen (m)	vizë ndarëse (f)	[vízə ndárəsɛ]
travessão (m)	vizë (f)	[vízə]
espaço (m)	hapësirë (f)	[hapəsírə]
letra (f)	shkronjë (f)	[ʃkróɲə]
letra (f) maiúscula	shkronjë e madhe (f)	[ʃkróɲə ɛ máðɛ]
vogal (f)	zanore (f)	[zanórɛ]
consoante (f)	bashkëtingëllore (f)	[baʃkətiɲəɬórɛ]
frase (f)	fjali (f)	[fjalí]
sujeito (m)	kryefjalë (f)	[kryɛfjálə]
predicado (m)	kallëzues (m)	[kaɬəzúɛs]
linha (f)	rresht (m)	[réʃt]
em uma nova linha	rresht i ri	[réʃt i rí]
parágrafo (m)	paragraf (m)	[paragráf]
palavra (f)	fjalë (f)	[fjálə]
grupo (m) de palavras	grup fjalësh (m)	[grup fjáləʃ]
expressão (f)	shprehje (f)	[ʃpréhjɛ]
sinónimo (m)	sinonim (m)	[sinoním]
antónimo (m)	antonim (m)	[antoním]
regra (f)	rregull (m)	[réguɬ]
exceção (f)	përjashtim (m)	[pərjaʃtím]
correto	saktë	[sáktə]
conjugação (f)	lakim (m)	[lakím]
declinação (f)	rasë	[rásə]
caso (m)	rasë emërore (f)	[rásə ɛmərórɛ]
pergunta (f)	pyetje (f)	[pýɛtjɛ]
sublinhar (vt)	nënvijëzoj	[nənvijəzój]
linha (f) pontilhada	vijë me ndërprerje (f)	[víjə mɛ ndərprérjɛ]

146. Línguas estrangeiras

língua (f)	gjuhë (f)	[ɟúhə]
estrangeiro	huaj	[húaj]
língua (f) estrangeira	gjuhë e huaj (f)	[ɟúhə ɛ húaj]
estudar (vt)	studioj	[studiój]
aprender (vt)	mësoj	[məsój]
ler (vt)	lexoj	[lɛdzój]
falar (vi)	flas	[flas]
compreender (vt)	kuptoj	[kuptój]
escrever (vt)	shkruaj	[ʃkrúaj]
rapidamente	shpejt	[ʃpɛjt]
devagar	ngadalë	[ŋadálə]

fluentemente	rrjedhshëm	[rjéðʃəm]
regras (f pl)	rregullat (pl)	[réguɫat]
gramática (f)	gramatikë (f)	[gramatíkə]
vocabulário (m)	fjalor (m)	[fjalór]
fonética (f)	fonetikë (f)	[fonɛtíkə]

manual (m) escolar	tekst mësimor (m)	[tɛkst məsimór]
dicionário (m)	fjalor (m)	[fjalór]
manual (m) de autoaprendizagem	libër i mësimit autodidakt (m)	[líbər i məsímit autodidákt]
guia (m) de conversação	libër frazeologjik (m)	[líbər frazɛoloʝík]

cassete (f)	kasetë (f)	[kasétə]
vídeo cassete (m)	videokasetë (f)	[vidɛokasétə]
CD (m)	CD (f)	[tsɛdé]
DVD (m)	DVD (m)	[dividí]

alfabeto (m)	alfabet (m)	[alfabét]
soletrar (vt)	gërmëzoj	[gərməzój]
pronúncia (f)	shqiptim (m)	[ʃciptím]

sotaque (m)	aksent (m)	[aksént]
com sotaque	me aksent	[mɛ aksént]
sem sotaque	pa aksent	[pa aksént]

palavra (f)	fjalë (f)	[fjálə]
sentido (m)	kuptim (m)	[kuptím]

cursos (m pl)	kurs (m)	[kurs]
inscrever-se (vr)	regjistrohem	[rɛʝistróhɛm]
professor (m)	mësues (m)	[məsúɛs]

tradução (processo)	përkthim (m)	[pərkθím]
tradução (texto)	përkthim (m)	[pərkθím]
tradutor (m)	përkthyes (m)	[pərkθýɛs]
intérprete (m)	përkthyes (m)	[pərkθýɛs]

poliglota (m)	poliglot (m)	[poliglót]
memória (f)	kujtesë (f)	[kujtésə]

147. Personagens de contos de fadas

Pai (m) Natal	Santa Klaus (m)	[sánta kláus]
Cinderela (f)	Hirushja (f)	[hirúʃja]
sereia (f)	sirenë (f)	[sirénə]
Neptuno (m)	Neptuni (m)	[nɛptúni]

mago (m)	magjistar (m)	[maʝistár]
fada (f)	zanë (f)	[zánə]
mágico	magjike	[maʝíkɛ]
varinha (f) mágica	shkop magjik (m)	[ʃkop maʝík]

conto (m) de fadas	përrallë (f)	[pəráɫə]
milagre (m)	mrekulli (f)	[mrɛkuɫí]

| anão (m) | xhuxh (m) | [dʒudʒ] |
| transformar-se em … | shndërrohem … | [ʃndəróhɛm …] |

fantasma (m)	fantazmë (f)	[fantázmə]
espetro (m)	fantazmë (f)	[fantázmə]
monstro (m)	bishë (f)	[bíʃə]
dragão (m)	dragua (m)	[dragúa]
gigante (m)	gjigant (m)	[ɟigánt]

148. Signos do Zodíaco

Carneiro	Dashi (m)	[dáʃi]
Touro	Demi (m)	[démi]
Gémeos	Binjakët (pl)	[biɲákət]
Caranguejo	Gaforrja (f)	[gafórja]
Leão	Luani (m)	[luáni]
Virgem (f)	Virgjëresha (f)	[virɟəréʃa]

Balança	Peshorja (f)	[pɛʃórja]
Escorpião	Akrepi (m)	[akrépi]
Sagitário	Shigjetari (m)	[ʃiɟɛtári]
Capricórnio	Bricjapi (m)	[britsjápi]
Aquário	Ujori (m)	[ujóri]
Peixes	Peshqit (pl)	[péʃcit]

caráter (m)	karakter (m)	[karaktér]
traços (m pl) do caráter	tipare të karakterit (pl)	[tipárɛ tə karaktérit]
comportamento (m)	sjellje (f)	[sjéɬjɛ]
predizer (vt)	parashikoj fatin	[paraʃikój fátin]
adivinha (f)	lexuese e fatit (f)	[lɛdzúɛsɛ ɛ fátit]
horóscopo (m)	horoskop (m)	[horoskóp]

Artes

teatro (m)	teatër (m)	[tɛátər]
ópera (f)	operë (f)	[opérə]
opereta (f)	operetë (f)	[opɛrétə]
balé (m)	balet (m)	[balét]

cartaz (m)	afishe teatri (f)	[afíʃɛ tɛátri]
companhia (f) teatral	trupë teatrale (f)	[trúpə tɛatrálɛ]
turné (digressão)	turne (f)	[turné]
estar em turné	jam në turne	[jam nə turné]
ensaiar (vt)	bëj prova	[bəj próva]
ensaio (m)	provë (f)	[próvə]
repertório (m)	repertor (m)	[rɛpɛrtór]

apresentação (f)	shfaqje (f)	[ʃfácjɛ]
espetáculo (m)	shfaqje teatrale (f)	[ʃfácjɛ tɛatrálɛ]
peça (f)	dramë (f)	[drámə]

bilhete (m)	biletë (f)	[bilétə]
bilheteira (f)	zyrë e shitjeve të biletave (f)	[zýrə ɛ ʃítjɛvɛ tə bilétavɛ]
hall (m)	holl (m)	[hoɫ]
guarda-roupa (m)	dhoma e xhaketave (f)	[ðóma ɛ dʒakétavɛ]
senha (f) numerada	numri i xhaketës (m)	[númri i dʒakétəs]
binóculo (m)	dylbi (f)	[dylbí]
lanterninha (m)	portier (m)	[portiér]

plateia (f)	plato (f)	[plató]
balcão (m)	ballkon (m)	[baɫkón]
primeiro balcão (m)	galeria e parë (f)	[galɛría ɛ párə]
camarote (m)	lozhë (f)	[lóʒə]
fila (f)	rresht (m)	[réʃt]
assento (m)	karrige (f)	[karígɛ]

público (m)	publiku (m)	[publíku]
espetador (m)	spektator (m)	[spɛktatór]
aplaudir (vt)	duartrokas	[duartrokás]
aplausos (m pl)	duartrokitje (f)	[duartrokítjɛ]
ovação (f)	brohoritje (f)	[brohorítjɛ]

palco (m)	skenë (f)	[skénə]
pano (m) de boca	perde (f)	[pérdɛ]
cenário (m)	skenografi (f)	[skɛnografí]
bastidores (m pl)	prapaskenë (f)	[prapaskénə]

cena (f)	skenë (f)	[skénə]
ato (m)	akt (m)	[ákt]
entreato (m)	pushim (m)	[puʃím]

150. Cinema

ator (m)	aktor (m)	[aktór]
atriz (f)	aktore (f)	[aktóre]
cinema (m)	kinema (f)	[kinemá]
filme (m)	film (m)	[film]
episódio (m)	episod (m)	[episód]
filme (m) policial	triller (m)	[tri+ér]
filme (m) de ação	aksion (m)	[aksión]
filme (m) de aventuras	aventurë (f)	[aventúrə]
filme (m) de ficção científica	fanta-shkencë (f)	[fánta-ʃkéntsə]
filme (m) de terror	film horror (m)	[fílm horór]
comédia (f)	komedi (f)	[komedí]
melodrama (m)	melodramë (f)	[melodrámə]
drama (m)	dramë (f)	[drámə]
filme (m) ficcional	film fiktiv (m)	[fílm fiktív]
documentário (m)	dokumentar (m)	[dokumentár]
desenho (m) animado	film vizatimor (m)	[fílm vizatimór]
cinema (m) mudo	filma pa zë (m)	[fílma pa zə]
papel (m)	rol (m)	[rol]
papel (m) principal	rol kryesor (m)	[rol kryesór]
representar (vt)	luaj	[lúaj]
estrela (f) de cinema	yll kinemaje (m)	[y+ kinemájɛ]
conhecido	i njohur	[i ɲóhur]
famoso	i famshëm	[i fámʃəm]
popular	popullor	[popu+ór]
argumento (m)	skenar (m)	[skenár]
argumentista (m)	skenarist (m)	[skenaríst]
realizador (m)	regjisor (m)	[rɛɟisór]
produtor (m)	producent (m)	[produtsént]
assistente (m)	ndihmës (m)	[ndíhməs]
diretor (m) de fotografia	kameraman (m)	[kameramán]
duplo (m)	dubla (f)	[dúbla]
duplo (m) de corpo	dubla (f)	[dúbla]
filmar (vt)	xhiroj film	[dʒirój film]
audição (f)	provë (f)	[próvə]
filmagem (f)	xhirim (m)	[dʒirím]
equipe (f) de filmagem	ekip kinematografik (m)	[ɛkíp kinematografík]
set (m) de filmagem	set kinematografik (m)	[sɛt kinematografík]
câmara (f)	kamerë (f)	[kamérə]
cinema (m)	kinema (f)	[kinemá]
ecrã (m), tela (f)	ekran (m)	[ɛkrán]
exibir um filme	shfaq film	[ʃfac film]
pista (f) sonora	muzikë e filmit (f)	[muzíkə ɛ filmit]
efeitos (m pl) especiais	efekte speciale (pl)	[ɛféktɛ spɛtsiálɛ]

legendas (f pl)   titra (pl)   [títra]
crédito (m)   lista e pjesëmarrësve (f)   [lísta ɛ pjɛsəmárəsvɛ]
tradução (f)   përkthim (m)   [pərkθím]

151. Pintura

arte (f)   art (m)   [art]
belas-artes (f pl)   artet e bukura (pl)   [ártɛt ɛ búkura]
galeria (f) de arte   galeri arti (f)   [galɛrí árti]
exposição (f) de arte   ekspozitë (f)   [ɛkspozítə]

pintura (f)   pikturë (f)   [piktúrə]
arte (f) gráfica   art grafik (m)   [árt grafík]
arte (f) abstrata   art abstrakt (m)   [árt abstrákt]
impressionismo (m)   impresionizëm (m)   [imprɛsionízəm]

pintura (f), quadro (m) pikturë (f)   [piktúrə]
desenho (m)   vizatim (m)   [vizatím]
cartaz, póster (m)   poster (m)   [postér]

ilustração (f)   ilustrim (m)   [ilustrím]
miniatura (f)   miniaturë (f)   [miniatúrə]
cópia (f)   kopje (f)   [kópjɛ]
reprodução (f)   riprodhim (m)   [riproðím]

mosaico (m)   mozaik (m)   [mozaík]
vitral (m)   pikturë në dritare (f)   [piktúrə nə dritárɛ]
fresco (m)   afresk (m)   [afrésk]
gravura (f)   gravurë (f)   [gravúrə]

busto (m)   bust (m)   [búst]
escultura (f)   skulpturë (f)   [skulptúrə]
estátua (f)   statujë (f)   [statújə]
gesso (m)   allçi (f)   [ałtʃí]
em gesso   me allçi   [mɛ ałtʃí]

retrato (m)   portret (m)   [portrét]
autorretrato (m)   autoportret (m)   [autoportrét]
paisagem (f)   peizazh (m)   [pɛizáʒ]
natureza (f) morta   natyrë e qetë (f)   [natýrə ɛ cétə]
caricatura (f)   karikaturë (f)   [karikatúrə]
esboço (m)   skicë (f)   [skítsə]

tinta (f)   bojë (f)   [bójə]
aguarela (f)   bojë uji (f)   [bójə úji]
óleo (m)   bojë vaji (f)   [bójə váji]
lápis (m)   laps (m)   [láps]
tinta da China (f)   bojë stilografi (f)   [bójə stilográfi]
carvão (m)   karbon (m)   [karbón]

desenhar (vt)   vizatoj   [vizatój]
pintar (vt)   pikturoj   [pikturój]
posar (vi)   pozoj   [pozój]
modelo (m)   model (m)   [modél]

modelo (f)	modele (f)	[modélɛ]
pintor (m)	piktor (m)	[piktór]
obra (f)	vepër arti (f)	[vépər árti]
obra-prima (f)	kryevepër (f)	[kryɛvépər]
estúdio (m)	studio (f)	[stúdio]

tela (f)	kanavacë (f)	[kanavátsə]
cavalete (m)	këmbalec (m)	[kəmbaléts]
paleta (f)	paletë (f)	[palétə]

moldura (f)	kornizë (f)	[kornízə]
restauração (f)	restaurim (m)	[rɛstaurím]
restaurar (vt)	restauroj	[rɛstaurój]

152. Literatura & Poesia

literatura (f)	letërsi (f)	[lɛtərsí]
autor (m)	autor (m)	[autór]
pseudónimo (m)	pseudonim (m)	[psɛudoním]

livro (m)	libër (m)	[líbər]
volume (m)	vëllim (m)	[vəłím]
índice (m)	tabela e përmbajtjes (f)	[tabéla ɛ pərmbájtjɛs]
página (f)	faqe (f)	[fácɛ]
protagonista (m)	personazhi kryesor (m)	[pɛrsonáʒi kryɛsór]
autógrafo (m)	autograf (m)	[autográf]

conto (m)	tregim i shkurtër (m)	[trɛgím i ʃkúrtər]
novela (f)	novelë (f)	[novélə]
romance (m)	roman (m)	[román]
obra (f)	vepër (m)	[vépər]
fábula (m)	fabula (f)	[fábula]
romance (m) policial	roman policesk (m)	[román politsésk]

poesia (obra)	vjershë (f)	[vjérʃə]
poesia (arte)	poezi (f)	[poɛzí]
poema (m)	poemë (f)	[poémə]
poeta (m)	poet (m)	[poét]

ficção (f)	trillim (m)	[triłím]
ficção (f) científica	fanta-shkencë (f)	[fánta-ʃkéntsə]
aventuras (f pl)	aventurë (f)	[avɛntúrə]
literatura (f) didática	letërsi edukative (f)	[lɛtərsí ɛdukatívɛ]
literatura (f) infantil	letërsi për fëmijë (f)	[lɛtərsí pər fəmíjə]

153. Circo

circo (m)	cirk (m)	[tsírk]
circo (m) ambulante	cirk udhëtues (m)	[tsírk uðətúɛs]
programa (m)	program (m)	[prográm]
apresentação (f)	shfaqje (f)	[ʃfácjɛ]
número (m)	akt (m)	[ákt]

arena (f)	arenë cirku (f)	[arénə tsírku]
pantomima (f)	pantomimë (f)	[pantomímə]
palhaço (m)	kloun (m)	[kloún]

acrobata (m)	akrobat (m)	[akrobát]
acrobacia (f)	akrobaci (f)	[akrobatsí]
ginasta (m)	gjimnast (m)	[ɟimnást]
ginástica (f)	gjimnastikë (f)	[ɟimnastíkə]
salto (m) mortal	salto (f)	[sálto]

homem forte (m)	atlet (m)	[atlét]
domador (m)	zbutës (m)	[zbútəs]
cavaleiro (m) equilibrista	kalorës (m)	[kalórəs]
assistente (m)	ndihmës (m)	[ndíhməs]

truque (m)	akrobaci (f)	[akrobatsí]
truque (m) de mágica	truk magjik (m)	[truk maɟík]
mágico (m)	magjistar (m)	[maɟistár]

malabarista (m)	zhongler (m)	[ʒoŋlér]
fazer malabarismos	luaj	[lúaj]
domador (m)	zbutës kafshësh (m)	[zbútəs káfʃəʃ]
adestramento (m)	zbutje kafshësh (f)	[zbútjɛ káfʃəʃ]
adestrar (vt)	stërvit	[stərvít]

154. Música. Música popular

música (f)	muzikë (f)	[muzíkə]
músico (m)	muzikant (m)	[muzikánt]
instrumento (m) musical	instrument muzikor (m)	[instrumént muzikór]
tocar ...	i bie ...	[i bíɛ ...]

guitarra (f)	kitarë (f)	[kitárə]
violino (m)	violinë (f)	[violínə]
violoncelo (m)	violonçel (m)	[violontʃél]
contrabaixo (m)	kontrabas (m)	[kontrabás]
harpa (f)	lira (f)	[líra]

piano (m)	piano (f)	[piáno]
piano (m) de cauda	pianoforte (f)	[pianofórtɛ]
órgão (m)	organo (f)	[orgáno]

instrumentos (m pl) de sopro	instrumente frymore (pl)	[instruméntɛ frymórɛ]
oboé (m)	oboe (f)	[obóɛ]
saxofone (m)	saksofon (m)	[saksofón]
clarinete (m)	klarinetë (f)	[klarinétə]
flauta (f)	flaut (m)	[flaút]
trompete (m)	trombë (f)	[trómbə]

acordeão (m)	fizarmonikë (f)	[fizarmoníkə]
tambor (m)	daulle (f)	[daúɫɛ]

duo, dueto (m)	duet (m)	[duét]
trio (m)	trio (f)	[trío]

quarteto (m)	kuartet (m)	[kuartét]
coro (m)	kor (m)	[kor]
orquestra (f)	orkestër (f)	[orkéstər]

música (f) pop	muzikë pop (f)	[muzíkə pop]
música (f) rock	muzikë rok (m)	[muzíkə rok]
grupo (m) de rock	grup rok (m)	[grup rók]
jazz (m)	xhaz (m)	[dʒaz]

| ídolo (m) | idhull (m) | [íðuɫ] |
| fã, admirador (m) | admirues (m) | [admirúɛs] |

concerto (m)	koncert (m)	[kontsért]
sinfonia (f)	simfoni (f)	[simfoní]
composição (f)	kompozicion (m)	[kompozitsión]
compor (vt)	kompozoj	[kompozój]

canto (m)	këndim (m)	[kəndím]
canção (f)	këngë (f)	[kéŋə]
melodia (f)	melodi (f)	[mɛlodí]
ritmo (m)	ritëm (m)	[rítəm]
blues (m)	bluz (m)	[blúz]

notas (f pl)	partiturë (f)	[partitúrə]
batuta (f)	shkopi i dirigjimit (m)	[ʃkopi i diriɟímit]
arco (m)	hark (m)	[hárk]
corda (f)	tel (m)	[tɛl]
estojo (m)	kuti (f)	[kutí]

Descanso. Entretenimento. Viagens

155. Viagens

turismo (m)	turizëm (m)	[turízəm]
turista (m)	turist (m)	[turíst]
viagem (f)	udhëtim (m)	[uðətím]
aventura (f)	aventurë (f)	[avɛntúrə]
viagem (f)	udhëtim (m)	[uðətím]
férias (f pl)	pushim (m)	[puʃím]
estar de férias	jam me pushime	[jam mɛ puʃímɛ]
descanso (m)	pushim (m)	[puʃím]
comboio (m)	tren (m)	[trɛn]
de comboio (chegar ~)	me tren	[mɛ trén]
avião (m)	avion (m)	[avión]
de avião	me avion	[mɛ avión]
de carro	me makinë	[mɛ makínə]
de navio	me anije	[mɛ aníjɛ]
bagagem (f)	bagazh (m)	[bagáʒ]
mala (f)	valixhe (f)	[valídʒɛ]
carrinho (m)	karrocë bagazhesh (f)	[karótsə bagáʒɛʃ]
passaporte (m)	pasaportë (f)	[pasapórtə]
visto (m)	vizë (f)	[vízə]
bilhete (m)	biletë (f)	[bilétə]
bilhete (m) de avião	biletë avioni (f)	[bilétə avióni]
guia (m) de viagem	guidë turistike (f)	[guídə turistíkɛ]
mapa (m)	hartë (f)	[hártə]
local (m), area (f)	zonë (f)	[zónə]
lugar, sítio (m)	vend (m)	[vɛnd]
exotismo (m)	ekzotikë (f)	[ɛkzotíkə]
exótico	ekzotik	[ɛkzotík]
surpreendente	mahnitëse	[mahnítəsɛ]
grupo (m)	grup (m)	[grup]
excursão (f)	ekskursion (m)	[ɛkskursión]
guia (m)	udhërrëfyes (m)	[uðərəfýɛs]

156. Hotel

hotel (m), pensão (f)	hotel (m)	[hotél]
motel (m)	motel (m)	[motél]
três estrelas	me tre yje	[mɛ trɛ ýjɛ]

| cinco estrelas | me pesë yje | [mɛ pésə ýjɛ] |
| ficar (~ num hotel) | qëndroj | [cəndrój] |

quarto (m)	dhomë (f)	[ðómə]
quarto (m) individual	dhomë teke (f)	[ðómə tékɛ]
quarto (m) duplo	dhomë dyshe (f)	[ðómə dýʃɛ]
reservar um quarto	rezervoj një dhomë	[rɛzɛrvój ɲə ðómə]

| meia pensão (f) | gjysmë-pension (m) | [ɟýsmə-pɛnsión] |
| pensão (f) completa | pension i plotë (m) | [pɛnsión i plótə] |

com banheira	me banjo	[mɛ báɲo]
com duche	me dush	[mɛ dúʃ]
televisão (m) satélite	televizor satelitor (m)	[tɛlɛvizór satɛlitór]
ar (m) condicionado	kondicioner (m)	[konditsionér]
toalha (f)	peshqir (m)	[pɛʃcír]
chave (f)	çelës (m)	[tʃéləs]

administrador (m)	administrator (m)	[administratór]
camareira (f)	pastruese (f)	[pastrúɛsɛ]
bagageiro (m)	portier (m)	[portiér]
porteiro (m)	portier (m)	[portiér]

restaurante (m)	restorant (m)	[rɛstoránt]
bar (m)	pab (m), pijetore (f)	[pab], [pijɛtórɛ]
pequeno-almoço (m)	mëngjes (m)	[mənɟés]
jantar (m)	darkë (f)	[dárkə]
buffet (m)	bufe (f)	[bufé]

| hall (m) de entrada | holl (m) | [hoɫ] |
| elevador (m) | ashensor (m) | [aʃɛnsór] |

| NÃO PERTURBE | MOS SHQETËSONI | [mos ʃcɛtəsóni] |
| PROIBIDO FUMAR! | NDALOHET DUHANI | [ndalóhɛt duháni] |

157. Livros. Leitura

livro (m)	libër (m)	[líbər]
autor (m)	autor (m)	[autór]
escritor (m)	shkrimtar (m)	[ʃkrimtár]
escrever (vt)	shkruaj	[ʃkrúaj]

leitor (m)	lexues (m)	[lɛdzúɛs]
ler (vt)	lexoj	[lɛdzój]
leitura (f)	lexim (m)	[lɛdzím]

| para si | pa zë | [pa zə] |
| em voz alta | me zë | [mɛ zə] |

publicar (vt)	botoj	[botój]
publicação (f)	botim (m)	[botím]
editor (m)	botues (m)	[botúɛs]
editora (f)	shtëpi botuese (f)	[ʃtəpí botúɛsɛ]
sair (vi)	botohet	[botóhɛt]

| lançamento (m) | botim (m) | [botím] |
| tiragem (f) | edicion (m) | [ɛditsión] |

| livraria (f) | librari (f) | [librarí] |
| biblioteca (f) | bibliotekë (f) | [bibliotékə] |

novela (f)	novelë (f)	[novélə]
conto (m)	tregim i shkurtër (m)	[trɛgím i ʃkúrtər]
romance (m)	roman (m)	[román]
romance (m) policial	roman policesk (m)	[román politsésk]

memórias (f pl)	kujtime (pl)	[kujtímɛ]
lenda (f)	legjendë (f)	[lɛɟéndə]
mito (m)	mit (m)	[mit]

poesia (f)	poezi (f)	[poɛzí]
autobiografia (f)	autobiografi (f)	[autobiografí]
obras (f pl) escolhidas	vepra të zgjedhura (f)	[vépra tə zɟéðura]
ficção (f) científica	fanta-shkencë (f)	[fánta-ʃkéntsə]

título (m)	titull (m)	[títuɫ]
introdução (f)	hyrje (f)	[hýrjɛ]
folha (f) de rosto	faqe e titullit (f)	[fácɛ ɛ títuɫit]

capítulo (m)	kreu (m)	[kréu]
excerto (m)	ekstrakt (m)	[ɛkstrákt]
episódio (m)	episod (m)	[ɛpisód]

tema (m)	fabul (f)	[fábul]
conteúdo (m)	përmbajtje (f)	[pərmbájtjɛ]
índice (m)	tabela e përmbajtjes (f)	[tabéla ɛ pərmbájtjɛs]
protagonista (m)	personazhi kryesor (m)	[pɛrsonáʒi kryɛsór]

tomo, volume (m)	vëllim (m)	[vəɫím]
capa (f)	kopertinë (f)	[kopɛrtínə]
encadernação (f)	libërlidhje (f)	[libərlíðjɛ]
marcador (m) de livro	shënjim (m)	[ʃəɲím]

página (f)	faqe (f)	[fácɛ]
folhear (vt)	kaloj faqet	[kalój fácɛt]
margem (f)	margjinat (pl)	[marɟínat]
anotação (f)	shënim (m)	[ʃəním]
nota (f) de rodapé	fusnotë (f)	[fusnótə]

texto (m)	tekst (m)	[tɛkst]
fonte (f)	lloji i shkrimit (m)	[ɫóji i ʃkrímit]
gralha (f)	gabim ortografik (m)	[gabím ortografík]
tradução (f)	përkthim (m)	[pərkθím]
traduzir (vt)	përkthej	[pərkθéj]
original (m)	origjinal (m)	[oriɟinál]

famoso	i famshëm	[i fámʃəm]
desconhecido	i panjohur	[i paɲóhur]
interessante	interesant	[intɛrɛsánt]
best-seller (m)	libër më i shitur (m)	[líbər mə i ʃítur]
dicionário (m)	fjalor (m)	[fjalór]

| manual (m) escolar | tekst mësimor (m) | [tɛkst məsimór] |
| enciclopédia (f) | enciklopedi (f) | [ɛntsiklopɛdí] |

158. Caça. Pesca

caça (f)	gjueti (f)	[ɟuɛtí]
caçar (vi)	dal për gjah	[dál pər ɟáh]
caçador (m)	gjahtar (m)	[ɟahtár]

atirar (vi)	qëlloj	[cəɫój]
caçadeira (f)	pushkë (f)	[púʃkə]
cartucho (m)	fishek (m)	[fiʃék]
chumbo (m) de caça	plumb (m)	[plúmb]

armadilha (f)	grackë (f)	[grátskə]
armadilha (com corda)	kurth (m)	[kurθ]
cair na armadilha	bie në grackë	[bíɛ nə grátskə]
pôr a armadilha	ngre grackë	[ŋré grátskə]

caçador (m) furtivo	gjahtar i jashtëligjshëm (m)	[ɟahtár i jaʃtəlíɟʃəm]
caça (f)	gjah (m)	[ɟáh]
cão (m) de caça	zagar (m)	[zagár]

| safári (m) | safari (m) | [safári] |
| animal (m) empalhado | kafshë e balsamosur (f) | [káfʃə ɛ balsamósur] |

pescador (m)	peshkatar (m)	[pɛʃkatár]
pesca (f)	peshkim (m)	[pɛʃkím]
pescar (vt)	peshkoj	[pɛʃkój]

cana (f) de pesca	kallam peshkimi (m)	[kaɫám pɛʃkími]
linha (f) de pesca	tojë peshkimi (f)	[tójə pɛʃkími]
anzol (m)	grep (m)	[grép]

| boia (f) | tapë (f) | [tápə] |
| isca (f) | karrem (m) | [karém] |

| lançar a linha | hedh grepin | [hɛð grépin] |
| morder (vt) | bie në grep | [bíɛ nə grép] |

| pesca (f) | kapje peshku (f) | [kápjɛ péʃku] |
| buraco (m) no gelo | vrimë në akull (f) | [vrímə nə ákuɫ] |

rede (f)	rrjetë peshkimi (f)	[rjétə pɛʃkími]
barco (m)	varkë (f)	[várkə]
pescar com rede	peshkoj me rrjeta	[pɛʃkój mɛ rjéta]
lançar a rede	hedh rrjetat	[hɛð rjétat]

| puxar a rede | tërheq rrjetat | [tərhéc rjétat] |
| cair nas malhas | bie në rrjetë | [bíɛ nə rjétə] |

baleeiro (m)	gjuetar balenash (m)	[ɟuɛtár balénaʃ]
baleeira (f)	balenagjuajtëse (f)	[balɛnaɟúajtəsɛ]
arpão (m)	fuzhnjë (f)	[fúʒɲə]

159. Jogos. Bilhar

bilhar (m)	bilardo (f)	[bilárdo]
sala (f) de bilhar	sallë bilardosh (f)	[sátə bilárdoʃ]
bola (f) de bilhar	bile (f)	[bílɛ]
embolsar uma bola	fus në vrimë	[fús nə vrímə]
taco (m)	stekë (f)	[stékə]
caçapa (f)	xhep (m), vrimë (f)	[dʒɛp], [vrímə]

160. Jogos. Jogar cartas

ouros (m pl)	karo (f)	[káro]
espadas (f pl)	maç (m)	[matʃ]
copas (f pl)	kupë (f)	[kúpə]
paus (m pl)	spathi (m)	[spáθi]
ás (m)	as (m)	[ás]
rei (m)	mbret (m)	[mbrét]
dama (f)	mbretëreshë (f)	[mbrɛtəréʃə]
valete (m)	fant (m)	[fant]
carta (f) de jogar	letër (f)	[létər]
cartas (f pl)	letrat (pl)	[létrat]
trunfo (m)	letër e fortë (f)	[létər ɛ fórtə]
baralho (m)	set letrash (m)	[sɛt létraʃ]
ponto (m)	pikë (f)	[píkə]
dar, distribuir (vt)	ndaj	[ndáj]
embaralhar (vt)	përziej	[pərzíɛj]
vez, jogada (f)	radha (f)	[ráða]
batoteiro (m)	mashtrues (m)	[maʃtrúɛs]

161. Casino. Roleta

casino (m)	kazino (f)	[kazíno]
roleta (f)	ruletë (f)	[rulétə]
aposta (f)	bast (m)	[bast]
apostar (vt)	vë bast	[və bast]
vermelho (m)	e kuqe (f)	[ɛ kúcɛ]
preto (m)	e zezë (f)	[ɛ zézə]
apostar no vermelho	vë bast në të kuqe	[və bast nə tə kúcɛ]
apostar no preto	vë bast në të zezë	[və bast nə tə zézə]
crupiê (m, f)	krupier (m)	[krupiér]
girar a roda	rrotulloj ruletën	[rotułój rulétən]
regras (f pl) do jogo	rregullat (pl)	[régułat]
ficha (f)	fishe (f)	[fíʃɛ]
ganhar (vi, vt)	fitoj	[fitój]
ganho (m)	fitim (m)	[fitím]

perder (dinheiro)	humb	[húmb]
perda (f)	humbje (f)	[húmbjɛ]

jogador (m)	lojtar (m)	[lojtár]
blackjack (m)	blackjack (m)	[blatskjátsk]
jogo (m) de dados	lojë me zare (f)	[lójə mɛ zárɛ]
dados (m pl)	zare (f)	[zárɛ]
máquina (f) de jogo	makinë e lojërave të fatit (f)	[makínə ɛ lojərávɛ tə fátit]

162. Descanso. Jogos. Diversos

passear (vi)	shëtitem	[ʃətítɛm]
passeio (m)	shëtitje (f)	[ʃətítjɛ]
viagem (f) de carro	xhiro me makinë (f)	[dʒíro mɛ makínə]
aventura (f)	aventurë (f)	[avɛntúrə]
piquenique (m)	piknik (m)	[pikník]

jogo (m)	lojë (f)	[lójə]
jogador (m)	lojtar (m)	[lojtár]
partida (f)	një lojë (f)	[ɲə lójə]

colecionador (m)	koleksionist (m)	[kolɛksioníst]
colecionar (vt)	koleksionoj	[kolɛksionój]
coleção (f)	koleksion (m)	[kolɛksión]

palavras (f pl) cruzadas	fjalëkryq (m)	[fjaləkrýc]
hipódromo (m)	hipodrom (m)	[hipodróm]
discoteca (f)	disko (f)	[dísko]

sauna (f)	sauna (f)	[saúna]
lotaria (f)	lotari (f)	[lotarí]

campismo (m)	kamping (m)	[kampíŋ]
acampamento (m)	kamp (m)	[kamp]
tenda (f)	çadër kampingu (f)	[tʃádər kampíɲu]
bússola (f)	kompas (m)	[kompás]
campista (m)	kampinist (m)	[kampiníst]

ver (vt), assistir à ...	shikoj	[ʃikój]
telespectador (m)	teleshikues (m)	[tɛlɛʃikúɛs]
programa (m) de TV	program televiziv (m)	[prográm tɛlɛvizív]

163. Fotografia

máquina (f) fotográfica	aparat fotografik (m)	[aparát fotografík]
foto, fotografia (f)	foto (f)	[fóto]

fotógrafo (m)	fotograf (m)	[fotográf]
estúdio (m) fotográfico	studio fotografike (f)	[stúdio fotografíkɛ]
álbum (m) de fotografias	album fotografik (m)	[albúm fotografík]
objetiva (f)	objektiv (m)	[objɛktív]
teleobjetiva (f)	teleobjektiv (m)	[tɛlɛobjɛktív]

filtro (m)	filtër (m)	[fíltər]
lente (f)	lente (f)	[léntɛ]

ótica (f)	optikë (f)	[optíkə]
abertura (f)	diafragma (f)	[diafrágma]
exposição (f)	koha e ekspozimit (f)	[kóha ɛ ɛkspozímit]
visor (m)	tregues i kuadrit (m)	[trɛgúɛs i kuádrit]

câmara (f) digital	kamerë digjitale (f)	[kamérə diɟitálɛ]
tripé (m)	tripod (m)	[tripód]
flash (m)	blic (m)	[blits]

fotografar (vt)	fotografoj	[fotografój]
tirar fotos	bëj foto	[bəj fóto]
fotografar-se	bëj fotografi	[bəj fotografí]

foco (m)	fokus (m)	[fokús]
focar (vt)	fokusoj	[fokusój]
nítido	i qartë	[i cártə]
nitidez (f)	qartësi (f)	[cartəsí]

contraste (m)	kontrast (m)	[kontrást]
contrastante	me kontrast	[mɛ kontrást]

retrato (m)	foto (f)	[fóto]
negativo (m)	negativ (m)	[nɛgatív]
filme (m)	film negativash (m)	[fílm nɛgatívaʃ]
fotograma (m)	imazh (m)	[imáʒ]
imprimir (vt)	printoj	[printój]

164. Praia. Natação

praia (f)	plazh (m)	[plaʒ]
areia (f)	rërë (f)	[rérə]
deserto	plazh i shkretë	[plaʒ i ʃkrétə]

bronzeado (m)	nxirje nga dielli (f)	[ndzírjɛ ŋa díɛɫi]
bronzear-se (vr)	nxihem	[ndzíhɛm]
bronzeado	i nxirë	[i ndzírə]
protetor (m) solar	krem dielli (f)	[krɛm díɛɫi]

biquíni (m)	bikini (m)	[bikíni]
fato (m) de banho	rrobë banje (f)	[róbə báɲɛ]
calção (m) de banho	mbathje banjo (f)	[mbáθjɛ báɲo]

piscina (f)	pishinë (f)	[piʃínə]
nadar (vi)	notoj	[notój]
duche (m)	dush (m)	[duʃ]
mudar de roupa	ndërroj	[ndərój]
toalha (f)	peshqir (m)	[pɛʃcír]

barco (m)	varkë (f)	[várkə]
lancha (f)	skaf (m)	[skaf]
esqui (m) aquático	ski ujor (m)	[ski ujór]

barco (m) de pedais	varkë me pedale (f)	[várkə mɛ pɛdálɛ]
surf (m)	surf (m)	[surf]
surfista (m)	surfist (m)	[surfíst]

equipamento (m) de mergulho	komplet për skuba (f)	[komplét pər skúba]
barbatanas (f pl)	këmbale noti (pl)	[kəmbálɛ nóti]
máscara (f)	maskë (f)	[máskə]
mergulhador (m)	zhytës (m)	[ʒýtəs]
mergulhar (vi)	zhytem	[ʒýtɛm]
debaixo d'água	nën ujë	[nən újə]

guarda-sol (m)	çadër plazhi (f)	[tʃádər pláʒi]
espreguiçadeira (f)	shezlong (m)	[ʃɛzlóŋ]
óculos (m pl) de sol	syze dielli (f)	[sýzɛ diéłi]
colchão (m) de ar	dyshek me ajër (m)	[dyʃék mɛ ájər]

brincar (vi)	loz	[loz]
ir nadar	notoj	[notój]

bola (f) de praia	top plazhi (m)	[top pláʒi]
encher (vt)	fryj	[fryj]
inflável, de ar	që fryhet	[cə frýhɛt]

onda (f)	dallgë (f)	[dáłgə]
boia (f)	tapë (f)	[tápə]
afogar-se (pessoa)	mbytem	[mbýtɛm]

salvar (vt)	shpëtoj	[ʃpətój]
colete (m) salva-vidas	jelek shpëtimi (m)	[jɛlék ʃpətími]
observar (vt)	vëzhgoj	[vəʒgój]
nadador-salvador (m)	rojë bregdetare (m)	[rójə brɛgdɛtárɛ]

EQUIPAMENTO TÉCNICO. TRANSPORTES

Equipamento técnico

165. Computador

computador (m)	kompjuter (m)	[kompjutér]
portátil (m)	laptop (m)	[laptóp]
ligar (vt)	ndez	[ndɛz]
desligar (vt)	fik	[fik]
teclado (m)	tastiera (f)	[tastiéra]
tecla (f)	çelës (m)	[tʃéləs]
rato (m)	maus (m)	[máus]
tapete (m) de rato	shtroje e mausit (f)	[ʃtrójɛ ɛ máusit]
botão (m)	buton (m)	[butón]
cursor (m)	kursor (m)	[kursór]
monitor (m)	monitor (m)	[monitór]
ecrã (m)	ekran (m)	[ɛkrán]
disco (m) rígido	hard disk (m)	[hárd dísk]
capacidade (f) do disco rígido	kapaciteti i hard diskut (m)	[kapatsitéti i hárd dískut]
memória (f)	memorie (f)	[mɛmóriɛ]
memória RAM (f)	memorie operative (f)	[mɛmóriɛ opɛratívɛ]
ficheiro (m)	skedë (f)	[skédə]
pasta (f)	dosje (f)	[dósjɛ]
abrir (vt)	hap	[hap]
fechar (vt)	mbyll	[mbyɫ]
guardar (vt)	ruaj	[rúaj]
apagar, eliminar (vt)	fshij	[fʃíj]
copiar (vt)	kopjoj	[kopjój]
ordenar (vt)	sistemoj	[sistɛmój]
copiar (vt)	transferoj	[transfɛrój]
programa (m)	program (m)	[prográm]
software (m)	softuer (f)	[softuér]
programador (m)	programues (m)	[programúɛs]
programar (vt)	programoj	[programój]
hacker (m)	haker (m)	[hakér]
senha (f)	fjalëkalim (m)	[fjaləkalím]
vírus (m)	virus (m)	[virús]
detetar (vt)	zbuloj	[zbulój]
byte (m)	bajt (m)	[bájt]

megabyte (m)	**megabajt** (m)	[mɛgabájt]
dados (m pl)	**të dhënat** (pl)	[tə ðénat]
base (f) de dados	**databazë** (f)	[databázə]

cabo (m)	**kabllo** (f)	[kábɫo]
desconectar (vt)	**shkëpus**	[ʃkəpús]
conetar (vt)	**lidh**	[lið]

166. Internet. E-mail

internet (f)	**internet** (m)	[intɛrnét]
browser (m)	**shfletues** (m)	[ʃflɛtúɛs]
motor (m) de busca	**makineri kërkimi** (f)	[makinɛrí kərkími]
provedor (m)	**ofrues** (m)	[ofrúɛs]

webmaster (m)	**uebmaster** (m)	[uɛbmástɛr]
website, sítio web (m)	**ueb-faqe** (f)	[uéb-fácɛ]
página (f) web	**ueb-faqe** (f)	[uéb-fácɛ]

endereço (m)	**adresë** (f)	[adrésə]
livro (m) de endereços	**libërth adresash** (m)	[líbərθ adrésaʃ]

caixa (f) de correio	**kuti postare** (f)	[kutí postárɛ]
correio (m)	**postë** (f)	[póstə]
cheia (caixa de correio)	**i mbushur**	[i mbúʃur]

mensagem (f)	**mesazh** (m)	[mɛsáʒ]
mensagens (f pl) recebidas	**mesazhe të ardhura** (pl)	[mɛsáʒɛ tə árðura]
mensagens (f pl) enviadas	**mesazhe të dërguara** (pl)	[mɛsáʒɛ tə dərgúara]

remetente (m)	**dërguesi** (m)	[dərgúɛsi]
enviar (vt)	**dërgoj**	[dərgój]
envio (m)	**dërgesë** (f)	[dərgésə]

destinatário (m)	**pranues** (m)	[pranúɛs]
receber (vt)	**pranoj**	[pranój]

correspondência (f)	**korrespondencë** (f)	[korɛspondéntsə]
corresponder-se (vr)	**komunikim**	[komunikím]

ficheiro (m)	**skedë** (f)	[skédə]
fazer download, baixar	**shkarkoj**	[ʃkarkój]
criar (vt)	**krijoj**	[krijój]
apagar, eliminar (vt)	**fshij**	[fʃíj]
eliminado	**e fshirë**	[ɛ fʃírə]

conexão (f)	**lidhje** (f)	[líðjɛ]
velocidade (f)	**shpejtësi** (f)	[ʃpɛjtəsí]
modem (m)	**modem** (m)	[modém]
acesso (m)	**hyrje** (f)	[hýrjɛ]
porta (f)	**port** (m)	[port]

conexão (f)	**lidhje** (f)	[líðjɛ]
conetar (vi)	**lidhem me ...**	[líðɛm mɛ ...]

| escolher (vt) | përzgjedh | [pərzɟéð] |
| buscar (vt) | kërkoj ... | [kərkój ...] |

167. Eletricidade

eletricidade (f)	elektricitet (m)	[ɛlɛktritsitét]
elétrico	elektrik	[ɛlɛktrík]
central (f) elétrica	hidrocentral (m)	[hidrotsɛntrál]
energia (f)	energji (f)	[ɛnɛɲí]
energia (f) elétrica	energji elektrike (f)	[ɛnɛɲí ɛlɛktríkɛ]

lâmpada (f)	poç (m)	[potʃ]
lanterna (f)	llambë dore (f)	[ɫámbə dórɛ]
poste (m) de iluminação	llambë rruge (f)	[ɫámbə rúgɛ]

luz (f)	dritë (f)	[drítə]
ligar (vt)	ndez	[ndɛz]
desligar (vt)	fik	[fik]
apagar a luz	fik dritën	[fík drítən]

fundir (vi)	digjet	[díɟɛt]
curto-circuito (m)	qark i shkurtër (m)	[cark i ʃkúrtər]
rutura (f)	tel i prishur (m)	[tɛl i príʃur]
contacto (m)	kontakt (m)	[kontákt]

interruptor (m)	çelës drite (m)	[tʃéləs drítɛ]
tomada (f)	prizë (f)	[prízə]
ficha (f)	spinë (f)	[spínə]
extensão (f)	zgjatues (m)	[zɟatúɛs]

fusível (m)	siguresë (f)	[sigurésə]
fio, cabo (m)	kabllo (f)	[kábɫo]
instalação (f) elétrica	rrjet elektrik (m)	[rjét ɛlɛktrík]

ampere (m)	amper (m)	[ampér]
amperagem (f)	amperazh (f)	[ampɛráʒ]
volt (m)	volt (m)	[volt]
voltagem (f)	voltazh (m)	[voltáʒ]

| aparelho (m) elétrico | aparat elektrik (m) | [aparát ɛlɛktrík] |
| indicador (m) | indikator (m) | [indikatór] |

eletricista (m)	elektricist (m)	[ɛlɛktritsíst]
soldar (vt)	saldoj	[saldój]
ferro (m) de soldar	pajisje saldimi (f)	[pajísjɛ saldími]
corrente (f) elétrica	korrent elektrik (m)	[korént ɛlɛktrík]

168. Ferramentas

ferramenta (f)	vegël (f)	[végəl]
ferramentas (f pl)	vegla (pl)	[végla]
equipamento (m)	pajisje (f)	[pajísjɛ]

martelo (m)	çekiç (m)	[tʃɛkítʃ]
chave (f) de fendas	kaçavidë (f)	[katʃavídə]
machado (m)	sëpatë (f)	[səpátə]

serra (f)	sharrë (f)	[ʃárə]
serrar (vt)	sharroj	[ʃarój]
plaina (f)	zdrukthues (m)	[zdrukθúɛs]
aplainar (vt)	zdrukthoj	[zdrukθój]
ferro (m) de soldar	pajisje saldimi (f)	[pajísjɛ saldími]
soldar (vt)	saldoj	[saldój]

lima (f)	limë (f)	[límə]
tenaz (f)	darë (f)	[dárə]
alicate (m)	pinca (f)	[píntsa]
formão (m)	daltë (f)	[dáltə]

broca (f)	turjelë (f)	[turjélə]
berbequim (f)	shpuese elektrike (f)	[ʃpúɛsɛ ɛlɛktríkɛ]
furar (vt)	shpoj	[ʃpoj]

faca (f)	thikë (f)	[θíkə]
canivete (m)	thikë xhepi (f)	[θíkə dʒépi]
lâmina (f)	teh (m)	[tɛh]

afiado	i mprehtë	[i mpréhtə]
cego	i topitur	[i topítur]
embotar-se (vr)	bëhet e topitur	[béhɛt ɛ topítur]
afiar, amolar (vt)	mpreh	[mpréh]

parafuso (m)	vidë (f)	[vídə]
porca (f)	dado (f)	[dádo]
rosca (f)	filetë e vidhës (f)	[filétə ɛ víðəs]
parafuso (m) para madeira	vidhë druri (f)	[víðə drúri]

| prego (m) | gozhdë (f) | [góʒdə] |
| cabeça (f) do prego | kokë gozhde (f) | [kókə góʒdɛ] |

régua (f)	vizore (f)	[vizórɛ]
fita (f) métrica	metër (m)	[métər]
nível (m)	nivelizues (m)	[nivɛlizúɛs]
lupa (f)	lente zmadhuese (f)	[léntɛ zmaðúɛsɛ]

medidor (m)	mjet matës (m)	[mjét mátəs]
medir (vt)	mas	[mas]
escala (f)	gradë (f)	[grádə]
indicação (f), registo (m)	matjet (pl)	[mátjɛt]

| compressor (m) | kompresor (m) | [komprɛsór] |
| microscópio (m) | mikroskop (m) | [mikroskóp] |

bomba (f)	pompë (f)	[pómpə]
robô (m)	robot (m)	[robót]
laser (m)	laser (m)	[lasér]

| chave (f) de boca | çelës (m) | [tʃéləs] |
| fita (f) adesiva | shirit ngjitës (m) | [ʃirít ɲítəs] |

cola (f)	ngjitës (m)	[nɟítəs]
lixa (f)	letër smeril (f)	[létər smɛríl]
mola (f)	sustë (f)	[sústə]
íman (m)	magnet (m)	[magnét]
luvas (f pl)	dorëza (pl)	[dórəza]

corda (f)	litar (m)	[litár]
cordel (m)	kordon (m)	[kordón]
fio (m)	tel (m)	[tɛl]
cabo (m)	kabllo (f)	[kábɫo]

marreta (f)	çekan i rëndë (m)	[tʃɛkán i rəndə]
pé de cabra (m)	levë (f)	[lévə]
escada (f) de mão	shkallë (f)	[ʃkáɫə]
escadote (m)	shkallëz (f)	[ʃkáɫəz]

enroscar (vt)	vidhos	[viðós]
desenroscar (vt)	zhvidhos	[ʒviðós]
apertar (vt)	shtrëngoj	[ʃtrəŋój]
colar (vt)	ngjes	[nɟés]
cortar (vt)	pres	[prɛs]

falha (mau funcionamento)	avari (f)	[avarí]
conserto (m)	riparim (m)	[riparím]
consertar, reparar (vt)	riparoj	[riparój]
regular, ajustar (vt)	rregulloj	[rɛguɫój]

verificar (vt)	kontrolloj	[kontroɫój]
verificação (f)	kontroll (m)	[kontróɫ]
indicação (f), registo (m)	matjet (pl)	[mátjɛt]

seguro	e sigurt	[ɛ sígurt]
complicado	komplekse	[kompléksɛ]

enferrujar (vi)	ndryshket	[ndrýʃkɛt]
enferrujado	e ndryshkur	[ɛ ndrýʃkur]
ferrugem (f)	ndryshk (m)	[ndrýʃk]

Transportes

169. Avião

avião (m)	avion (m)	[avión]
bilhete (m) de avião	biletë avioni (f)	[bilétə avióni]
companhia (f) aérea	kompani ajrore (f)	[kompaní ajrórɛ]
aeroporto (m)	aeroport (m)	[aɛropórt]
supersónico	supersonik	[supɛrsoník]
comandante (m) do avião	kapiten (m)	[kapitén]
tripulação (f)	ekip (m)	[ɛkíp]
piloto (m)	pilot (m)	[pilót]
hospedeira (f) de bordo	stjuardesë (f)	[stjuardésə]
copiloto (m)	navigues (m)	[navigúɛs]
asas (f pl)	krahë (pl)	[kráhə]
cauda (f)	bisht (m)	[biʃt]
cabine (f) de pilotagem	kabinë (f)	[kabínə]
motor (m)	motor (m)	[motór]
trem (m) de aterragem	karrel (m)	[karél]
turbina (f)	turbinë (f)	[turbínə]
hélice (f)	helikë (f)	[hɛlíkə]
caixa-preta (f)	kuti e zezë (f)	[kutí ɛ zézə]
coluna (f) de controlo	timon (m)	[timón]
combustível (m)	karburant (m)	[karburánt]
instruções (f pl) de segurança	udhëzime sigurie (pl)	[uðəzímɛ siguríɛ]
máscara (f) de oxigénio	maskë oksigjeni (f)	[máskə oksiɟéni]
uniforme (m)	uniformë (f)	[unifórmə]
colete (m) salva-vidas	jelek shpëtimi (m)	[jɛlék ʃpətími]
paraquedas (m)	parashutë (f)	[paraʃútə]
descolagem (f)	ngritje (f)	[ŋrítjɛ]
descolar (vi)	fluturon	[fluturón]
pista (f) de descolagem	pista e fluturimit (f)	[písta ɛ fluturímit]
visibilidade (f)	shikueshmëri (f)	[ʃikuɛʃmərí]
voo (m)	fluturim (m)	[fluturím]
altura (f)	lartësi (f)	[lartəsí]
poço (m) de ar	xhep ajri (m)	[dʒɛp ájri]
assento (m)	karrige (f)	[karígɛ]
auscultadores (m pl)	kufje (f)	[kúfjɛ]
mesa (f) rebatível	tabaka (f)	[tabaká]
vigia (f)	dritare avioni (f)	[dritárɛ avióni]
passagem (f)	korridor (m)	[koridór]

170. Comboio

comboio (m)	tren (m)	[trɛn]
comboio (m) suburbano	tren elektrik (m)	[trɛn ɛlɛktrík]
comboio (m) rápido	tren ekspres (m)	[trɛn ɛksprés]
locomotiva (f) diesel	lokomotivë me naftë (f)	[lokomótivə mɛ náftə]
locomotiva (f) a vapor	lokomotivë me avull (f)	[lokomótivə mɛ ávuɫ]
carruagem (f)	vagon (m)	[vagón]
carruagem restaurante (f)	vagon restorant (m)	[vagón rɛstoránt]
carris (m pl)	shina (pl)	[ʃína]
caminho de ferro (m)	hekurudhë (f)	[hɛkurúðə]
travessa (f)	traversë (f)	[travérsə]
plataforma (f)	platformë (f)	[platfórmə]
linha (f)	binar (m)	[binár]
semáforo (m)	semafor (m)	[sɛmafór]
estação (f)	stacion (m)	[statsión]
maquinista (m)	makinist (m)	[makiníst]
bagageiro (m)	portier (m)	[portiér]
hospedeiro, -a (da carruagem)	konduktor (m)	[konduktór]
passageiro (m)	pasagjer (m)	[pasaɟér]
revisor (m)	konduktor (m)	[konduktór]
corredor (m)	korridor (m)	[koridór]
freio (m) de emergência	frena urgjence (f)	[fréna urɟéntsɛ]
compartimento (m)	ndarje (f)	[ndárjɛ]
cama (f)	kat (m)	[kat]
cama (f) de cima	kati i sipërm (m)	[káti i sípərm]
cama (f) de baixo	kati i poshtëm (m)	[káti i póʃtəm]
roupa (f) de cama	shtroje shtrati (pl)	[ʃtrójɛ ʃtráti]
bilhete (m)	biletë (f)	[bilétə]
horário (m)	orar (m)	[orár]
painel (m) de informação	tabelë e informatave (f)	[tabélə ɛ informátavɛ]
partir (vt)	niset	[nísɛt]
partida (f)	nisje (f)	[nísjɛ]
chegar (vi)	arrij	[aríj]
chegada (f)	arritje (f)	[arítjɛ]
chegar de comboio	arrij me tren	[aríj mɛ trɛn]
apanhar o comboio	hip në tren	[hip nə trén]
sair do comboio	zbres nga treni	[zbrɛs ŋa tréni]
acidente (m) ferroviário	aksident hekurudhor (m)	[aksidént hɛkuruðór]
descarrilar (vi)	del nga shinat	[dɛl ŋa ʃínat]
locomotiva (f) a vapor	lokomotivë me avull (f)	[lokomótivə mɛ ávuɫ]
fogueiro (m)	mbikëqyrës i zjarrit (m)	[mbikəcýrəs i zjárit]
fornalha (f)	furrë (f)	[fúrə]
carvão (m)	qymyr (m)	[cymýr]

171. Barco

| navio (m) | anije (f) | [aníjɛ] |
| embarcação (f) | mjet lundrues (m) | [mjét lundrúɛs] |

vapor (m)	anije me avull (f)	[aníjɛ mɛ ávuɫ]
navio (m)	anije lumi (f)	[aníjɛ lúmi]
transatlântico (m)	krocierë (f)	[krotsiérə]
cruzador (m)	anije luftarake (f)	[aníjɛ luftarákɛ]

iate (m)	jaht (m)	[jáht]
rebocador (m)	anije rimorkiuese (f)	[aníjɛ rimorkiúɛsɛ]
barcaça (f)	anije transportuese (f)	[aníjɛ transportúɛsɛ]
ferry (m)	traget (m)	[tragét]

| veleiro (m) | anije me vela (f) | [aníjɛ mɛ véla] |
| bergantim (m) | brigantinë (f) | [brigantínə] |

| quebra-gelo (m) | akullthyese (f) | [akuɫθýɛsɛ] |
| submarino (m) | nëndetëse (f) | [nəndétəsɛ] |

bote, barco (m)	barkë (f)	[bárkə]
bote, dingue (m)	gomone (f)	[gomónɛ]
bote (m) salva-vidas	varkë shpëtimi (f)	[várkə ʃpətími]
lancha (f)	skaf (m)	[skaf]

capitão (m)	kapiten (m)	[kapitén]
marinheiro (m)	marinar (m)	[marinár]
marujo (m)	marinar (m)	[marinár]
tripulação (f)	ekip (m)	[ɛkíp]

contramestre (m)	kryemarinar (m)	[kryɛmarinár]
grumete (m)	djali i anijes (m)	[djáli i aníjɛs]
cozinheiro (m) de bordo	kuzhinier (m)	[kuʒiniér]
médico (m) de bordo	doktori i anijes (m)	[doktóri i aníjɛs]

convés (m)	kuverta (f)	[kuvérta]
mastro (m)	direk (m)	[dirék]
vela (f)	vela (f)	[véla]

porão (m)	bagazh (m)	[bagáʒ]
proa (f)	harku sipëror (m)	[hárku sipərór]
popa (f)	pjesa e pasme (f)	[pjésa ɛ pásmɛ]
remo (m)	rrem (m)	[rɛm]
hélice (f)	helikë (f)	[hɛlíkə]

camarote (m)	kabinë (f)	[kabínə]
sala (f) dos oficiais	zyrë e oficerëve (m)	[zýrə ɛ ofitsérəvɛ]
sala (f) das máquinas	salla e motorit (m)	[sáɫa ɛ motórit]
ponte (m) de comando	urë komanduese (f)	[úrə komandúɛsɛ]
sala (f) de comunicações	kabina radiotelegrafike (f)	[kabína radiotɛlɛgrafíkɛ]
onda (f) de rádio	valë (f)	[válə]
diário (m) de bordo	libri i shënimeve (m)	[líbri i ʃənímɛvɛ]
luneta (f)	dylbi (f)	[dylbí]
sino (m)	këmbanë (f)	[kəmbánə]

bandeira (f)	flamur (m)	[flamúr]
cabo (m)	pallamar (m)	[paɫamár]
nó (m)	nyjë (f)	[nýjə]

| corrimão (m) | parmakë (pl) | [parmákə] |
| prancha (f) de embarque | shkallë (f) | [ʃkáɫə] |

âncora (f)	spirancë (f)	[spirántsə]
recolher a âncora	ngre spirancën	[ŋré spirántsən]
lançar a âncora	hedh spirancën	[hɛð spirántsən]
amarra (f)	zinxhir i spirancës (m)	[zindʒír i spirántsəs]

porto (m)	port (m)	[port]
cais, amarradouro (m)	skelë (f)	[skélə]
atracar (vi)	ankoroj	[ankorój]
desatracar (vi)	niset	[nísɛt]

viagem (f)	udhëtim (m)	[uðətím]
cruzeiro (m)	udhëtim me krocierë (f)	[uðətím mɛ krotsiérə]
rumo (m), rota (f)	kursi i udhëtimit (m)	[kúrsi i uðətímit]
itinerário (m)	itinerar (m)	[itinɛrár]

canal (m) navegável	ujëra të lundrueshme (f)	[újəra tə lundrúɛʃmɛ]
banco (m) de areia	cekëtinë (f)	[tsɛkətínə]
encalhar (vt)	bllokohet në rërë	[bɫokóhɛt nə rərə]

tempestade (f)	stuhi (f)	[stuhí]
sinal (m)	sinjal (m)	[siɲál]
afundar-se (vr)	fundoset	[fundósɛt]
Homem ao mar!	Njeri në det!	[ɲɛrí nə dɛt!]
SOS	SOS (m)	[sos]
boia (f) salva-vidas	bovë shpëtuese (f)	[bóvə ʃpətúɛsɛ]

172. Aeroporto

aeroporto (m)	aeroport (m)	[aɛropórt]
avião (m)	avion (m)	[avión]
companhia (f) aérea	kompani ajrore (f)	[kompaní ajrórɛ]
controlador (m) de tráfego aéreo	kontroll i trafikut ajror (m)	[kontróɫ i trafíkut ajrór]

partida (f)	nisje (f)	[nísjɛ]
chegada (f)	arritje (f)	[arítjɛ]
chegar (~ de avião)	arrij me avion	[aríj mɛ avión]

| hora (f) de partida | nisja (f) | [nísja] |
| hora (f) de chegada | arritja (f) | [arítja] |

| estar atrasado | vonesë | [vonésə] |
| atraso (m) de voo | vonesë avioni (f) | [vonésə avióni] |

painel (m) de informação	ekrani i informacioneve (m)	[ɛkráni i informatsiónɛvɛ]
informação (f)	informacion (m)	[informatsión]
anunciar (vt)	njoftoj	[ɲoftój]

voo (m)	fluturim (m)	[fluturím]
alfândega (f)	doganë (f)	[dogánə]
funcionário (m) da alfândega	doganier (m)	[doganiér]

declaração (f) alfandegária	deklarim doganor (m)	[dɛklarím doganór]
preencher (vt)	plotësoj	[plotəsój]
preencher a declaração	plotësoj deklaratën	[plotəsój dɛklarátən]
controlo (m) de passaportes	kontroll pasaportash (m)	[kontróɬ pasapórtaʃ]

bagagem (f)	bagazh (m)	[bagáʒ]
bagagem (f) de mão	bagazh dore (m)	[bagáʒ dórɛ]
carrinho (m)	karrocë bagazhesh (f)	[karótsə bagáʒeʃ]

aterragem (f)	aterrim (m)	[atɛrím]
pista (f) de aterragem	pistë aterrimi (f)	[pístə atɛrími]
aterrar (vi)	aterroj	[atɛrój]
escada (f) de avião	shkallë avioni (f)	[ʃkáɬə avióni]

check-in (m)	regjistrim (m)	[rɛɟistrím]
balcão (m) do check-in	sportel regjistrimi (m)	[sportél rɛɟistrími]
fazer o check-in	regjistrohem	[rɛɟistróhɛm]
cartão (m) de embarque	biletë e hyrjes (f)	[bilétə ɛ hýrjɛs]
porta (f) de embarque	porta e nisjes (f)	[pórta ɛ nísjɛs]

trânsito (m)	transit (m)	[transít]
esperar (vi, vt)	pres	[prɛs]
sala (f) de espera	salla e nisjes (f)	[sáɬa ɛ nísjɛs]
despedir-se de ...	përcjell	[pərtsjéɬ]
despedir-se (vr)	përshëndetem	[pərʃəndétɛm]

173. Bicicleta. Motocicleta

bicicleta (f)	biçikletë (f)	[bitʃiklétə]
scotter, lambreta (f)	skuter (m)	[skutér]
mota (f)	motoçikletë (f)	[mototʃiklétə]

ir de bicicleta	shkoj me biçikletë	[ʃkoj mɛ bitʃiklétə]
guiador (m)	timon (m)	[timón]
pedal (m)	pedale (f)	[pɛdálɛ]
travões (m pl)	frenat (pl)	[frénat]
selim (m)	shalë (f)	[ʃálə]

bomba (f) de ar	pompë (f)	[pómpə]
porta-bagagens (m)	mbajtëse (f)	[mbájtəsɛ]
lanterna (f)	drita e përparme (f)	[dríta ɛ pərpármɛ]
capacete (m)	helmetë (f)	[hɛlmétə]

roda (f)	rrotë (f)	[rótə]
guarda-lamas (m)	parafango (f)	[parafáŋo]
aro (m)	rreth i jashtëm i rrotës (m)	[rɛθ i jáʃtəm i rótəs]
raio (m)	telat e diskut (m)	[télat ɛ dískut]

Carros

174. Tipos de carros

carro, automóvel (m)	makinë (f)	[makínə]
carro (m) desportivo	makinë sportive (f)	[makínə sportívɛ]
limusine (f)	limuzinë (f)	[limuzínə]
todo o terreno (m)	fuoristradë (f)	[fuoristrádə]
descapotável (m)	kabriolet (m)	[kabriolét]
minibus (m)	furgon (m)	[furgón]
ambulância (f)	ambulancë (f)	[ambulántsə]
limpa-neve (m)	borëpastruese (f)	[borəpastrúɛsɛ]
camião (m)	kamion (m)	[kamión]
camião-cisterna (m)	autocisternë (f)	[autotsistérnə]
carrinha (f)	furgon mallrash (m)	[furgón máɫraʃ]
camião-trator (m)	kamionçinë (f)	[kamiontʃínə]
atrelado (m)	rimorkio (f)	[rimórkio]
confortável	i rehatshëm	[i rɛhátʃəm]
usado	i përdorur	[i pərdórur]

175. Carros. Carroçaria

capô (m)	kofano (f)	[kófano]
guarda-lamas (m)	parafango (f)	[parafáŋo]
tejadilho (m)	çati (f)	[tʃatí]
para-brisa (m)	xham i përparmë (m)	[dʒam i pərpármə]
espelho (m) retrovisor	pasqyrë për prapa (f)	[pascýrə pər prápa]
lavador (m)	larëse xhami (f)	[lárəsɛ dʒámi]
limpa-para-brisas (m)	fshirëse xhami (f)	[fʃírəsɛ dʒámi]
vidro (m) lateral	xham anësor (m)	[dʒam anəsór]
elevador (m) do vidro	levë xhami (f)	[lévə dʒámi]
antena (f)	antenë (f)	[anténə]
teto solar (m)	çati diellore (f)	[tʃatí diɛɫórɛ]
para-choques (m pl)	parakolp (m)	[parakólp]
bagageira (f)	bagazh (m)	[bagáʒ]
bagageira (f) de tejadilho	bagazh mbi çati (m)	[bagáʒ mbi tʃatí]
porta (f)	derë (f)	[dérə]
maçaneta (f)	doreza e derës (m)	[doréza ɛ dérəs]
fechadura (f)	kyç (m)	[kytʃ]
matrícula (f)	targë makine (f)	[tárgə makínɛ]
silenciador (m)	silenciator (m)	[silɛntsiatór]

tanque (m) de gasolina	**serbator** (m)	[sɛrbatór]
tubo (m) de escape	**tub shkarkimi** (m)	[tub ʃkarkími]

acelerador (m)	**gaz** (m)	[gaz]
pedal (m)	**këmbëz** (f)	[kə́mbəz]
pedal (m) do acelerador	**pedal i gazit** (m)	[pɛdál i gázit]

travão (m)	**freni** (m)	[fréni]
pedal (m) do travão	**pedal i frenave** (m)	[pɛdál i frénavɛ]
travar (vt)	**frenoj**	[frɛnój]
travão (m) de mão	**freni i dorës** (m)	[fréni i dórəs]

embraiagem (f)	**friksion** (m)	[friksión]
pedal (m) da embraiagem	**pedal i friksionit** (m)	[pɛdál i friksiónit]
disco (m) de embraiagem	**disk i friksionit** (m)	[dísk i friksiónit]
amortecedor (m)	**amortizator** (m)	[amortizatór]

roda (f)	**rrotë** (f)	[rótə]
pneu (m) sobresselente	**gomë rezervë** (f)	[gómə rɛzérvə]
pneu (m)	**gomë** (f)	[gómə]
tampão (m) de roda	**mbulesë gome** (f)	[mbulésə gómɛ]

rodas (f pl) motrizes	**rrota makine** (f)	[róta makínɛ]
de tração dianteira	**me rrotat e përparme**	[mɛ rotat ɛ pərpármɛ]
de tração traseira	**me rrotat e pasme**	[mɛ rótat ɛ pásmɛ]
de tração às 4 rodas	**me të gjitha rrotat**	[mɛ tə ɟíθa rótat]

caixa (f) de mudanças	**kutia e marsheve** (f)	[kutía ɛ márʃɛvɛ]
automático	**automatik**	[automatík]
mecânico	**mekanik**	[mɛkaník]
alavanca (f) das mudanças	**levë e marshit** (f)	[lévə ɛ márʃit]

farol (m)	**dritë e përparme** (f)	[drítə ɛ pərpármɛ]
faróis, luzes	**dritat e përparme** (pl)	[drítat ɛ pərpármɛ]

médios (m pl)	**dritat e shkurtra** (pl)	[drítat ɛ ʃkúrtra]
máximos (m pl)	**dritat e gjata** (pl)	[drítat ɛ ɟáta]
luzes (f pl) de stop	**dritat e frenave** (pl)	[drítat ɛ frénavɛ]

mínimos (m pl)	**dritat për parkim** (pl)	[drítat pər parkím]
luzes (f pl) de emergência	**sinjal për urgjencë** (m)	[siɲál pər uɾɟéntsə]
faróis (m pl) antinevoeiro	**drita mjegulle** (pl)	[dríta mjégutɛ]
pisca-pisca (m)	**sinjali i kthesës** (m)	[siɲáli i kθésəs]
luz (f) de marcha atrás	**dritat e prapme** (pl)	[drítat ɛ prápmɛ]

176. Carros. Habitáculo

interior (m) do carro	**interier** (m)	[intɛriér]
de couro, de pele	**prej lëkure**	[prɛj ləkúrɛ]
de veludo	**kadife**	[kadífɛ]
estofos (m pl)	**veshje** (f)	[véʃjɛ]

indicador (m)	**instrument** (m)	[instrumént]
painel (m) de instrumentos	**panel instrumentesh** (m)	[panél instrúméntɛʃ]

| velocímetro (m) | matës i shpejtësisë (m) | [mátəs i ʃpɛjtəsísə] |
| ponteiro (m) | shigjetë (f) | [ʃɥétə] |

conta-quilómetros (m)	kilometrazh (m)	[kilomɛtráʒ]
sensor (m)	indikator (m)	[indikatór]
nível (m)	nivel (m)	[nivél]
luz (f) avisadora	dritë paralajmëruese (f)	[drítə paralajmərúɛsɛ]

volante (m)	timon (m)	[timón]
buzina (f)	bori (f)	[borí]
botão (m)	buton (m)	[butón]
interruptor (m)	çelës drite (m)	[tʃéləs drítɛ]

assento (m)	karrige (f)	[karígɛ]
costas (f pl) do assento	shpinore (f)	[ʃpinórɛ]
cabeceira (f)	mbështetësja e kokës (m)	[mbəʃtétəsja ɛ kókəs]
cinto (m) de segurança	rrip i sigurimit (m)	[rip i sigurímit]
apertar o cinto	lidh rripin e sigurimit	[lið rípin ɛ sigurímit]
regulação (f)	rregulloj (m)	[rɛguɫój]

| airbag (m) | jastëk ajri (m) | [jastək ájri] |
| ar (m) condicionado | kondicioner (m) | [konditsionér] |

rádio (m)	radio (f)	[rádio]
leitor (m) de CD	disk CD (m)	[dísk tsɛdé]
ligar (vt)	ndez	[ndɛz]
antena (f)	antenë (f)	[anténə]
porta-luvas (m)	kroskot (m)	[kroskót]
cinzeiro (m)	taketuke (f)	[takɛtúkɛ]

177. Carros. Motor

motor (m)	motor (m)	[motór]
diesel	me naftë	[mɛ náftə]
a gasolina	me benzinë	[mɛ bɛnzínə]

cilindrada (f)	vëllim i motorit (m)	[vəɫím i motórit]
potência (f)	fuqi (f)	[fucí]
cavalo-vapor (m)	kuaj-fuqi (f)	[kúaj-fucí]
pistão (m)	piston (m)	[pistón]
cilindro (m)	cilindër (m)	[tsilíndər]
válvula (f)	valvulë (f)	[valvúlə]

injetor (m)	injektor (m)	[iɲɛktór]
gerador (m)	gjenerator (m)	[ɟɛnɛratór]
carburador (m)	karburator (m)	[karburatór]
óleo (m) para motor	vaj i motorit (m)	[vaj i motórit]

radiador (m)	radiator (m)	[radiatór]
refrigerante (m)	antifriz (m)	[antifríz]
ventilador (m)	ventilator (m)	[vɛntilatór]

| bateria (f) | bateri (f) | [batɛrí] |
| dispositivo (m) de arranque | motorino (f) | [motoríno] |

| ignição (f) | kuadër ndezës (m) | [kuádər ndézəs] |
| vela (f) de ignição | kandelë (f) | [kandélə] |

borne (m)	morseta e baterisë (f)	[morséta ɛ batɛrísə]
borne (m) positivo	kahu pozitiv (m)	[káhu pózitiv]
borne (m) negativo	kahu negativ (m)	[káhu négativ]
fusível (m)	siguresë (f)	[sigurésə]

filtro (m) de ar	filtri i ajrit (m)	[fíltri i ájrit]
filtro (m) de óleo	filtri i vajit (m)	[fíltri i vájit]
filtro (m) de combustível	filtri i karburantit (m)	[fíltri i karburántit]

178. Carros. Batidas. Reparação

acidente (m) de carro	aksident (m)	[aksidént]
acidente (m) rodoviário	aksident rrugor (m)	[aksidént rúgor]
ir contra ...	përplasem në mur	[pərplásɛm nə mur]
sofrer um acidente	aksident i rëndë	[aksidént i rəndə]
danos (m pl)	dëm (m)	[dəm]
intato	pa dëmtime	[pa dəmtímɛ]

avaria (no motor, etc.)	avari (f)	[avarí]
avariar (vi)	prishet	[príʃɛt]
cabo (m) de reboque	kabllo rimorkimi (f)	[kábɫo rimorkími]

furo (m)	shpim (m)	[ʃpim]
estar furado	shpohet	[ʃpóhɛt]
encher (vt)	fryj	[fryj]
pressão (f)	presion (m)	[prɛsión]
verificar (vt)	kontrolloj	[kontroɫój]

reparação (f)	riparim (m)	[riparím]
oficina (f) de reparação de carros	auto servis (m)	[áuto sɛrvís]
peça (f) sobresselente	pjesë këmbimi (f)	[pjésə kəmbími]
peça (f)	pjesë (f)	[pjésə]

parafuso (m)	bulona (f)	[bulóna]
parafuso (m)	vida (f)	[vída]
porca (f)	dado (f)	[dádo]
anilha (f)	rondelë (f)	[rondélə]
rolamento (m)	kushineta (f)	[kuʃinéta]

tubo (m)	tub (m)	[tub]
junta (f)	rondelë (f)	[rondélə]
fio, cabo (m)	kabllo (f)	[kábɫo]
macaco (m)	krik (m)	[krik]
chave (f) de boca	çelës (m)	[tʃéləs]
martelo (m)	çekiç (m)	[tʃɛkítʃ]
bomba (f)	pompë (f)	[pómpə]
chave (f) de fendas	kaçavidë (f)	[katʃavídə]
extintor (m)	bombolë kundër zjarrit (f)	[bombólə kúndər zjárit]
triângulo (m) de emergência	trekëndësh paralajmërues (m)	[trékəndəʃ paralajmərúɛs]

parar (vi) (motor)	fiket	[fíkɛt]
paragem (f)	fikje (f)	[fíkjɛ]
estar quebrado	prishet	[príʃɛt]

superaquecer-se (vr)	nxehet	[ndzéhɛt]
entupir-se (vr)	bllokohet	[bɫokóhɛt]
congelar-se (vr)	ngrihet	[ŋríhɛt]
rebentar (vi)	plas tubi	[plas túbi]

pressão (f)	presion (m)	[prɛsión]
nível (m)	nivel (m)	[nivél]
frouxo	i lirshëm	[i lírʃəm]

mossa (f)	shtypje (f)	[ʃtýpjɛ]
ruído (m)	zhurmë motori (f)	[ʒúrmə motóri]
fissura (f)	çarje (f)	[tʃárjɛ]
arranhão (m)	gërvishtje (f)	[gərvíʃtjɛ]

179. Carros. Estrada

estrada (f)	rrugë (f)	[rúgə]
autoestrada (f)	autostradë (f)	[autostrádə]
rodovia (f)	autostradë (f)	[autostrádə]
direção (f)	drejtim (m)	[drɛjtím]
distância (f)	largësi (f)	[largəsí]

ponte (f)	urë (f)	[úrə]
parque (m) de estacionamento	parking (m)	[parkíŋ]
praça (f)	shesh (m)	[ʃɛʃ]
nó (m) rodoviário	kryqëzim rrugësh (m)	[krycəzím rúgəʃ]
túnel (m)	tunel (m)	[tunél]

posto (m) de gasolina	pikë karburanti (f)	[píkə karburánti]
parque (m) de estacionamento	parking (m)	[parkíŋ]
bomba (f) de gasolina	pompë karburanti (f)	[pómpə karburánti]
oficina (f) de reparação de carros	auto servis (m)	[áuto sɛrvís]
abastecer (vt)	furnizohem me gaz	[furnizóhɛm mɛ gáz]
combustível (m)	karburant (m)	[karburánt]
bidão (m) de gasolina	bidon (m)	[bidón]

asfalto (m)	asfalt (m)	[asfált]
marcação (f) de estradas	vijëzime të rrugës (pl)	[vijəzímɛ tə rúgəs]
lancil (m)	bordurë (f)	[bordúrə]
proteção (f) guard-rail	parmakë të sigurisë (pl)	[parmákə tə sigurísə]
valeta (f)	kanal (m)	[kanál]
berma (f) da estrada	shpatull rrugore (f)	[ʃpátuɫ rugórɛ]
poste (m) de luz	shtyllë dritash (f)	[ʃtýɫə drítaʃ]

conduzir, guiar (vt)	ngas	[ŋas]
virar (ex. ~ à direita)	kthej	[kθɛj]
dar retorno	marr kthesë U	[mar kθésə u]
marcha-atrás (f)	marsh prapa (m)	[marʃ prápa]
buzinar (vi)	i bie borisë	[i bíɛ borísə]

buzina (f)	tyt (m)	[tyt]
atolar-se (vr)	ngec në baltë	[ŋɛts nə báltə]
patinar (na lama)	xhiroj gomat	[dʒirój gómat]
desligar (vt)	fik	[fik]

velocidade (f)	shpejtësi (f)	[ʃpɛjtəsí]
exceder a velocidade	kaloj minimumin e shpejtësisë	[kalój minimúmin ɛ ʃpɛjtəsísə]
multar (vt)	vë gjobë	[və ɟóbə]
semáforo (m)	semafor (m)	[sɛmafór]
carta (f) de condução	patentë shoferi (f)	[paténtə ʃoféri]

passagem (f) de nível	kalim hekurudhor (m)	[kalím hɛkuruðór]
cruzamento (m)	kryqëzim (m)	[krycəzím]
passadeira (f)	kalim për këmbësorë (m)	[kalím pər kəmbəsórə]
curva (f)	kthesë (f)	[kθésə]
zona (f) pedonal	zonë këmbësorësh (f)	[zónə kəmbəsórəʃ]

180. Sinais de trânsito

código (m) da estrada	rregullat e trafikut rrugor (pl)	[réguɫat ɛ trafíkut rugór]
sinal (m) de trânsito	shenjë trafiku (f)	[ʃéɲə trafíku]
ultrapassagem (f)	tejkalim	[tɛjkalím]
curva (f)	kthesë	[kθésə]
inversão (f) de marcha	kthesë U	[kθésə u]
rotunda (f)	rrethrrotullim	[rɛθrotuɫím]

sentido proibido	Ndalohet hyrja	[ndalóhɛt hýrja]
trânsito proibido	Ndalohen automjetet	[ndalóhɛn automjétɛt]
proibição de ultrapassar	Ndalohet tejkalimi	[ndalóhɛt tɛjkalími]
estacionamento proibido	Ndalohet parkimi	[ndalóhɛt parkími]
paragem proibida	Ndalohet qëndrimi	[ndalóhɛt cəndrími]

curva (f) perigosa	kthesë e rrezikshme	[kθésə ɛ rɛzíkʃmɛ]
descida (f) perigosa	pjerrësi e fortë	[pjɛrəsí ɛ fórtə]
trânsito de sentido único	rrugë me një drejtim	[rúgə mɛ ɲə drɛjtím]
passadeira (f)	kalim për këmbësorë (m)	[kalím pər kəmbəsórə]
pavimento (m) escorregadio	rrugë e rrëshqitshme	[rúgə ɛ rəʃcítʃmɛ]
cedência de passagem	HAP UDHËN	[hap úðən]

PESSOAS. EVENTOS

181. Férias. Evento

festa (f)	festë (f)	[féstə]
festa (f) nacional	festë kombëtare (f)	[féstə kombətárɛ]
feriado (m)	festë publike (f)	[féstə publíkɛ]
festejar (vt)	festoj	[fɛstój]
evento (festa, etc.)	ceremoni (f)	[tsɛrɛmoní]
evento (banquete, etc.)	eveniment (m)	[ɛvɛnimént]
banquete (m)	banket (m)	[bankét]
receção (f)	pritje (f)	[prítjɛ]
festim (m)	aheng (m)	[ahéŋ]
aniversário (m)	përvjetor (m)	[pərvjɛtór]
jubileu (m)	jubile (m)	[jubilé]
celebrar (vt)	festoj	[fɛstój]
Ano (m) Novo	Viti i Ri (m)	[víti i rí]
Feliz Ano Novo!	Gëzuar Vitin e Ri!	[gəzúar vítin ɛ rí!]
Pai (m) Natal	Santa Klaus (m)	[sánta kláus]
Natal (m)	Krishtlindje (f)	[kriʃtlíndjɛ]
Feliz Natal!	Gëzuar Krishtlindjen!	[gəzúar kriʃtlíndjɛn!]
árvore (f) de Natal	péma e Krishtlindjes (f)	[péma ɛ kriʃtlíndjɛs]
fogo (m) de artifício	fishekzjarrë (m)	[fiʃɛkzjárə]
boda (f)	dasmë (f)	[dásmə]
noivo (m)	dhëndër (m)	[ðə́ndər]
noiva (f)	nuse (f)	[núsɛ]
convidar (vt)	ftoj	[ftoj]
convite (m)	ftesë (f)	[ftésə]
convidado (m)	mysafir (m)	[mysafír]
visitar (vt)	vizitoj	[vizitój]
receber os hóspedes	takoj të ftuarit	[takój tə ftúarit]
presente (m)	dhuratë (f)	[ðurátə]
oferecer (vt)	dhuroj	[ðurój]
receber presentes	marr dhurata	[mar ðuráta]
ramo (m) de flores	buqetë (f)	[bucétə]
felicitações (f pl)	urime (f)	[urímɛ]
felicitar (dar os parabéns)	përgëzoj	[pərgəzój]
cartão (m) de parabéns	kartolinë (f)	[kartolínə]
enviar um postal	dërgoj kartolinë	[dərgój kartolínə]
receber um postal	marr kartolinë	[mar kartolínə]

brinde (m)	dolli (f)	[doŧí]
oferecer (vt)	qeras	[cɛrás]
champanhe (m)	shampanjë (f)	[ʃampáɲə]
divertir-se (vr)	kënaqem	[kənácɛm]
diversão (f)	gëzim (m)	[gəzím]
alegria (f)	gëzim (m)	[gəzím]
dança (f)	vallëzim (m)	[vaŧəzím]
dançar (vi)	vallëzoj	[vaŧəzój]
valsa (f)	vals (m)	[vals]
tango (m)	tango (f)	[táŋo]

182. Funerais. Enterro

cemitério (m)	varreza (f)	[varéza]
sepultura (f), túmulo (m)	varr (m)	[var]
cruz (f)	kryq (m)	[kryc]
lápide (f)	gur varri (m)	[gur vári]
cerca (f)	gardh (m)	[garð]
capela (f)	kishëz (m)	[kíʃəz]
morte (f)	vdekje (f)	[vdékjɛ]
morrer (vi)	vdes	[vdɛs]
defunto (m)	i vdekuri (m)	[i vdékuri]
luto (m)	zi (f)	[zi]
enterrar, sepultar (vt)	varros	[varós]
agência (f) funerária	agjenci funeralesh (f)	[aɟɛntsí funɛrálɛʃ]
funeral (m)	funeral (m)	[funɛrál]
coroa (f) de flores	kurorë (f)	[kurórə]
caixão (m)	arkivol (m)	[arkivól]
carro (m) funerário	makinë funebre (f)	[makínə funébrɛ]
mortalha (f)	qefin (m)	[cɛfín]
procissão (f) funerária	kortezh (m)	[korté3]
urna (f) funerária	urnë (f)	[úrnə]
crematório (m)	kremator (m)	[krɛmatór]
obituário (m), necrologia (f)	përkujtim (m)	[pərkujtím]
chorar (vi)	qaj	[caj]
soluçar (vi)	qaj me dënesë	[caj mɛ dənésə]

183. Guerra. Soldados

pelotão (m)	togë (f)	[tógə]
companhia (f)	kompani (f)	[kompaní]
regimento (m)	regjiment (m)	[rɛɟimént]
exército (m)	ushtri (f)	[uʃtrí]
divisão (f)	divizion (m)	[divizión]

| destacamento (m) | skuadër (f) | [skuádər] |
| hoste (f) | armatë (f) | [armátə] |

| soldado (m) | ushtar (m) | [uʃtár] |
| oficial (m) | oficer (m) | [ofitsér] |

soldado (m) raso	ushtar (m)	[uʃtár]
sargento (m)	rreshter (m)	[rɛʃtér]
tenente (m)	toger (m)	[togér]
capitão (m)	kapiten (m)	[kapitén]
major (m)	major (m)	[majór]
coronel (m)	kolonel (m)	[kolonél]
general (m)	gjeneral (m)	[ɟɛnɛrál]

marujo (m)	marinar (m)	[marinár]
capitão (m)	kapiten (m)	[kapitén]
contramestre (m)	kryemarinar (m)	[kryɛmarinár]
artilheiro (m)	artiljer (m)	[artiljér]
soldado (m) paraquedista	parashutist (m)	[paraʃutíst]
piloto (m)	pilot (m)	[pilót]
navegador (m)	navigues (m)	[navigúɛs]
mecânico (m)	mekanik (m)	[mɛkaník]

sapador (m)	xhenier (m)	[dʒɛniér]
paraquedista (m)	parashutist (m)	[paraʃutíst]
explorador (m)	agjent zbulimi (m)	[aɟént zbulími]
franco-atirador (m)	snajper (m)	[snajpér]

patrulha (f)	patrullë (f)	[patrúɫə]
patrulhar (vt)	patrulloj	[patruɫój]
sentinela (f)	rojë (f)	[rójə]
guerreiro (m)	luftëtar (m)	[luftətár]
patriota (m)	patriot (m)	[patriót]
herói (m)	hero (m)	[hɛró]
heroína (f)	heroinë (f)	[hɛroínə]

| traidor (m) | tradhtar (m) | [traðtár] |
| trair (vt) | tradhtoj | [traðtój] |

| desertor (m) | dezertues (m) | [dɛzɛrtúɛs] |
| desertar (vt) | dezertoj | [dɛzɛrtój] |

mercenário (m)	mercenar (m)	[mɛrtsɛnár]
recruta (m)	rekrut (m)	[rɛkrút]
voluntário (m)	vullnetar (m)	[vuɫnɛtár]

morto (m)	vdekur (m)	[vdékur]
ferido (m)	i plagosur (m)	[i plagósur]
prisioneiro (m) de guerra	rob lufte (m)	[rob lúftɛ]

184. Guerra. Ações militares. Parte 1

| guerra (f) | luftë (f) | [lúftə] |
| guerrear (vt) | në luftë | [nə lúftə] |

guerra (f) civil	luftë civile (f)	[lúftə tsivílɛ]
perfidamente	pabesisht	[pabɛsíʃt]
declaração (f) de guerra	shpallje lufte (f)	[ʃpáʈjɛ lúftɛ]
declarar (vt) guerra	shpall	[ʃpaɫ]
agressão (f)	agresion (m)	[agrɛsión]
atacar (vt)	sulmoj	[sulmój]

invadir (vt)	pushtoj	[puʃtój]
invasor (m)	pushtues (m)	[puʃtúɛs]
conquistador (m)	pushtues (m)	[puʃtúɛs]

defesa (f)	mbrojtje (f)	[mbrójtjɛ]
defender (vt)	mbroj	[mbrój]
defender-se (vr)	mbrohem	[mbróhɛm]

inimigo (m)	armik (m)	[armík]
adversário (m)	kundërshtar (m)	[kundərʃtár]
inimigo	armike	[armíkɛ]

| estratégia (f) | strategji (f) | [stratɛɟí] |
| tática (f) | taktikë (f) | [taktíkə] |

ordem (f)	urdhër (m)	[úrðər]
comando (m)	komandë (f)	[komándə]
ordenar (vt)	urdhëroj	[urðərój]
missão (f)	mision (m)	[misión]
secreto	sekret	[sɛkrét]

| batalha (f), combate (m) | betejë (f) | [bɛtéjə] |
| combate (m) | luftim (m) | [luftím] |

ataque (m)	sulm (m)	[sulm]
assalto (m)	sulm (m)	[sulm]
assaltar (vt)	sulmoj	[sulmój]
assédio, sítio (m)	nën rrethim (m)	[nən rɛθím]

| ofensiva (f) | sulm (m) | [sulm] |
| passar à ofensiva | kaloj në sulm | [kalój nə súlm] |

| retirada (f) | tërheqje (f) | [tərhécjɛ] |
| retirar-se (vr) | tërhiqem | [tərhícɛm] |

| cerco (m) | rrethim (m) | [rɛθím] |
| cercar (vt) | rrethoj | [rɛθój] |

bombardeio (m)	bombardim (m)	[bombardím]
lançar uma bomba	hedh bombë	[hɛð bómbə]
bombardear (vt)	bombardoj	[bombardój]
explosão (f)	shpërthim (m)	[ʃpərθím]

tiro (m)	e shtënë (f)	[ɛ ʃténə]
disparar um tiro	qëlloj	[cəɫój]
tiroteio (m)	të shtëna (pl)	[tə ʃténa]

| apontar para ... | vë në shënjestër | [və nə ʃəɲéstər] |
| apontar (vt) | drejtoj armën | [drɛjtój ármən] |

acertar (vt)	qëlloj	[cəłój]
afundar (um navio)	fundos	[fundós]
brecha (f)	vrimë (f)	[vrímə]
afundar-se (vr)	fundoset	[fundósɛt]

frente (m)	front (m)	[front]
evacuação (f)	evakuim (m)	[ɛvakuím]
evacuar (vt)	evakuoj	[ɛvakuój]

trincheira (f)	llogore (f)	[łogórɛ]
arame (m) farpado	tel me gjemba (m)	[tɛl mɛ ɟémba]
obstáculo (m) anticarro	pengesë (f)	[pɛɲésə]
torre (f) de vigia	kullë vrojtuese (f)	[kúłə vrojtúɛsɛ]

hospital (m)	spital ushtarak (m)	[spitál uʃtarák]
ferir (vt)	plagos	[plagós]
ferida (f)	plagë (f)	[plágə]
ferido (m)	i plagosur (m)	[i plagósuɾ]
ficar ferido	jam i plagosur	[jam i plagósuɾ]
grave (ferida ~)	rëndë	[rə́ndə]

185. Guerra. Ações militares. Parte 2

cativeiro (m)	burgosje (f)	[burgósjɛ]
capturar (vt)	zë rob	[zə rob]
estar em cativeiro	mbahem rob	[mbáhɛm rób]
ser aprisionado	zihem rob	[zíhɛm rob]

campo (m) de concentração	kamp përqendrimi (m)	[kamp pərcɛndrími]
prisioneiro (m) de guerra	rob lufte (m)	[rob lúftɛ]
escapar (vi)	arratisem	[aratísɛm]

trair (vt)	tradhtoj	[traðtój]
traidor (m)	tradhtar (m)	[traðtár]
traição (f)	tradhti (f)	[traðtí]

fuzilar, executar (vt)	ekzekutoj	[ɛkzɛkutój]
fuzilamento (m)	ekzekutim (m)	[ɛkzɛkutím]

equipamento (m)	armatim (m)	[armatím]
platina (f)	spaletë (f)	[spalétə]
máscara (f) antigás	maskë antigaz (f)	[máskə antigáz]

rádio (m)	radiomarrëse (f)	[radiomárəsɛ]
cifra (f), código (m)	kod sekret (m)	[kód sɛkrét]
conspiração (f)	komplot (m)	[komplót]
senha (f)	fjalëkalim (m)	[fjaləkalím]

mina (f)	minë tokësore (f)	[mínə tokəsórɛ]
minar (vt)	minoj	[minój]
campo (m) minado	fushë e minuar (f)	[fúʃə ɛ minúaɾ]

alarme (m) aéreo	alarm sulmi ajror (m)	[alárm súlmi ajrór]
alarme (m)	alarm (m)	[alárm]

| sinal (m) | sinjal (m) | [siɲál] |
| sinalizador (m) | sinjalizues (m) | [siɲalizúɛs] |

estado-maior (m)	selia qendrore (f)	[sɛlía cɛndrórɛ]
reconhecimento (m)	zbulim (m)	[zbulím]
situação (f)	gjendje (f)	[ɟéndjɛ]
relatório (m)	raport (m)	[rapórt]
emboscada (f)	pritë (f)	[prítə]
reforço (m)	përforcim (m)	[pərfortsím]

alvo (m)	shënjestër (f)	[ʃəɲéstər]
campo (m) de tiro	poligon (m)	[poligón]
manobras (f pl)	manovra ushtarake (f)	[manóvra uʃtarákɛ]

pânico (m)	panik (m)	[paník]
devastação (f)	shkatërrim (m)	[ʃkatərím]
ruínas (f pl)	gërmadha (pl)	[gərmáða]
destruir (vt)	shkatërroj	[ʃkatərój]

sobreviver (vi)	mbijetoj	[mbijɛtój]
desarmar (vt)	çarmatos	[tʃarmatós]
manusear (vt)	manovroj	[manovrój]

| Firmes! | Gatitu! | [gatitú!] |
| Descansar! | Qetësohu! | [cɛtəsóhu!] |

façanha (f)	akt heroik (m)	[ákt hɛroík]
juramento (m)	betim (m)	[bɛtím]
jurar (vi)	betohem	[bɛtóhɛm]

condecoração (f)	dekoratë (f)	[dɛkorátə]
condecorar (vt)	dekoroj	[dɛkorój]
medalha (f)	medalje (f)	[mɛdáljɛ]
ordem (f)	urdhër medalje (m)	[úrðər mɛdáljɛ]

vitória (f)	fitore (f)	[fitórɛ]
derrota (f)	humbje (f)	[húmbjɛ]
armistício (m)	armëpushim (m)	[arməpuʃím]

bandeira (f)	flamur beteje (m)	[flamúr bɛtéjɛ]
glória (f)	famë (f)	[fámə]
desfile (m) militar	paradë (f)	[parádə]
marchar (vi)	marshoj	[marʃój]

186. Armas

arma (f)	armë (f)	[ármə]
arma (f) de fogo	armë zjarri (f)	[ármə zjári]
arma (f) branca	armë të ftohta (pl)	[ármə tə ftóhta]

arma (f) química	armë kimike (f)	[ármə kimíkɛ]
nuclear	nukleare	[nuklɛárɛ]
arma (f) nuclear	armë nukleare (f)	[ármə nuklɛárɛ]
bomba (f)	bombë (f)	[bómbə]

bomba (f) atómica	bombë atomike (f)	[bómbə atomíkɛ]
pistola (f)	pistoletë (f)	[pistolétə]
caçadeira (f)	pushkë (f)	[púʃkə]
pistola-metralhadora (f)	mitraloz (m)	[mitralóz]
metralhadora (f)	mitraloz (m)	[mitralóz]

boca (f)	grykë (f)	[grýkə]
cano (m)	tytë pushke (f)	[týtə púʃkɛ]
calibre (m)	kalibër (m)	[kalíbər]

gatilho (m)	këmbëz (f)	[kə́mbəz]
mira (f)	shënjestër (f)	[ʃəɲéstər]
carregador (m)	karikator (m)	[karikatór]
coronha (f)	qytë (f)	[cýtə]

| granada (f) de mão | bombë dore (f) | [bómbə dórɛ] |
| explosivo (m) | eksploziv (m) | [ɛksplozív] |

bala (f)	plumb (m)	[plúmb]
cartucho (m)	fishek (m)	[fiʃék]
carga (f)	karikim (m)	[karikím]
munições (f pl)	municion (m)	[munitsión]

bombardeiro (m)	avion bombardues (m)	[avión bombardúɛs]
avião (m) de caça	avion luftarak (m)	[avión luftarák]
helicóptero (m)	helikopter (m)	[hɛlikoptér]

canhão (m) antiaéreo	armë anti-ajrore (f)	[ármə ánti-ajrórɛ]
tanque (m)	tank (m)	[tank]
canhão (de um tanque)	top tanku (m)	[top tánku]

artilharia (f)	artileri (f)	[artilɛrí]
canhão (m)	top (m)	[top]
fazer a pontaria	vë në shënjestër	[və nə ʃəɲéstər]

obus (m)	mortajë (f)	[mortájə]
granada (f) de morteiro	bombë mortaje (f)	[bómbə mortájɛ]
morteiro (m)	mortajë (f)	[mortájə]
estilhaço (m)	copëz mortaje (f)	[tsópəz mortájɛ]

submarino (m)	nëndetëse (f)	[nəndétəsɛ]
torpedo (m)	silurë (f)	[silúrə]
míssil (m)	raketë (f)	[rakétə]

carregar (uma arma)	mbush	[mbúʃ]
atirar, disparar (vi)	qëlloj	[cəɬój]
apontar para ...	drejtoj	[drɛjtój]
baioneta (f)	bajonetë (f)	[bajonétə]

espada (f)	shpatë (f)	[ʃpátə]
sabre (m)	shpatë (f)	[ʃpátə]
lança (f)	shtizë (f)	[ʃtízə]
arco (m)	hark (m)	[hárk]
flecha (f)	shigjetë (f)	[ʃɟétə]
mosquete (m)	musketë (f)	[muskétə]
besta (f)	pushkë-shigjetë (f)	[púʃkə-ʃɟétə]

187. Povos da antiguidade

primitivo	prehistorik	[prɛhistorík]
pré-histórico	prehistorike	[prɛhistoríkɛ]
antigo	i lashtë	[i láʃtə]

Idade (f) da Pedra	Epoka e Gurit (f)	[ɛpóka ɛ gúrit]
Idade (f) do Bronze	Epoka e Bronzit (f)	[ɛpóka ɛ brónzit]
período (m) glacial	Epoka e akullit (f)	[ɛpóka ɛ ákuɫit]

tribo (f)	klan (m)	[klan]
canibal (m)	kanibal (m)	[kanibál]
caçador (m)	gjahtar (m)	[ɟahtár]
caçar (vi)	dal për gjah	[dál pər ɟáh]
mamute (m)	mamut (m)	[mamút]

caverna (f)	shpellë (f)	[ʃpéɫə]
fogo (m)	zjarr (m)	[zjar]
fogueira (f)	zjarr kampingu (m)	[zjar kampíŋu]
pintura (f) rupestre	vizatim në shpella (m)	[vizatím nə ʃpéɫa]

ferramenta (f)	vegël (f)	[végəl]
lança (f)	shtizë (f)	[ʃtízə]
machado (m) de pedra	sëpatë guri (f)	[səpátə gúri]
guerrear (vt)	në luftë	[nə lúftə]
domesticar (vt)	zbus	[zbus]

ídolo (m)	idhull (m)	[íðuɫ]
adorar, venerar (vt)	adhuroj	[aðurój]
superstição (f)	besëtytni (f)	[bɛsətytní]
ritual (m)	rit (m)	[ɾit]

evolução (f)	evolucion (m)	[ɛvolutsión]
desenvolvimento (m)	zhvillim (m)	[ʒviɫím]
desaparecimento (m)	zhdukje (f)	[ʒdúkjɛ]
adaptar-se (vr)	përshtatem	[pərʃtátɛm]

arqueologia (f)	arkeologji (f)	[arkɛoloɟí]
arqueólogo (m)	arkeolog (m)	[arkɛológ]
arqueológico	arkeologjike	[arkɛoloɟíkɛ]

local (m) das escavações	vendi i gërmimeve (m)	[véndi i gərmímɛvɛ]
escavações (f pl)	gërmime (pl)	[gərmímɛ]
achado (m)	zbulim (m)	[zbulím]
fragmento (m)	fragment (m)	[fragmént]

188. Idade média

povo (m)	popull (f)	[pópuɫ]
povos (m pl)	popuj (pl)	[pópuj]
tribo (f)	klan (m)	[klan]
tribos (f pl)	klane (pl)	[klánɛ]
bárbaros (m pl)	barbarë (pl)	[barbárə]

gauleses (m pl)	Galët (pl)	[gálət]
godos (m pl)	Gotët (pl)	[gótət]
eslavos (m pl)	Sllavët (pl)	[sɫávət]
víquingues (m pl)	Vikingët (pl)	[vikíŋət]
romanos (m pl)	Romakët (pl)	[romákət]
romano	romak	[romák]
bizantinos (m pl)	Bizantinët (pl)	[bizantínət]
Bizâncio	Bizanti (m)	[bizánti]
bizantino	bizantine	[bizantínɛ]
imperador (m)	perandor (m)	[pɛrandór]
líder (m)	prijës (m)	[príjəs]
poderoso	i fuqishëm	[i fucíʃəm]
rei (m)	mbret (m)	[mbrét]
governante (m)	sundimtar (m)	[sundimtár]
cavaleiro (m)	kalorës (m)	[kalórəs]
senhor feudal (m)	lord feudal (m)	[lórd fɛudál]
feudal	feudal	[fɛudál]
vassalo (m)	vasal (m)	[vasál]
duque (m)	dukë (f)	[dúkə]
conde (m)	kont (m)	[kont]
barão (m)	baron (m)	[barón]
bispo (m)	peshkop (m)	[pɛʃkóp]
armadura (f)	parzmore (f)	[parzmórɛ]
escudo (m)	mburojë (f)	[mburójə]
espada (f)	shpatë (f)	[ʃpátə]
viseira (f)	ballnik (m)	[baɫník]
cota (f) de malha	thurak (m)	[θurák]
cruzada (f)	Kryqëzata (f)	[krycəzáta]
cruzado (m)	kryqtar (m)	[kryctár]
território (m)	territor (m)	[tɛritór]
atacar (vt)	sulmoj	[sulmój]
conquistar (vt)	mposht	[mpóʃt]
ocupar, invadir (vt)	pushtoj	[puʃtój]
assédio, sítio (m)	nën rrethim (m)	[nən rɛθím]
sitiado	i rrethuar	[i rɛθúar]
assediar, sitiar (vt)	rrethoj	[rɛθój]
inquisição (f)	inkuizicion (m)	[inkuizitsión]
inquisidor (m)	inkuizitor (m)	[inkuizitór]
tortura (f)	torturë (f)	[toṛtúrə]
cruel	mizor	[mizór]
herege (m)	heretik (m)	[hɛrɛtík]
heresia (f)	herezi (f)	[hɛrɛzí]
navegação (f) marítima	lundrim (m)	[lundrím]
pirata (m)	pirat (m)	[pirát]
pirataria (f)	pirateri (f)	[piratɛrí]

abordagem (f)	sulm me anije (m)	[sulm mɛ aníjɛ]
presa (f), butim (m)	plaçkë (f)	[plátʃkə]
tesouros (m pl)	thesare (pl)	[θɛsárɛ]

descobrimento (m)	zbulim (m)	[zbulím]
descobrir (novas terras)	zbuloj	[zbulój]
expedição (f)	ekspeditë (f)	[ɛkspɛdítə]

mosqueteiro (m)	musketar (m)	[muskɛtár]
cardeal (m)	kardinal (m)	[kardinál]
heráldica (f)	heraldikë (f)	[hɛraldíkə]
heráldico	heraldik	[hɛraldík]

189. Líder. Chefe. Autoridades

rei (m)	mbret (m)	[mbrét]
rainha (f)	mbretëreshë (f)	[mbrɛtəréʃə]
real	mbretërore	[mbrɛtərórɛ]
reino (m)	mbretëri (f)	[mbrɛtərí]

príncipe (m)	princ (m)	[prints]
princesa (f)	princeshë (f)	[printséʃə]

presidente (m)	president (m)	[prɛsidént]
vice-presidente (m)	zëvendës president (m)	[zəvéndəs prɛsidént]
senador (m)	senator (m)	[sɛnatór]

monarca (m)	monark (m)	[monárk]
governante (m)	sundimtar (m)	[sundimtár]
ditador (m)	diktator (m)	[diktatór]
tirano (m)	tiran (m)	[tirán]
magnata (m)	manjat (m)	[maɲát]

diretor (m)	drejtor (m)	[drɛjtór]
chefe (m)	udhëheqës (m)	[uðəhécəs]
dirigente (m)	drejtor (m)	[drɛjtór]
patrão (m)	bos (m)	[bos]
dono (m)	pronar (m)	[pronár]

líder, chefe (m)	lider (m)	[lidér]
chefe (~ de delegação)	kryetar (m)	[kryɛtár]
autoridades (f pl)	autoritetet (pl)	[autoritétɛt]
superiores (m pl)	eprorët (pl)	[ɛprórət]

governador (m)	guvernator (m)	[guvɛrnatór]
cônsul (m)	konsull (m)	[kónsuɬ]
diplomata (m)	diplomat (m)	[diplomát]
Presidente (m) da Câmara	kryetar komune (m)	[kryɛtár komúnɛ]
xerife (m)	sherif (m)	[ʃɛríf]

imperador (m)	perandor (m)	[pɛrandór]
czar (m)	car (m)	[tsár]
faraó (m)	faraon (m)	[faraón]
cã (m)	khan (m)	[khán]

190. Estrada. Caminho. Direções

estrada (f)	rrugë (f)	[rúgə]
caminho (m)	drejtim (m)	[drɛjtím]
rodovia (f)	autostradë (f)	[autostrádə]
autoestrada (f)	autostradë (f)	[autostrádə]
estrada (f) nacional	rrugë nacionale (f)	[rúgə natsionálɛ]
estrada (f) principal	rrugë kryesore (f)	[rúgə kryɛsórɛ]
caminho (m) de terra batida	rrugë fushe (f)	[rúgə fúʃɛ]
trilha (f)	shteg (m)	[ʃtɛg]
vereda (f)	shteg (m)	[ʃtɛg]
Onde?	Ku?	[ku?]
Para onde?	Për ku?	[pər ku?]
De onde?	Nga ku?	[ŋa ku?]
direção (f)	drejtim (m)	[drɛjtím]
indicar (orientar)	tregoj	[trɛgój]
para esquerda	në të majtë	[nə tə májtə]
para direita	në të djathtë	[nə tə djáθtə]
em frente	drejt	[dréjt]
para trás	pas	[pas]
curva (f)	kthesë (f)	[kθésə]
virar (ex. ~ à direita)	kthej	[kθɛj]
dar retorno	marr kthesë U	[mar kθésə u]
estar visível	të dukshme	[tə dúkʃmɛ]
aparecer (vi)	shfaq	[ʃfac]
paragem (pausa)	ndalesë (f)	[ndalésə]
descansar (vi)	pushoj	[puʃój]
descanso (m)	pushim (m)	[puʃím]
perder-se (vr)	humb rrugën	[húmb rúgən]
conduzir (caminho)	të çon	[tə tʃon]
chegar a ...	dal	[dal]
trecho (m)	copëz (m)	[tsópəz]
asfalto (m)	asfalt (m)	[asfált]
lancil (m)	bordurë (f)	[bordúrə]
valeta (f)	kanal (m)	[kanál]
tampa (f) de esgoto	pusetë (f)	[pusétə]
berma (f) da estrada	shpatull rrugore (f)	[ʃpátuɫ rugórɛ]
buraco (m)	gropë (f)	[grópə]
ir (a pé)	ec në këmbë	[ɛts nə kémbə]
ultrapassar (vt)	tejkaloj	[tɛjkalój]
passo (m)	hap (m)	[hap]
a pé	në këmbë	[nə kémbə]

bloquear (vt)	bllokoj	[błokój]
cancela (f)	postbllok (m)	[postbłók]
beco (m) sem saída	rrugë pa krye (f)	[rúgə pa krýɛ]

191. Viloação da lei. Criminosos. Parte 1

bandido (m)	bandit (m)	[bandít]
crime (m)	krim (m)	[krim]
criminoso (m)	kriminel (m)	[kriminél]

ladrão (m)	hajdut (m)	[hajdút]
roubar (vt)	vjedh	[vjɛð]
furto, roubo (m)	vjedhje (f)	[vjéðjɛ]

raptar (ex. ~ uma criança)	rrëmbej	[rəmbéj]
rapto (m)	rrëmbim (m)	[rəmbím]
raptor (m)	rrëmbyes (m)	[rəmbýɛs]

resgate (m)	shpërblesë (f)	[ʃpərblésə]
pedir resgate	kërkoj shpërblesë	[kərkój ʃpərblésə]

roubar (vt)	grabis	[grabís]
assalto, roubo (m)	grabitje (f)	[grabítjɛ]
assaltante (m)	grabitës (m)	[grabítəs]

extorquir (vt)	zhvat	[ʒvat]
extorsionário (m)	zhvatës (m)	[ʒvátəs]
extorsão (f)	zhvatje (f)	[ʒvátjɛ]

matar, assassinar (vt)	vras	[vras]
homicídio (m)	vrasje (f)	[vrásjɛ]
homicida, assassino (m)	vrasës (m)	[vrásəs]

tiro (m)	e shtënë (f)	[ɛ ʃténə]
dar um tiro	qëlloj	[cəłój]
matar a tiro	qëlloj për vdekje	[cəłój pər vdékjɛ]
atirar, disparar (vi)	qëlloj	[cəłój]
tiroteio (m)	të shtëna (pl)	[tə ʃténa]

incidente (m)	incident (m)	[intsidént]
briga (~ de rua)	përleshje (f)	[pərléʃjɛ]
Socorro!	Ndihmë!	[ndíhmə!]
vítima (f)	viktimë (f)	[viktímə]

danificar (vt)	dëmtoj	[dəmtój]
dano (m)	dëm (m)	[dəm]
cadáver (m)	kufomë (f)	[kufómə]
grave	i rëndë	[i rəndə]

atacar (vt)	sulmoj	[sulmój]
bater (espancar)	rrah	[rah]
espancar (vt)	sakatoj	[sakatój]
tirar, roubar (dinheiro)	rrëmbej	[rəmbéj]
esfaquear (vt)	ther për vdekje	[θɛr pər vdékjɛ]

mutilar (vt)	gjymtoj	[ɟymtój]
ferir (vt)	plagos	[plagós]

chantagem (f)	shantazh (m)	[ʃantáʒ]
chantagear (vt)	bëj shantazh	[bəj ʃantáʒ]
chantagista (m)	shantazhist (m)	[ʃantaʒíst]

extorsão (em troca de proteção)	rrjet mashtrimi (m)	[rjét maʃtrími]
extorsionário (m)	mashtrues (m)	[maʃtrúɛs]
gângster (m)	gangster (m)	[gaŋstér]
máfia (f)	mafia (f)	[máfia]

carteirista (m)	vjedhës xhepash (m)	[vjéðəs dʒépaʃ]
assaltante, ladrão (m)	hajdut (m)	[hajdút]
contrabando (m)	trafikim (m)	[trafikím]
contrabandista (m)	trafikues (m)	[trafikúɛs]

falsificação (f)	falsifikim (m)	[falsifikím]
falsificar (vt)	falsifikoj	[falsifikój]
falsificado	fals	[fáls]

192. Viloação da lei. Criminosos. Parte 2

violação (f)	përdhunim (m)	[pərðuním]
violar (vt)	përdhunoj	[pərðunój]
violador (m)	përdhunues (m)	[pərðunúɛs]
maníaco (m)	maniak (m)	[maniák]

prostituta (f)	prostitutë (f)	[prostitútə]
prostituição (f)	prostitucion (m)	[prostitutsión]
chulo (m)	tutor (m)	[tutór]

toxicodependente (m)	narkoman (m)	[narkomán]
traficante (m)	trafikant droge (m)	[trafikánt drógɛ]

explodir (vt)	shpërthej	[ʃpərθéj]
explosão (f)	shpërthim (m)	[ʃpərθím]
incendiar (vt)	vë flakën	[və flákən]
incendiário (m)	zjarrvënës (m)	[zjarvénəs]

terrorismo (m)	terrorizëm (m)	[tɛrorízəm]
terrorista (m)	terrorist (m)	[tɛroríst]
refém (m)	peng (m)	[pɛŋ]

enganar (vt)	mashtroj	[maʃtrój]
engano (m)	mashtrim (m)	[maʃtrím]
vigarista (m)	mashtrues (m)	[maʃtrúɛs]

subornar (vt)	jap ryshfet	[jap ryʃfét]
suborno (atividade)	ryshfet (m)	[ryʃfét]
suborno (dinheiro)	ryshfet (m)	[ryʃfét]
veneno (m)	helm (m)	[hɛlm]
envenenar (vt)	helmoj	[hɛlmój]

envenenar-se (vr)	helmohem	[hɛlmóhɛm]
suicídio (m)	vetëvrasje (f)	[vɛtəvrásjɛ]
suicida (m)	vetëvrasës (m)	[vɛtəvrásəs]

ameaçar (vt)	kërcënoj	[kərtsənój]
ameaça (f)	kërcënim (m)	[kərtsəním]
atentar contra a vida de ...	tentoj	[tɛntój]
atentado (m)	atentat (m)	[atɛntát]

roubar (o carro)	vjedh	[vjɛð]
desviar (o avião)	rrëmbej	[rəmbéj]

vingança (f)	hakmarrje (f)	[hakmárjɛ]
vingar (vt)	hakmerrem	[hakmérɛm]

torturar (vt)	torturoj	[torturój]
tortura (f)	torturë (f)	[tortúrə]
atormentar (vt)	torturoj	[torturój]

pirata (m)	pirat (m)	[pirát]
desordeiro (m)	huligan (m)	[huligán]
armado	i armatosur	[i armatósur]
violência (f)	dhunë (f)	[ðúnə]
ilegal	ilegal	[ilɛgál]

espionagem (f)	spiunazh (m)	[spiunáʒ]
espionar (vi)	spiunoj	[spiunój]

193. Polícia. Lei. Parte 1

justiça (f)	drejtësi (f)	[drɛjtəsí]
tribunal (m)	gjykatë (f)	[ɟykátə]

juiz (m)	gjykatës (m)	[ɟykátəs]
jurados (m pl)	anëtar jurie (m)	[anətár juríɛ]
tribunal (m) do júri	gjyq me juri (m)	[ɟýc mɛ jurí]
julgar (vt)	gjykoj	[ɟykój]

advogado (m)	avokat (m)	[avokát]
réu (m)	pandehur (m)	[pandéhur]
banco (m) dos réus	bankë e të pandehurit (f)	[bánkə ɛ tə pandéhurit]

acusação (f)	akuzë (f)	[akúzə]
acusado (m)	i akuzuar (m)	[i akuzúar]

sentença (f)	vendim (m)	[vɛndím]
sentenciar (vt)	dënoj	[dənój]

culpado (m)	fajtor (m)	[fajtór]
punir (vt)	ndëshkoj	[ndəʃkój]
punição (f)	ndëshkim (m)	[ndəʃkím]

multa (f)	gjobë (f)	[ɟóbə]
prisão (f) perpétua	burgim i përjetshëm (m)	[burgím i pərjétʃəm]

pena (f) de morte	dënim me vdekje (m)	[dəním mɛ vdékjɛ]
cadeira (f) elétrica	karrige elektrike (f)	[karígɛ ɛlɛktríkɛ]
forca (f)	varje (f)	[várjɛ]
executar (vt)	ekzekutoj	[ɛkzɛkutój]
execução (f)	ekzekutim (m)	[ɛkzɛkutím]
prisão (f)	burg (m)	[búrg]
cela (f) de prisão	qeli (f)	[cɛlí]
escolta (f)	eskortë (f)	[ɛskórtə]
guarda (m) prisional	gardian burgu (m)	[gardián búrgu]
preso (m)	i burgosur (m)	[i burgósur]
algemas (f pl)	pranga (f)	[práŋa]
algemar (vt)	vë prangat	[və práŋat]
fuga, evasão (f)	arratisje nga burgu (f)	[aratísjɛ ŋa búrgu]
fugir (vi)	arratisem	[aratísɛm]
desaparecer (vi)	zhduk	[ʒduk]
soltar, libertar (vt)	dal nga burgu	[dál ŋa búrgu]
amnistia (f)	amnisti (f)	[amnistí]
polícia (instituição)	polici (f)	[politsí]
polícia (m)	polic (m)	[políts]
esquadra (f) de polícia	komisariat (m)	[komisariát]
cassetete (m)	shkop gome (m)	[ʃkop gómɛ]
megafone (m)	altoparlant (m)	[altoparlánt]
carro (m) de patrulha	makinë patrullimi (f)	[makínə patruɫími]
sirene (f)	alarm (m)	[alárm]
ligar a sirene	ndez sirenën	[ndɛz sirénən]
toque (m) da sirene	zhurmë alarmi (f)	[ʒúrmə alármi]
cena (f) do crime	skenë krimi (f)	[skénə krími]
testemunha (f)	dëshmitar (m)	[dəʃmitár]
liberdade (f)	liri (f)	[lirí]
cúmplice (m)	bashkëpunëtor (m)	[baʃkəpunətór]
escapar (vi)	zhdukem	[ʒdúkɛm]
traço (não deixar ~s)	gjurmë (f)	[ɟúrmə]

194. Polícia. Lei. Parte 2

procura (f)	kërkim (m)	[kərkím]
procurar (vt)	kërkoj ...	[kərkój ...]
suspeita (f)	dyshim (m)	[dyʃím]
suspeito	i dyshuar	[i dyʃúar]
parar (vt)	ndaloj	[ndalój]
deter (vt)	mbaj të ndaluar	[mbáj tə ndalúar]
caso (criminal)	padi (f)	[padí]
investigação (f)	hetim (m)	[hɛtím]
detetive (m)	detektiv (m)	[dɛtɛktív]
investigador (m)	hetues (m)	[hɛtúɛs]

versão (f)	hipotezë (f)	[hipotézə]
motivo (m)	motiv (m)	[motív]
interrogatório (m)	marrje në pyetje (f)	[márjɛ nə pýɛtjɛ]
interrogar (vt)	marr në pyetje	[mar nə pýɛtjɛ]
questionar (vt)	pyes	[pýɛs]
verificação (f)	verifikim (m)	[vɛrifikím]

batida (f) policial	kontroll në grup (m)	[kontróɫ nə grúp]
busca (f)	bastisje (f)	[bastísjɛ]
perseguição (f)	ndjekje (f)	[ndjékjɛ]
perseguir (vt)	ndjek	[ndjék]
seguir (vt)	ndjek	[ndjék]

prisão (f)	arrestim (m)	[arɛstím]
prender (vt)	arrestoj	[arɛstój]
pegar, capturar (vt)	kap	[kap]
captura (f)	kapje (f)	[kápjɛ]

documento (m)	dokument (m)	[dokumént]
prova (f)	provë (f)	[próvə]
provar (vt)	dëshmoj	[dəʃmój]
pegada (f)	gjurmë (f)	[ɟúrmə]
impressões (f pl) digitais	shenja gishtash (pl)	[ʃéɲa gíʃtaʃ]
prova (f)	provë (f)	[próvə]

álibi (m)	alibi (f)	[alibí]
inocente	i pafajshëm	[i pafájʃəm]
injustiça (f)	padrejtësi (f)	[padrɛjtəsí]
injusto	i padrejtë	[i padréjtə]

criminal	kriminale	[kriminálɛ]
confiscar (vt)	konfiskoj	[konfiskój]
droga (f)	drogë (f)	[drógə]
arma (f)	armë (f)	[ármə]
desarmar (vt)	çarmatos	[tʃarmatós]
ordenar (vt)	urdhëroj	[urðərój]
desaparecer (vi)	zhduk	[ʒduk]

lei (f)	ligj (m)	[liɟ]
legal	ligjor	[liɟór]
ilegal	i paligjshëm	[i palíɟʃəm]

| responsabilidade (f) | përgjegjësi (f) | [pərɟɛɟəsí] |
| responsável | përgjegjës | [pərɟéɟəs] |

NATUREZA

A Terra. Parte 1

cosmos (m)	hapësirë (f)	[hapǝsírǝ]
cósmico	hapësinor	[hapǝsinór]
espaço (m) cósmico	kozmos (m)	[kozmós]
mundo (m)	botë (f)	[bótǝ]
universo (m)	univers	[univérs]
galáxia (f)	galaksi (f)	[galaksí]
estrela (f)	yll (m)	[yɫ]
constelação (f)	yllësi (f)	[yɫǝsí]
planeta (m)	planet (m)	[planét]
satélite (m)	satelit (m)	[satɛlít]
meteorito (m)	meteor (m)	[mɛtɛór]
cometa (m)	kometë (f)	[kométǝ]
asteroide (m)	asteroid (m)	[astɛroíd]
órbita (f)	orbitë (f)	[orbítǝ]
girar (vi)	rrotullohet	[rotuɫóhɛt]
atmosfera (f)	atmosferë (f)	[atmosférǝ]
Sol (m)	Dielli (m)	[diéɫi]
Sistema (m) Solar	sistemi diellor (m)	[sistémi diɛɫór]
eclipse (m) solar	eklips diellor (m)	[ɛklíps diɛɫór]
Terra (f)	Toka (f)	[tóka]
Lua (f)	Hëna (f)	[hǝna]
Marte (m)	Marsi (m)	[mársi]
Vénus (f)	Venera (f)	[vɛnéra]
Júpiter (m)	Jupiteri (m)	[jupitéri]
Saturno (m)	Saturni (m)	[satúrni]
Mercúrio (m)	Merkuri (m)	[mɛrkúri]
Urano (m)	Urani (m)	[uráni]
Neptuno (m)	Neptuni (m)	[nɛptúni]
Plutão (m)	Pluto (f)	[plúto]
Via Láctea (f)	Rruga e Qumështit (f)	[rúga ɛ cúmǝʃtit]
Ursa Maior (f)	Arusha e Madhe (f)	[arúʃa ɛ máðɛ]
Estrela Polar (f)	ylli i Veriut (m)	[ýɫi i vériut]
marciano (m)	Marsian (m)	[marsián]
extraterrestre (m)	jashtëtokësor (m)	[jaʃtǝtokǝsór]

alienígena (m)	alien (m)	[alién]
disco (m) voador	disk fluturues (m)	[dísk fluturúɛs]
nave (f) espacial	anije kozmike (f)	[aníjɛ kozmíkɛ]
estação (f) orbital	stacion kozmik (m)	[statsión kozmík]
lançamento (m)	ngritje (f)	[ŋrítjɛ]
motor (m)	motor (m)	[motór]
bocal (m)	dizë (f)	[dízə]
combustível (m)	karburant (m)	[karburánt]
cabine (f)	kabinë pilotimi (f)	[kabínə pilotími]
antena (f)	antenë (f)	[anténə]
vigia (f)	dritare anësore (f)	[dritárɛ anəsórɛ]
bateria (f) solar	panel solar (m)	[panél solár]
traje (m) espacial	veshje astronauti (f)	[véʃjɛ astronáuti]
imponderabilidade (f)	mungesë graviteti (f)	[muŋésə gravitéti]
oxigénio (m)	oksigjen (m)	[oksiɟén]
acoplagem (f)	ndërlidhje në hapësirë (f)	[ndərlíðjɛ nə hapəsírə]
fazer uma acoplagem	stacionohem	[statsionóhɛm]
observatório (m)	observator (m)	[obsɛrvatór]
telescópio (m)	teleskop (m)	[tɛlɛskóp]
observar (vt)	vëzhgoj	[vəʒgój]
explorar (vt)	eksploroj	[ɛksplorój]

196. A Terra

Terra (f)	Toka (f)	[tóka]
globo terrestre (Terra)	globi (f)	[glóbi]
planeta (m)	planet (m)	[planét]
atmosfera (f)	atmosferë (f)	[atmosférə]
geografia (f)	gjeografi (f)	[ɟɛografí]
natureza (f)	natyrë (f)	[natýrə]
globo (mapa esférico)	glob (m)	[glob]
mapa (m)	hartë (f)	[hártə]
atlas (m)	atlas (m)	[atlás]
Europa (f)	Evropa (f)	[ɛvrópa]
Ásia (f)	Azia (f)	[azía]
África (f)	Afrika (f)	[afríka]
Austrália (f)	Australia (f)	[australía]
América (f)	Amerika (f)	[amɛríka]
América (f) do Norte	Amerika Veriore (f)	[amɛríka vɛriórɛ]
América (f) do Sul	Amerika Jugore (f)	[amɛríka jugórɛ]
Antártida (f)	Antarktika (f)	[antarktíka]
Ártico (m)	Arktiku (m)	[arktíku]

197. Pontos cardeais

norte (m)	veri (m)	[vɛrí]
para norte	drejt veriut	[dréjt vériut]
no norte	në veri	[nə vɛrí]
do norte	verior	[vɛriór]
sul (m)	jug (m)	[jug]
para sul	drejt jugut	[dréjt júgut]
no sul	në jug	[nə jug]
do sul	jugor	[jugór]
oeste, ocidente (m)	perëndim (m)	[pɛrəndím]
para oeste	drejt perëndimit	[dréjt pɛrəndímit]
no oeste	në perëndim	[nə pɛrəndím]
ocidental	perëndimor	[pɛrəndimór]
leste, oriente (m)	lindje (f)	[líndjɛ]
para leste	drejt lindjes	[dréjt líndjɛs]
no leste	në lindje	[nə líndjɛ]
oriental	lindor	[lindór]

198. Mar. Oceano

mar (m)	det (m)	[dét]
oceano (m)	oqean (m)	[ocɛán]
golfo (m)	gji (m)	[ɟi]
estreito (m)	ngushticë (f)	[ŋuʃtítsə]
terra (f) firme	tokë (f)	[tókə]
continente (m)	kontinent (m)	[kontinént]
ilha (f)	ishull (m)	[íʃuɫ]
península (f)	gadishull (m)	[gadíʃuɫ]
arquipélago (m)	arkipelag (m)	[arkipɛlág]
baía (f)	gji (m)	[ɟi]
porto (m)	port (m)	[port]
lagoa (f)	lagunë (f)	[lagúnə]
cabo (m)	kep (m)	[kɛp]
atol (m)	atol (m)	[atól]
recife (m)	shkëmb nënujor (m)	[ʃkəmb nənujór]
coral (m)	koral (m)	[korál]
recife (m) de coral	korale nënujorë (f)	[korálɛ nənujórə]
profundo	i thellë	[i θéɫə]
profundidade (f)	thellësi (f)	[θɛɫəsí]
abismo (m)	humnerë (f)	[humnérə]
fossa (f) oceânica	hendek (m)	[hɛndék]
corrente (f)	rrymë (f)	[rýmə]
banhar (vt)	rrethohet	[rɛθóhɛt]

| litoral (m) | breg (m) | [brɛg] |
| costa (f) | bregdet (m) | [brɛgdét] |

maré (f) alta	batica (f)	[batítsa]
refluxo (m), maré (f) baixa	zbaticë (f)	[zbatítsə]
restinga (f)	cekëtinë (f)	[tsɛkətínə]
fundo (m)	fund i detit (m)	[fúnd i détit]

onda (f)	dallgë (f)	[dáɫgə]
crista (f) da onda	kreshtë (f)	[kréʃtə]
espuma (f)	shkumë (f)	[ʃkúmə]

tempestade (f)	stuhi (f)	[stuhí]
furacão (m)	uragan (m)	[uragán]
tsunami (m)	cunam (m)	[tsunám]
calmaria (f)	qetësi (f)	[cɛtəsí]
calmo	i qetë	[i cétə]

| polo (m) | pol (m) | [pol] |
| polar | polar | [polár] |

latitude (f)	gjerësi (f)	[ɟɛrəsí]
longitude (f)	gjatësi (f)	[ɟatəsí]
paralela (f)	paralele (f)	[paralélɛ]
equador (m)	ekuator (m)	[ɛkuatór]

céu (m)	qiell (m)	[cíɛɫ]
horizonte (m)	horizont (m)	[horizónt]
ar (m)	ajër (m)	[ájər]

farol (m)	fanar (m)	[fanár]
mergulhar (vi)	zhytem	[ʒýtɛm]
afundar-se (vr)	fundosje	[fundósjɛ]
tesouros (m pl)	thesare (pl)	[θɛsárɛ]

199. Nomes de Mares e Oceanos

Oceano (m) Atlântico	Oqeani Atlantik (m)	[ocɛáni atlantík]
Oceano (m) Índico	Oqeani Indian (m)	[ocɛáni indián]
Oceano (m) Pacífico	Oqeani Paqësor (m)	[ocɛáni pacəsór]
Oceano (m) Ártico	Oqeani Arktik (m)	[ocɛáni arktík]

Mar (m) Negro	Deti i Zi (m)	[déti i zí]
Mar (m) Vermelho	Deti i Kuq (m)	[déti i kúc]
Mar (m) Amarelo	Deti i Verdhë (m)	[déti i vérðə]
Mar (m) Branco	Deti i Bardhë (m)	[déti i bárðə]

Mar (m) Cáspio	Deti Kaspik (m)	[déti kaspík]
Mar (m) Morto	Deti i Vdekur (m)	[déti i vdékur]
Mar (m) Mediterrâneo	Deti Mesdhe (m)	[déti mɛsðé]

Mar (m) Egeu	Deti Egje (m)	[déti ɛɟé]
Mar (m) Adriático	Deti Adriatik (m)	[déti adriatík]
Mar (m) Arábico	Deti Arab (m)	[déti aráb]

Mar (m) do Japão	Deti i Japonisë (m)	[déti i japonísə]
Mar (m) de Bering	Deti Bering (m)	[déti bériŋ]
Mar (m) da China Meridional	Deti i Kinës Jugore (m)	[déti i kínəs jugórɛ]

Mar (m) de Coral	Deti Koral (m)	[déti korál]
Mar (m) de Tasman	Deti Tasman (m)	[déti tasmán]
Mar (m) do Caribe	Deti i Karaibeve (m)	[déti i karaíbɛvɛ]

| Mar (m) de Barents | Deti Barents (m) | [déti barénts] |
| Mar (m) de Kara | Deti Kara (m) | [déti kára] |

Mar (m) do Norte	Deti i Veriut (m)	[déti i vériut]
Mar (m) Báltico	Deti Baltik (m)	[déti baltík]
Mar (m) da Noruega	Deti Norvegjez (m)	[déti norvɛɟéz]

200. Montanhas

montanha (f)	mal (m)	[mal]
cordilheira (f)	vargmal (m)	[vargmál]
serra (f)	kresht malor (m)	[kréʃt malór]

cume (m)	majë (f)	[májə]
pico (m)	maja më e lartë (f)	[mája mə ɛ lártə]
sopé (m)	rrëza e malit (f)	[rəza ɛ málit]
declive (m)	shpat (m)	[ʃpat]

vulcão (m)	vullkan (m)	[vuɬkán]
vulcão (m) ativo	vullkan aktiv (m)	[vuɬkán aktív]
vulcão (m) extinto	vullkan i fjetur (m)	[vuɬkán i fjétur]

erupção (f)	shpërthim (m)	[ʃpərθím]
cratera (f)	krater (m)	[kratér]
magma (m)	magmë (f)	[mágmə]
lava (f)	llavë (f)	[ɬávə]
fundido (lava ~a)	i shkrirë	[i ʃkrírə]

desfiladeiro (m)	kanion (m)	[kanión]
garganta (f)	grykë (f)	[grýkə]
fenda (f)	çarje (f)	[tʃárjɛ]
precipício (m)	humnerë (f)	[humnérə]

passo, colo (m)	kalim (m)	[kalím]
planalto (m)	pllajë (f)	[pɬájə]
falésia (f)	shkëmb (m)	[ʃkəmb]
colina (f)	kodër (f)	[kódər]

glaciar (m)	akullnajë (f)	[akuɬnájə]
queda (f) d'água	ujëvarë (f)	[ujəvárə]
géiser (m)	gejzer (m)	[gɛjzér]
lago (m)	liqen (m)	[licén]

planície (f)	fushë (f)	[fúʃə]
paisagem (f)	peizazh (m)	[pɛizáʒ]
eco (m)	jehonë (f)	[jɛhónə]

alpinista (m)	alpinist (m)	[alpiníst]
escalador (m)	alpinist shkëmbßinjsh (m)	[alpiníst ʃkəmbiɲʃ]
conquistar (vt)	pushtoj majën	[puʃtój májən]
subida, escalada (f)	ngjitje (f)	[nɟítjɛ]

201. Nomes de montanhas

Alpes (m pl)	Alpet (pl)	[alpét]
monte Branco (m)	Montblanc (m)	[montblánk]
Pirineus (m pl)	Pirenejet (pl)	[pirɛnéjɛt]
Cárpatos (m pl)	Karpatet (m)	[karpátɛt]
montes (m pl) Urais	Malet Urale (pl)	[málɛt urálɛ]
Cáucaso (m)	Malet Kaukaze (pl)	[málɛt kaukázɛ]
Elbrus (m)	Mali Elbrus (m)	[máli ɛlbrús]
Altai (m)	Malet Altai (pl)	[málɛt altái]
Tian Shan (m)	Tian Shani (m)	[tían ʃáni]
Pamir (m)	Malet e Pamirit (m)	[málɛt ɛ pamírit]
Himalaias (m pl)	Himalajet (pl)	[himalájɛt]
monte (m) Everest	Mali Everest (m)	[máli ɛvɛrést]
Cordilheira (f) dos Andes	andet (pl)	[ándɛt]
Kilimanjaro (m)	Mali Kilimanxharo (m)	[máli kilimandʒáro]

202. Rios

rio (m)	lum (m)	[lum]
fonte, nascente (f)	burim (m)	[burím]
leito (m) do rio	shtrat lumi (m)	[ʃtrat lúmi]
bacia (f)	basen (m)	[basén]
desaguar no ...	rrjedh ...	[rjéð ...]
afluente (m)	derdhje (f)	[dérðjɛ]
margem (do rio)	breg (m)	[brɛg]
corrente (f)	rrymë (f)	[rýmə]
rio abaixo	rrjedhje e poshtme	[rjéðjɛ ɛ póʃtmɛ]
rio acima	rrjedhje e sipërme	[rjéðjɛ ɛ sípərmɛ]
inundação (f)	vërshim (m)	[vərʃím]
cheia (f)	përmbytje (f)	[pərmbýtjɛ]
transbordar (vi)	vërshon	[vərʃón]
inundar (vt)	përmbytet	[pərmbýtɛt]
banco (m) de areia	cekëtinë (f)	[tsɛkətínə]
rápidos (m pl)	rrjedhë (f)	[rjéðə]
barragem (f)	digë (f)	[dígə]
canal (m)	kanal (m)	[kanál]
reservatório (m) de água	rezervuar (m)	[rɛzɛrvuár]
eclusa (f)	pendë ujore (f)	[péndə ujórɛ]

corpo (m) de água	plan hidrik (m)	[plan hidrík]
pântano (m)	kënetë (f)	[kənétə]
tremedal (m)	moçal (m)	[motʃ ál]
remoinho (m)	vorbull (f)	[vórbuɫ]

arroio, regato (m)	përrua (f)	[pərúa]
potável	i pijshëm	[i píʃʃəm]
doce (água)	i freskët	[i fréskət]

| gelo (m) | akull (m) | [ákuɫ] |
| congelar-se (vr) | ngrihet | [ŋríhɛt] |

203. Nomes de rios

| rio Sena (m) | Sena (f) | [séna] |
| rio Loire (m) | Loire (f) | [luar] |

rio Tamisa (m)	Temza (f)	[témza]
rio Reno (m)	Rajnë (m)	[rájnə]
rio Danúbio (m)	Danubi (m)	[danúbi]

rio Volga (m)	Volga (f)	[vólga]
rio Don (m)	Doni (m)	[dóni]
rio Lena (m)	Lena (f)	[léna]

rio Amarelo (m)	Lumi i Verdhë (m)	[lúmi i vérðə]
rio Yangtzé (m)	Jangce (f)	[jaŋtsé]
rio Mekong (m)	Mekong (m)	[mɛkóŋ]
rio Ganges (m)	Gang (m)	[gaŋ]

rio Nilo (m)	Lumi Nil (m)	[lúmi nil]
rio Congo (m)	Lumi Kongo (m)	[lúmi kóŋo]
rio Cubango (m)	Lumi Okavango (m)	[lúmi okaváŋo]
rio Zambeze (m)	Lumi Zambezi (m)	[lúmi zambézi]
rio Limpopo (m)	Lumi Limpopo (m)	[lúmi limpópo]
rio Mississípi (m)	Lumi Misisipi (m)	[lúmi misisípi]

204. Floresta

| floresta (f), bosque (m) | pyll (m) | [pyɫ] |
| florestal | pyjor | [pyjór] |

mata (f) cerrada	pyll i ngjeshur (m)	[pyɫ i nɟéʃur]
arvoredo (m)	zabel (m)	[zabél]
clareira (f)	lëndinë (f)	[ləndínə]

| matagal (m) | pyllëz (m) | [pýɫəz] |
| mato (m) | shkurre (f) | [ʃkúrɛ] |

vereda (f)	shteg (m)	[ʃtɛg]
ravina (f)	hon (m)	[hon]
árvore (f)	pemë (f)	[pémə]

folha (f)	gjeth (m)	[ɟɛθ]
folhagem (f)	gjethe (pl)	[ɟéθɛ]

queda (f) das folhas	rënie e gjetheve (f)	[rəníɛ ɛ ɟéθɛvɛ]
cair (vi)	bien	[bíɛn]
topo (m)	maje (f)	[májɛ]

ramo (m)	degë (f)	[dégə]
galho (m)	degë (f)	[dégə]
botão, rebento (m)	syth (m)	[syθ]
agulha (f)	shtiza pishe (f)	[ʃtíza píʃɛ]
pinha (f)	lule pishe (f)	[lúlɛ píʃɛ]

buraco (m) de árvore	zgavër (f)	[zgávər]
ninho (m)	fole (f)	[folé]
toca (f)	strofull (f)	[strófuɫ]

tronco (m)	trung (m)	[truŋ]
raiz (f)	rrënjë (f)	[réɲə]
casca (f) de árvore	lëvore (f)	[ləvórɛ]
musgo (m)	myshk (m)	[myʃk]

arrancar pela raiz	shkul	[ʃkul]
cortar (vt)	pres	[prɛs]
desflorestar (vt)	shpyllëzoj	[ʃpyɫəzój]
toco, cepo (m)	cung (m)	[tsúŋ]

fogueira (f)	zjarr kampingu (m)	[zjar kampíɲu]
incêndio (m) florestal	zjarr në pyll (m)	[zjar nə pyɫ]
apagar (vt)	shuaj	[ʃúaj]

guarda-florestal (m)	roje pyjore (f)	[rójɛ pyjórɛ]
proteção (f)	mbrojtje (f)	[mbrójtjɛ]
proteger (a natureza)	mbroj	[mbrój]
caçador (m) furtivo	gjahtar i jashtëligjshëm (m)	[ɟahtár i jaʃtəlíɟʃəm]
armadilha (f)	grackë (f)	[grátskə]

colher (cogumelos, bagas)	mbledh	[mbléð]
perder-se (vr)	humb rrugën	[húmb rúgən]

205. Recursos naturais

recursos (m pl) naturais	burime natyrore (pl)	[burímɛ natyrórɛ]
minerais (m pl)	minerale (pl)	[minɛrálɛ]
depósitos (m pl)	depozita (pl)	[dɛpozíta]
jazida (f)	fushë (f)	[fúʃə]

extrair (vt)	nxjerr	[ndzjér]
extração (f)	nxjerrje mineralesh (f)	[ndzjérjɛ minɛrálɛʃ]
minério (m)	xehe (f)	[dzéhɛ]
mina (f)	minierë (f)	[miniérə]
poço (m) de mina	nivel (m)	[nivél]
mineiro (m)	minator (m)	[minatór]
gás (m)	gaz (m)	[gaz]

gasoduto (m)	**gazsjellës** (m)	[gazsjéɬəs]
petróleo (m)	**naftë** (f)	[náftə]
oleoduto (m)	**naftësjellës** (f)	[naftəsjéɬəs]
poço (m) de petróleo	**pus nafte** (m)	[pus náftɛ]
torre (f) petrolífera	**burim nafte** (m)	[burím náftɛ]
petroleiro (m)	**anije-cisternë** (f)	[aníjɛ-tsistérnə]

areia (f)	**rërë** (f)	[rérə]
calcário (m)	**gur gëlqeror** (m)	[gur gəlcɛrór]
cascalho (m)	**zhavorr** (m)	[ʒavór]
turfa (f)	**torfë** (f)	[tórfə]
argila (f)	**argjilë** (f)	[aɲílə]
carvão (m)	**qymyr** (m)	[cymýr]

ferro (m)	**hekur** (m)	[hékuɾ]
ouro (m)	**ar** (m)	[áɾ]
prata (f)	**argjend** (m)	[aɲénd]
níquel (m)	**nikel** (m)	[nikél]
cobre (m)	**bakër** (m)	[bákər]

zinco (m)	**zink** (m)	[zink]
manganês (m)	**mangan** (m)	[maŋán]
mercúrio (m)	**merkur** (m)	[mɛrkúɾ]
chumbo (m)	**plumb** (m)	[plúmb]

mineral (m)	**mineral** (m)	[minɛrál]
cristal (m)	**kristal** (m)	[kristál]
mármore (m)	**mermer** (m)	[mɛrmér]
urânio (m)	**uranium** (m)	[uraniúm]

A Terra. Parte 2

tempo (m)	moti (m)	[móti]
previsão (f) do tempo	parashikimi i motit (m)	[paraʃikími i mótit]
temperatura (f)	temperaturë (f)	[tɛmpɛratúrə]
termómetro (m)	termometër (m)	[tɛrmométər]
barómetro (m)	barometër (m)	[barométər]
húmido	i lagësht	[i lágəʃt]
humidade (f)	lagështi (f)	[lagəʃtí]
calor (m)	vapë (f)	[vápə]
cálido	shumë nxehtë	[ʃúmə ndzéhtə]
está muito calor	është nxehtë	[əʃtə ndzéhtə]
está calor	është ngrohtë	[əʃtə ŋróhtə]
quente	ngrohtë	[ŋróhtə]
está frio	bën ftohtë	[bən ftóhtə]
frio	i ftohtë	[i ftóhtə]
sol (m)	diell (m)	[díɛɫ]
brilhar (vi)	ndriçon	[ndritʃón]
de sol, ensolarado	me diell	[mɛ díɛɫ]
nascer (vi)	agon	[agón]
pôr-se (vr)	perëndon	[pɛrəndón]
nuvem (f)	re (f)	[rɛ]
nublado	vranët	[vránət]
nuvem (f) preta	re shiu (f)	[rɛ ʃíu]
escuro, cinzento	vranët	[vránət]
chuva (f)	shi (m)	[ʃi]
está a chover	bie shi	[bíɛ ʃi]
chuvoso	me shi	[mɛ ʃi]
chuviscar (vi)	shi i imët	[ʃi i ímət]
chuva (f) torrencial	shi litar (m)	[ʃi litár]
chuvada (f)	stuhi shiu (f)	[stuhí ʃiu]
forte (chuva)	i fortë	[i fórtə]
poça (f)	brakë (f)	[brákə]
molhar-se (vr)	lagem	[lágɛm]
nevoeiro (m)	mjegull (f)	[mjéguɫ]
de nevoeiro	e mjegullt	[ɛ mjéguɫt]
neve (f)	borë (f)	[bórə]
está a nevar	bie borë	[bíɛ bórə]

207. Tempo extremo. Catástrofes naturais

trovoada (f)	stuhi (f)	[stuhí]
relâmpago (m)	vetëtimë (f)	[vɛtǝtímǝ]
relampejar (vi)	vetëton	[vɛtǝtón]
trovão (m)	bubullimë (f)	[bubułímǝ]
trovejar (vi)	bubullon	[bubułón]
está a trovejar	bubullon	[bubułón]
granizo (m)	breshër (m)	[bréʃǝr]
está a cair granizo	po bie breshër	[po biɛ bréʃǝr]
inundar (vt)	përmbytet	[pǝrmbýtɛt]
inundação (f)	përmbytje (f)	[pǝrmbýtjɛ]
terremoto (m)	tërmet (m)	[tǝrmét]
abalo, tremor (m)	lëkundje (f)	[lǝkúndjɛ]
epicentro (m)	epiqendër (f)	[ɛpicéndǝr]
erupção (f)	shpërthim (m)	[ʃpǝrθím]
lava (f)	llavë (f)	[łávǝ]
turbilhão (m)	vorbull (f)	[vórbuł]
tornado (m)	tornado (f)	[tornádo]
tufão (m)	tajfun (m)	[tajfún]
furacão (m)	uragan (m)	[uragán]
tempestade (f)	stuhi (f)	[stuhí]
tsunami (m)	cunam (m)	[tsunám]
ciclone (m)	ciklon (m)	[tsiklón]
mau tempo (m)	mot i keq (m)	[mot i kɛc]
incêndio (m)	zjarr (m)	[zjar]
catástrofe (f)	fatkeqësi (f)	[fatkɛcǝsí]
meteorito (m)	meteor (m)	[mɛtɛór]
avalanche (f)	ortek (m)	[orték]
deslizamento (m) de neve	rrëshqitje bore (f)	[rǝʃcítjɛ bórɛ]
nevasca (f)	stuhi bore (f)	[stuhí bórɛ]
tempestade (f) de neve	stuhi bore (f)	[stuhí bórɛ]

208. Ruídos. Sons

silêncio (m)	qetësi (f)	[cɛtǝsí]
som (m)	tingull (m)	[tíŋuł]
ruído, barulho (m)	zhurmë (f)	[ʒúrmǝ]
fazer barulho	bëj zhurmë	[bǝj ʒúrmǝ]
ruidoso, barulhento	i zhurmshëm	[i ʒúrmʃǝm]
alto (adv)	me zë të lartë	[mɛ zǝ tǝ lártǝ]
alto (adj)	i lartë	[i lártǝ]
constante (ruído, etc.)	e përhershme	[ɛ pǝrhérʃmɛ]

187

grito (m)	britmë (f)	[brítmə]
gritar (vi)	bërtas	[bərtás]
sussurro (m)	pëshpërimë (f)	[pəʃpərímə]
sussurrar (vt)	pëshpëris	[pəʃpərís]

| latido (m) | lehje (f) | [léhjɛ] |
| latir (vi) | leh | [lɛh] |

gemido (m)	rënkim (m)	[rənkím]
gemer (vi)	rënkoj	[rənkój]
tosse (f)	kollë (f)	[kótə]
tossir (vi)	kollitem	[kotítɛm]

assobio (m)	fishkëllimë (f)	[fiʃkətímə]
assobiar (vi)	fishkëlloj	[fiʃkətój]
batida (f)	trokitje (f)	[trokítjɛ]
bater (vi)	trokas	[trokás]

| estalar (vi) | çahet | [tʃáhɛt] |
| estalido (m) | krisje (f) | [krísjɛ] |

sirene (f)	alarm (m)	[alárm]
apito (m)	fishkëllimë (f)	[fiʃkətímə]
apitar (vi)	fishkëllen	[fiʃkətén]
buzina (f)	bori (f)	[borí]
buzinar (vi)	i bie borisë	[i bíɛ borísə]

209. Inverno

inverno (m)	dimër (m)	[dímər]
de inverno	dimëror	[dimərór]
no inverno	në dimër	[nə dímər]

neve (f)	borë (f)	[bórə]
está a nevar	bie borë	[bíɛ bórə]
queda (f) de neve	reshje bore (f)	[réʃʃɛ bórɛ]
amontoado (m) de neve	mal dëbore (m)	[mal dəbórɛ]

floco (m) de neve	flok bore (m)	[flók bórɛ]
bola (f) de neve	top bore (m)	[top bórɛ]
boneco (m) de neve	dordolec (m)	[dordoléts]
sincelo (m)	akull (m)	[ákuɫ]

dezembro (m)	Dhjetor (m)	[ðjɛtór]
janeiro (m)	Janar (m)	[janár]
fevereiro (m)	Shkurt (m)	[ʃkurt]

| gelo (m) | ngricë (f) | [ŋrítsə] |
| gelado, glacial | me ngrica | [mɛ ŋrítsa] |

abaixo de zero	nën zero	[nən zéro]
geada (f)	ngrica e parë (f)	[ŋrítsa ɛ párə]
geada (f) branca	brymë (f)	[brýmə]
frio (m)	ftohtë (f)	[ftóhtə]

está frio	bën ftohtë	[bən ftóhtə]
casaco (m) de peles	gëzof (m)	[gəzóf]
mitenes (f pl)	doreza (f)	[doréza]
adoecer (vi)	sëmurem	[səmúrɛm]
constipação (f)	ftohje (f)	[ftóhjɛ]
constipar-se (vr)	ftohem	[ftóhɛm]
gelo (m)	akull (m)	[ákuɫ]
gelo (m) na estrada	akull transparent (m)	[ákuɫ transparént]
congelar-se (vr)	ngrihet	[ŋríhɛt]
bloco (m) de gelo	bllok akulli (m)	[bɫók ákuɫi]
esqui (m)	ski (pl)	[ski]
esquiador (m)	skiator (m)	[skiatór]
esquiar (vi)	bëj ski	[bəj skí]
patinar (vi)	bëj patinazh	[bəj patináʒ]

Fauna

210. Mamíferos. Predadores

predador (m)	**grabitqar** (m)	[grabitcár]
tigre (m)	**tigër** (m)	[tígər]
leão (m)	**luan** (m)	[luán]
lobo (m)	**ujk** (m)	[ujk]
raposa (f)	**dhelpër** (f)	[ðélpər]
jaguar (m)	**jaguar** (m)	[jaguár]
leopardo (m)	**leopard** (m)	[lɛopárd]
chita (f)	**gepard** (m)	[gɛpárd]
pantera (f)	**panterë e zezë** (f)	[pantérə ɛ zézə]
puma (m)	**puma** (f)	[púma]
leopardo-das-neves (m)	**leopard i borës** (m)	[lɛopárd i bórəs]
lince (m)	**rrëqebull** (m)	[rəcébuł]
coiote (m)	**kojotë** (f)	[kojótə]
chacal (m)	**çakall** (m)	[tʃakáł]
hiena (f)	**hienë** (f)	[hiénə]

211. Animais selvagens

animal (m)	**kafshë** (f)	[káfʃə]
besta (f)	**bishë** (f)	[bíʃə]
esquilo (m)	**ketër** (m)	[kétər]
ouriço (m)	**iriq** (m)	[iríc]
lebre (f)	**lepur i egër** (m)	[lépur i égər]
coelho (m)	**lepur** (m)	[lépur]
texugo (m)	**vjedull** (f)	[vjéduł]
guaxinim (m)	**rakun** (m)	[rakún]
hamster (m)	**hamster** (m)	[hamstér]
marmota (f)	**marmot** (m)	[marmót]
toupeira (f)	**urith** (m)	[uríθ]
rato (m)	**mi** (m)	[mi]
ratazana (f)	**mi** (m)	[mi]
morcego (m)	**lakuriq** (m)	[lakuríc]
arminho (m)	**herminë** (f)	[hɛrmínə]
zibelina (f)	**kunadhe** (f)	[kunáðɛ]
marta (f)	**shqarth** (m)	[ʃcarθ]
doninha (f)	**nuselalë** (f)	[nusɛlálə]
vison (m)	**vizon** (m)	[vizón]

castor (m)	kastor (m)	[kastór]
lontra (f)	vidër (f)	[vídər]

cavalo (m)	kali (m)	[káli]
alce (m)	dre brilopatë (m)	[drɛ brilopátə]
veado (m)	dre (f)	[drɛ]
camelo (m)	deve (f)	[dévɛ]

bisão (m)	bizon (m)	[bizón]
auroque (m)	bizon evropian (m)	[bizón ɛvropián]
búfalo (m)	buall (m)	[búaɫ]

zebra (f)	zebër (f)	[zébər]
antílope (m)	antilopë (f)	[antilópə]
corça (f)	dre (f)	[drɛ]
gamo (m)	dre ugar (m)	[drɛ ugár]
camurça (f)	kamosh (m)	[kamóʃ]
javali (m)	derr i egër (m)	[dér i égər]

baleia (f)	balenë (f)	[balénə]
foca (f)	fokë (f)	[fókə]
morsa (f)	lopë deti (f)	[lópə déti]
urso-marinho (m)	fokë (f)	[fókə]
golfinho (m)	delfin (m)	[dɛlfín]

urso (m)	ari (m)	[arí]
urso (m) branco	ari polar (m)	[arí polár]
panda (m)	panda (f)	[pánda]

macaco (em geral)	majmun (m)	[majmún]
chimpanzé (m)	shimpanze (f)	[ʃimpánzɛ]
orangotango (m)	orangutan (m)	[oraŋután]
gorila (m)	gorillë (f)	[goríɫə]
macaco (m)	majmun makao (m)	[majmún makáo]
gibão (m)	gibon (m)	[gibón]

elefante (m)	elefant (m)	[ɛlɛfánt]
rinoceronte (m)	rinoqeront (m)	[rinocɛrónt]
girafa (f)	gjirafë (f)	[ɟiráfə]
hipopótamo (m)	hipopotam (m)	[hipopotám]

canguru (m)	kangur (m)	[kaŋúr]
coala (m)	koala (f)	[koála]

mangusto (m)	mangustë (f)	[maŋústə]
chinchila (m)	çinçila (f)	[tʃintʃíla]
doninha-fedorenta (f)	qelbës (m)	[célbəs]
porco-espinho (m)	ferrëgjatë (m)	[fɛrəɟátə]

212. Animais domésticos

gata (f)	mace (f)	[mátsɛ]
gato (m) macho	maçok (m)	[matʃók]
cão (m)	qen (m)	[cɛn]

cavalo (m)	kali (m)	[káli]
garanhão (m)	hamshor (m)	[hamʃór]
égua (f)	pelë (f)	[pélə]

vaca (f)	lopë (f)	[lópə]
touro (m)	dem (m)	[dém]
boi (m)	ka (m)	[ka]

ovelha (f)	dele (f)	[délɛ]
carneiro (m)	dash (m)	[daʃ]
cabra (f)	dhi (f)	[ði]
bode (m)	cjap (m)	[tsjáp]

| burro (m) | gomar (m) | [gomár] |
| mula (f) | mushkë (f) | [múʃkə] |

porco (m)	derr (m)	[dɛr]
leitão (m)	derrkuc (m)	[dɛrkúts]
coelho (m)	lepur (m)	[lépur]

| galinha (f) | pulë (f) | [púlə] |
| galo (m) | gjel (m) | [ɟél] |

pata (f)	rosë (f)	[rósə]
pato (macho)	rosak (m)	[rosák]
ganso (m)	patë (f)	[pátə]

| peru (m) | gjel deti i egër (m) | [ɟél déti i égər] |
| perua (f) | gjel deti (m) | [ɟél déti] |

animais (m pl) domésticos	kafshë shtëpiake (f)	[káfʃə ʃtəpiákɛ]
domesticado	i zbutur	[i zbútur]
domesticar (vt)	zbus	[zbus]
criar (vt)	rrit	[rit]

quinta (f)	fermë (f)	[férmə]
aves (f pl) domésticas	pulari (f)	[pularí]
gado (m)	bagëti (f)	[bagətí]
rebanho (m), manada (f)	kope (f)	[kopé]

estábulo (m)	stallë (f)	[stáɫə]
pocilga (f)	stallë e derrave (f)	[stáɫə ɛ déravɛ]
estábulo (m)	stallë e lopëve (f)	[stáɫə ɛ lópəvɛ]
coelheira (f)	kolibe lepujsh (f)	[kolíbɛ lépujʃ]
galinheiro (m)	kotec (m)	[kotéts]

213. Cães. Raças de cães

cão (m)	qen (m)	[cɛn]
cão pastor (m)	qen dhensh (m)	[cɛn ðɛnʃ]
pastor-alemão (m)	pastor gjerman (m)	[pastór ɟɛrmán]
caniche (m)	pudël (f)	[púdəl]
teckel (m)	dakshund (m)	[dákshund]
buldogue (m)	bulldog (m)	[buɫdóg]

boxer (m)	bokser (m)	[boksér]
mastim (m)	mastif (m)	[mastíf]
rottweiler (m)	rotvailer (m)	[rotvailér]
dobermann (m)	doberman (m)	[dobɛrmán]

basset (m)	baset (m)	[basét]
pastor inglês (m)	bishtshkurtër (m)	[biʃtʃkúrtər]
dálmata (m)	dalmat (m)	[dalmát]
cocker spaniel (m)	koker spaniel (m)	[kokér spaniél]

terra-nova (m)	terranova (f)	[tɛranóva]
são-bernardo (m)	Seint-Bernard (m)	[séint-bɛrnárd]

husky (m)	haski (m)	[háski]
Chow-chow (m)	çau çau (m)	[tʃáu tʃáu]
spitz alemão (m)	dhelpërush (m)	[ðɛlpərúʃ]
carlindogue (m)	karlino (m)	[karlíno]

214. Sons produzidos pelos animais

latido (m)	lehje (f)	[léhjɛ]
latir (vi)	leh	[lɛh]
miar (vi)	mjaullin	[mjauɫín]
ronronar (vi)	gërhimë	[gərhímə]

mugir (vaca)	bën mu	[bən mú]
bramir (touro)	pëllet	[pəɫét]
rosnar (vi)	hungërin	[huŋərín]

uivo (m)	hungërimë (f)	[huŋərímə]
uivar (vi)	hungëroj	[huŋərój]
ganir (vi)	angullin	[aŋuɫín]

balir (vi)	blegërin	[blɛgərín]
grunhir (porco)	hungërin	[huŋərín]
guinchar (vi)	klith	[kliθ]

coaxar (sapo)	bën kuak	[bən kuák]
zumbir (inseto)	zukat	[zukát]
estridular, ziziar (vi)	gumëzhin	[guməʒín]

215. Animais jovens

cria (f), filhote (m)	këlysh (m)	[kəlýʃ]
gatinho (m)	kotele (f)	[kotélɛ]
ratinho (m)	miush (m)	[miúʃ]
cãozinho (m)	këlysh qeni (m)	[kəlýʃ céni]

filhote (m) de lebre	lepurush (m)	[lɛpurúʃ]
coelhinho (m)	lepurush i butë (m)	[lɛpurúʃ i bútə]
lobinho (m)	këlysh ujku (m)	[kəlýʃ újku]
raposinho (m)	këlysh dhelpre (m)	[kəlýʃ ðélprɛ]

ursinho (m)	këlysh ariu (m)	[kəlýʃ aríu]
leãozinho (m)	këlysh luani (m)	[kəlýʃ luáni]
filhote (m) de tigre	këlysh tigri (m)	[kəlýʃ tígri]
filhote (m) de elefante	këlysh elefanti (m)	[kəlýʃ ɛlɛfánti]

leitão (m)	derrkuc (m)	[dɛrkúts]
bezerro (m)	viç (m)	[vitʃ]
cabrito (m)	kec (m)	[kéts]
cordeiro (m)	qengj (m)	[cɛɲj]
cria (f) de veado	kaproll (m)	[kaprółl]
cria (f) de camelo	këlysh deveje (m)	[kəlýʃ dɛvéjɛ]

| filhote (m) de serpente | gjarpër i vogël (m) | [ɟárpər i vógəl] |
| cria (f) de rã | këlysh bretkose (m) | [kəlýʃ brɛtkósɛ] |

cria (f) de ave	zog i vogël (m)	[zog i vógəl]
pinto (m)	zog pule (m)	[zog púlɛ]
patinho (m)	zog rose (m)	[zog rósɛ]

216. Pássaros

pássaro (m), ave (f)	zog (m)	[zog]
pombo (m)	pëllumb (m)	[pəłúmb]
pardal (m)	harabel (m)	[harabél]
chapim-real (m)	xhixhimës (m)	[dʒidʒimés]
pega-rabuda (f)	laraskë (f)	[laráskə]

corvo (m)	korb (m)	[korb]
gralha (f) cinzenta	sorrë (f)	[sórə]
gralha-de-nuca-cinzenta (f)	galë (f)	[gálə]
gralha-calva (f)	sorrë (f)	[sórə]

pato (m)	rosë (f)	[rósə]
ganso (m)	patë (f)	[pátə]
faisão (m)	fazan (m)	[fazán]

águia (f)	shqiponjë (f)	[ʃcipóɲə]
açor (m)	gjeraqinë (f)	[ɟɛracínə]
falcão (m)	fajkua (f)	[fajkúa]
abutre (m)	hutë (f)	[hútə]
condor (m)	kondor (m)	[kondór]

cisne (m)	mjellmë (f)	[mjéłmə]
grou (m)	lejlek (m)	[lɛjlék]
cegonha (f)	lejlek (m)	[lɛjlék]

papagaio (m)	papagall (m)	[papagáł]
beija-flor (m)	kolibri (m)	[kolíbri]
pavão (m)	pallua (m)	[pałúa]

avestruz (m)	struc (m)	[struts]
garça (f)	çafkë (f)	[tʃáfkə]
flamingo (m)	flamingo (m)	[flamíŋo]
pelicano (m)	pelikan (m)	[pɛlikán]

rouxinol (m)	bilbil (m)	[bilbíl]
andorinha (f)	dallëndyshe (f)	[daɫəndýʃɛ]
tordo-zornal (m)	mëllenjë (f)	[mətéɲə]
tordo-músico (m)	grifsha (f)	[grífʃa]
melro-preto (m)	mëllenjë (f)	[mətéɲə]
andorinhão (m)	dallëndyshe (f)	[daɫəndýʃɛ]
cotovia (f)	thëllëzë (f)	[θətézə]
codorna (f)	trumcak (m)	[trumtsák]
pica-pau (m)	qukapik (m)	[cukapík]
cuco (m)	kukuvajkë (f)	[kukuvájkə]
coruja (f)	buf (m)	[buf]
corujão, bufo (m)	buf mbretëror (m)	[buf mbrɛtərór]
tetraz-grande (m)	fazan i pyllit (m)	[fazán i pýɫit]
tetraz-lira (m)	fazan i zi (m)	[fazán i zí]
perdiz-cinzenta (f)	thëllëzë (f)	[θətézə]
estorninho (m)	gargull (m)	[gárguɫ]
canário (m)	kanarinë (f)	[kanarínə]
galinha-do-mato (f)	fazan mali (m)	[fazán máli]
tentilhão (m)	trishtil (m)	[triʃtíl]
dom-fafe (m)	trishtil dimri (m)	[triʃtíl dímri]
gaivota (f)	pulëbardhë (f)	[puləbárðə]
albatroz (m)	albatros (m)	[albatrós]
pinguim (m)	penguin (m)	[pɛŋuín]

217. Pássaros. Canto e sons

cantar (vi)	këndoj	[kəndój]
gritar (vi)	thërras	[θərás]
cantar (o galo)	kakaris	[kakarís]
cocorocó (m)	kikiriku	[kikiríku]
cacarejar (vi)	kakaris	[kakarís]
crocitar (vi)	krokas	[krokás]
grasnar (vi)	bën kuak kuak	[bən kuák kuák]
piar (vi)	pisket	[piskét]
chilrear, gorjear (vi)	cicëroj	[tsitsərój]

218. Peixes. Animais marinhos

brema (f)	krapuliq (m)	[krapulíc]
carpa (f)	krap (m)	[krap]
perca (f)	perç (m)	[pɛrtʃ]
siluro (m)	mustak (m)	[musták]
lúcio (m)	mlysh (m)	[mlýʃ]
salmão (m)	salmon (m)	[salmón]
esturjão (m)	bli (m)	[blí]

arenque (m)	harengë (f)	[haréŋə]
salmão (m)	salmon Atlantiku (m)	[salmón atlantíku]
cavala, sarda (f)	skumbri (m)	[skúmbri]
solha (f)	shojzë (f)	[ʃójzə]

lúcio perca (m)	troftë (f)	[tróftə]
bacalhau (m)	merluc (m)	[mɛrlúts]
atum (m)	tunë (f)	[túnə]
truta (f)	troftë (f)	[tróftə]

enguia (f)	ngjalë (f)	[ɲálə]
raia elétrica (f)	peshk elektrik (m)	[pɛʃk ɛlɛktrík]
moreia (f)	ngjalë morel (f)	[ɲálə morél]
piranha (f)	piranja (f)	[piráɲa]

tubarão (m)	peshkaqen (m)	[pɛʃkacén]
golfinho (m)	delfin (m)	[dɛlfín]
baleia (f)	balenë (f)	[balénə]

caranguejo (m)	gaforre (f)	[gafórɛ]
medusa, alforreca (f)	kandil deti (m)	[kandíl déti]
polvo (m)	oktapod (m)	[oktapód]

estrela-do-mar (f)	yll deti (m)	[yɫ déti]
ouriço-do-mar (m)	iriq deti (m)	[iríc déti]
cavalo-marinho (m)	kalë deti (m)	[kálə déti]

ostra (f)	midhje (f)	[míðjɛ]
camarão (m)	karkalec (m)	[karkaléts]
lavagante (m)	karavidhe (f)	[karavíðɛ]
lagosta (f)	karavidhe (f)	[karavíðɛ]

219. Amfíbios. Répteis

| serpente, cobra (f) | gjarpër (m) | [ʝárpər] |
| venenoso | helmues | [hɛlmúɛs] |

víbora (f)	nepërka (f)	[nɛpérka]
cobra-capelo, naja (f)	kobra (f)	[kóbra]
pitão (m)	piton (m)	[pitón]
jiboia (f)	boa (f)	[bóa]

cobra-de-água (f)	kular (m)	[kulár]
cascavel (f)	gjarpër me zile (m)	[ʝárpər mɛ zílɛ]
anaconda (f)	anakonda (f)	[anakónda]

lagarto (m)	hardhucë (f)	[harðútsə]
iguana (f)	iguana (f)	[iguána]
varano (m)	varan (m)	[varán]
salamandra (f)	salamandër (f)	[salamándər]
camaleão (m)	kameleon (m)	[kamɛlɛón]
escorpião (m)	akrep (m)	[akrép]
tartaruga (f)	breshkë (f)	[bréʃkə]
rã (f)	bretkosë (f)	[brɛtkósə]

sapo (m)	**zhabë** (f)	[ʒábə]
crocodilo (m)	**krokodil** (m)	[krokodíl]

220. Insetos

inseto (m)	**insekt** (m)	[insékt]
borboleta (f)	**flutur** (f)	[flútur]
formiga (f)	**milingonë** (f)	[miliŋónə]
mosca (f)	**mizë** (f)	[mízə]
mosquito (m)	**mushkonjë** (f)	[muʃkóɲə]
escaravelho (m)	**brumbull** (m)	[brúmbuɫ]
vespa (f)	**grerëz** (f)	[grérəz]
abelha (f)	**bletë** (f)	[blétə]
mamangava (f)	**greth** (m)	[grɛθ]
moscardo (m)	**zekth** (m)	[zɛkθ]
aranha (f)	**merimangë** (f)	[mɛrimáɲə]
teia (f) de aranha	**rrjetë merimange** (f)	[rjétə mɛrimáɲɛ]
libélula (f)	**pilivesë** (f)	[pilivésə]
gafanhoto-do-campo (m)	**karkalec** (m)	[karkaléts]
traça (f)	**molë** (f)	[mólə]
barata (f)	**kacabu** (f)	[katsabú]
carraça (f)	**rriqër** (m)	[rícər]
pulga (f)	**plesht** (m)	[plɛʃt]
borrachudo (m)	**mushicë** (f)	[muʃítsə]
gafanhoto (m)	**gjinkallë** (f)	[ɟinkáɫə]
caracol (m)	**kërmill** (m)	[kərmíɫ]
grilo (m)	**bulkth** (m)	[búlkθ]
pirilampo (m)	**xixëllonjë** (f)	[dzidzəɫóɲə]
joaninha (f)	**mollëkuqe** (f)	[moɫəkútsɛ]
besouro (m)	**vizhë** (f)	[víʒə]
sanguessuga (f)	**shushunjë** (f)	[ʃuʃúɲə]
lagarta (f)	**vemje** (f)	[vémjɛ]
minhoca (f)	**krimb toke** (m)	[krímb tókɛ]
larva (f)	**larvë** (f)	[lárvə]

221. Animais. Partes do corpo

bico (m)	**sqep** (m)	[scɛp]
asas (f pl)	**flatra** (pl)	[flátra]
pata (f)	**këmbë** (f)	[kémbə]
plumagem (f)	**pupla** (pl)	[púpla]
pena, pluma (f)	**pupël** (f)	[púpəl]
crista (f)	**kreshtë** (f)	[kréʃtə]
brânquias, guelras (f pl)	**velëz** (f)	[véləz]
ovas (f pl)	**vezë peshku** (f)	[vézə péʃku]

197

larva (f)	larvë (f)	[lárvə]
barbatana (f)	krah (m)	[krah]
escama (f)	luspë (f)	[lúspə]

canino (m)	dhëmb prerës (m)	[ðəmb prérəs]
pata (f)	shputë (f)	[ʃpútə]
focinho (m)	turi (m)	[turí]
boca (f)	gojë (f)	[gójə]
cauda (f), rabo (m)	bisht (m)	[biʃt]
bigodes (m pl)	mustaqe (f)	[mustácɛ]

| casco (m) | thundër (f) | [θúndər] |
| corno (m) | bri (m) | [brí] |

carapaça (f)	karapaks (m)	[karapáks]
concha (f)	guaskë (f)	[guáskə]
casca (f) de ovo	lëvozhgë veze (f)	[ləvóʒgə vézɛ]

| pelo (m) | qime (f) | [címɛ] |
| pele (f), couro (m) | lëkurë kafshe (f) | [ləkúrə káfʃɛ] |

222. Ações dos animais

| voar (vi) | fluturoj | [fluturój] |
| dar voltas | fluturoj përreth | [fluturój pəréθ] |

| voar (para longe) | fluturoj tutje | [fluturój tútjɛ] |
| bater as asas | rrah | [rah] |

| bicar (vi) | qukas | [cukás] |
| incubar (vt) | ngroh vezët | [ŋróh vézət] |

| sair do ovo | çelin vezët | [tʃélin vézət] |
| fazer o ninho | ngre fole | [ŋré folé] |

rastejar (vi)	gjarpëroj	[ɟarpərój]
picar (vt)	pickoj	[pitskój]
morder (vt)	kafshoj	[kafʃój]

cheirar (vt)	nuhas	[nuhás]
latir (vi)	leh	[lɛh]
silvar (vi)	fërshëllej	[fərʃəɬéj]

| assustar (vt) | tremb | [trɛmb] |
| atacar (vt) | sulmoj | [sulmój] |

roer (vt)	brej	[brɛj]
arranhar (vt)	gërvisht	[gərvíʃt]
esconder-se (vr)	fsheh	[fʃéh]

brincar (vi)	luaj	[lúaj]
caçar (vi)	dal për gjah	[dál pər ɟáh]
hibernar (vi)	fle gjumë letargjik	[flɛ ɟúmə lɛtaɲík]
extinguir-se (vr)	zhdukem	[ʒdúkɛm]

223. Animais. Habitats

hábitat	banesë (f)	[banésə]
migração (f)	migrim (m)	[migrím]
montanha (f)	mal (m)	[mal]
recife (m)	shkëmb nënujor (m)	[ʃkəmb nənujór]
falésia (f)	shkëmb (m)	[ʃkəmb]
floresta (f)	pyll (m)	[pyɫ]
selva (f)	xhungël (f)	[dʒúŋəl]
savana (f)	savana (f)	[savána]
tundra (f)	tundra (f)	[túndra]
estepe (f)	stepa (f)	[stépa]
deserto (m)	shkretëtirë (f)	[ʃkrɛtətírə]
oásis (m)	oazë (f)	[oázə]
mar (m)	det (m)	[dét]
lago (m)	liqen (m)	[licén]
oceano (m)	oqean (m)	[ocɛán]
pântano (m)	kënetë (f)	[kənétə]
de água doce	ujëra të ëmbla	[újəra tə əmbla]
lagoa (f)	pellg (m)	[pɛɫg]
rio (m)	lum (m)	[lum]
toca (f) do urso	strofull (f)	[strófuɫ]
ninho (m)	fole (f)	[folé]
buraco (m) de árvore	zgavër (f)	[zgávər]
toca (f)	strofull (f)	[strófuɫ]
formigueiro (m)	mal milingonash (m)	[mal miliŋónaʃ]

224. Cuidados com os animais

jardim (m) zoológico	kopsht zoologjik (m)	[kópʃt zooloɟík]
reserva (f) natural	rezervat natyror (m)	[rɛzɛrvát natyrór]
viveiro (m)	mbarështues (m)	[mbarəʃtúɛs]
jaula (f) de ar livre	kafaz i hapur (m)	[kafáz i hápur]
jaula, gaiola (f)	kafaz (m)	[kafáz]
casinha (f) de cão	kolibe qeni (f)	[kolíbɛ céni]
pombal (m)	kafaz pëllumbash (m)	[kafáz pəɫúmbaʃ]
aquário (m)	akuarium (m)	[akuariúm]
delfinário (m)	akuarium për delfinë (m)	[akuariúm pər dɛlfínə]
criar (vt)	mbarështoj	[mbarəʃtój]
ninhada (f)	këlysh (m)	[kəlýʃ]
domesticar (vt)	zbus	[zbus]
adestrar (vt)	stërvit	[stərvít]
ração (f)	ushqim (m)	[uʃcím]
alimentar (vt)	ushqej	[uʃcéj]

loja (f) de animais	dyqan kafshësh (m)	[dycán káfʃəʃ]
açaime (m)	maskë turiri (f)	[máskə turíri]
coleira (f)	kollare (f)	[koɫárɛ]
nome (m)	emri (m)	[émri]
pedigree (m)	raca (f)	[rátsa]

225. Animais. Diversos

alcateia (f)	tufë (f)	[túfə]
bando (pássaros)	tufë (f)	[túfə]
cardume (peixes)	grup (m)	[grup]
manada (cavalos)	tufë (f)	[túfə]

macho (m)	mashkull (m)	[máʃkuɫ]
fêmea (f)	femër (f)	[fémər]

faminto	i uritur	[i urítur]
selvagem	i egër	[i égər]
perigoso	i rrezikshëm	[i rɛzíkʃəm]

226. Cavalos

cavalo (m)	kali (m)	[káli]
raça (f)	raca (f)	[rátsa]

potro (m)	mëzi (m)	[mézi]
égua (f)	pelë (f)	[pélə]

mustangue (m)	kalë mustang (m)	[kálə mustáŋ]
pónei (m)	poni (m)	[póni]
cavalo (m) de tiro	kalë pune (f)	[kálə púnɛ]

crina (f)	kreshtë (f)	[kréʃtə]
cauda (f)	bisht (m)	[biʃt]

casco (m)	thundër (f)	[θúndər]
ferradura (f)	patkua (f)	[patkúa]
ferrar (vt)	mbath	[mbáθ]
ferreiro (m)	farkëtar (m)	[farkətár]

sela (f)	shalë (f)	[ʃálə]
estribo (m)	yzengji (f)	[yzɛŋʝí]
brida (f)	gojëz (f)	[gójəz]
rédeas (f pl)	frenat (pl)	[frénat]
chicote (m)	kamxhik (m)	[kamdʒík]

cavaleiro (m)	kalorës (m)	[kalórəs]
colocar sela	shaloj	[ʃalój]
montar no cavalo	hip në kalë	[hip nə kálə]

galope (m)	galop (m)	[galóp]
galopar (vi)	ec me galop	[ɛts mɛ galóp]

trote (m)	trok (m)	[trok]
a trote	me trok	[mɛ trók]
ir a trote	ec me trok	[ɛts mɛ trók]

cavalo (m) de corrida	kalë garash (m)	[kálə gáraʃ]
corridas (f pl)	garë kuajsh (f)	[gárə kúajʃ]

estábulo (m)	stallë (f)	[stáɫə]
alimentar (vt)	ushqej	[uʃcéj]
feno (m)	kashtë (f)	[káʃtə]
dar água	i jap ujë	[i jap újə]
limpar (vt)	laj	[laj]

carroça (f)	karrocë me kalë (f)	[karótsə mɛ kálə]
pastar (vi)	kullos	[kuɫós]
relinchar (vi)	hingëlloj	[hiŋəɫój]
dar um coice	gjuaj me shkelma	[ɟúaj mɛ ʃkélma]

Flora

árvore (f)	pemë (f)	[pémə]
decídua	gjethor	[jεθór]
conífera	halor	[halór]
perene	përherë të gjelbra	[pərhérə tə ɟélbra]

macieira (f)	pemë molle (f)	[pémə mółɛ]
pereira (f)	pemë dardhe (f)	[pémə dárðɛ]
cerejeira (f)	pemë qershie (f)	[pémə cɛrʃíɛ]
ginjeira (f)	pemë qershi vishnje (f)	[pémə cɛrʃí víʃɲɛ]
ameixeira (f)	pemë kumbulle (f)	[pémə kúmbułɛ]

bétula (f)	mështekna (f)	[məʃtékna]
carvalho (m)	lis (m)	[lis]
tília (f)	bli (m)	[blí]
choupo-tremedor (m)	plep i egër (m)	[plɛp i égər]
bordo (m)	panjë (f)	[páɲə]
espruce-europeu (m)	bredh (m)	[brɛð]
pinheiro (m)	pishë (f)	[píʃə]
alerce, lariço (m)	larsh (m)	[lárʃ]
abeto (m)	bredh i bardhë (m)	[brɛð i bárðə]
cedro (m)	kedër (m)	[kédər]

choupo, álamo (m)	plep (m)	[plɛp]
tramazeira (f)	vadhë (f)	[váðə]
salgueiro (m)	shelg (m)	[ʃɛlg]
amieiro (m)	verr (m)	[vɛr]
faia (f)	ah (m)	[ah]
ulmeiro (m)	elm (m)	[élm]
freixo (m)	shelg (m)	[ʃɛlg] *
castanheiro (m)	gështenjë (f)	[gəʃtéɲə]

magnólia (f)	manjolia (f)	[maɲólia]
palmeira (f)	palma (f)	[pálma]
cipreste (m)	qiparis (m)	[ciparís]

mangue (m)	rizoforë (f)	[rizofórə]
embondeiro, baobá (m)	baobab (m)	[baobáb]
eucalipto (m)	eukalipt (m)	[ɛukalípt]
sequoia (f)	sekuojë (f)	[sɛkuójə]

arbusto (m)	shkurre (f)	[ʃkúrɛ]
arbusto (m), moita (f)	kaçube (f)	[katʃúbɛ]

| videira (f) | hardhi (f) | [harðí] |
| vinhedo (m) | vreshtë (f) | [vréʃtə] |

framboeseira (f)	mjedër (f)	[mjédər]
groselheira-preta (f)	kaliboba e zezë (f)	[kalibóba ɛ zézə]
groselheira-vermelha (f)	kaliboba e kuqe (f)	[kalibóba ɛ kúcɛ]
groselheira (f) espinhosa	shkurre kulumbrie (f)	[ʃkúrɛ kulumbríɛ]

acácia (f)	akacie (f)	[akátsiɛ]
bérberis (f)	krespinë (f)	[krɛspínə]
jasmim (m)	jasemin (m)	[jasɛmín]

junípero (m)	dëllinjë (f)	[dətíɲə]
roseira (f)	trëndafil (m)	[trəndafíl]
roseira (f) brava	trëndafil i egër (m)	[trəndafíl i égər]

229. Cogumelos

cogumelo (m)	kërpudhë (f)	[kərpúðə]
cogumelo (m) comestível	kërpudhë ushqyese (f)	[kərpúðə uʃcýɛsɛ]
cogumelo (m) venenoso	kërpudhë helmuese (f)	[kərpúðə hɛlmúɛsɛ]
chapéu (m)	koka e kërpudhës (f)	[kóka ɛ kərpúðəs]
pé, caule (m)	bishti i kërpudhës (m)	[bíʃti i kərpúðəs]

boleto (m)	porcini (m)	[portsíni]
boleto (m) alaranjado	kërpudhë kapuç-verdhë (f)	[kərpúðə kapútʃ-vérðə]
míscaro (m) das bétulas	porcinela (f)	[portsinéla]
cantarela (f)	shanterele (f)	[ʃantɛrélɛ]
rússula (f)	rusula (f)	[rúsula]

morchella (f)	morele (f)	[morélɛ]
agário-das-moscas (m)	kësulkuqe (f)	[kəsulkúcɛ]
cicuta (f) verde	kërpudha e vdekjes (f)	[kərpúða ɛ vdékjɛs]

230. Frutos. Bagas

| fruta (f) | frut (m) | [frut] |
| frutas (f pl) | fruta (pl) | [frúta] |

maçã (f)	mollë (f)	[móɫə]
pera (f)	dardhë (f)	[dárðə]
ameixa (f)	kumbull (f)	[kúmbuɫ]

morango (m)	luleshtrydhe (f)	[lulɛʃtrýðɛ]
ginja (f)	qershi vishnje (f)	[cɛrʃí víʃɲɛ]
cereja (f)	qershi (f)	[cɛrʃí]
uva (f)	rrush (m)	[ruʃ]

framboesa (f)	mjedër (f)	[mjédər]
groselha (f) preta	kaliboba e zezë (f)	[kalibóba ɛ zézə]
groselha (f) vermelha	kaliboba e kuqe (f)	[kalibóba ɛ kúcɛ]
groselha (f) espinhosa	kulumbri (f)	[kulumbrí]

oxicoco (m)	boronica (f)	[boronítsa]
laranja (f)	portokall (m)	[portokáł]
tangerina (f)	mandarinë (f)	[mandarínə]
ananás (m)	ananas (m)	[ananás]
banana (f)	banane (f)	[banánɛ]
tâmara (f)	hurmë (f)	[húrmə]

limão (m)	limon (m)	[limón]
damasco (m)	kajsi (f)	[kajsí]
pêssego (m)	pjeshkë (f)	[pjéʃkə]
kiwi (m)	kivi (m)	[kívi]
toranja (f)	grejpfrut (m)	[grɛjpfrút]

baga (f)	manë (f)	[mánə]
bagas (f pl)	mana (f)	[mána]
arando (m) vermelho	boronicë mirtile (f)	[boronítsə mirtílɛ]
morango-silvestre (m)	luleshtrydhe e egër (f)	[lulɛʃtrýðɛ ɛ égər]
mirtilo (m)	boronicë (f)	[boronítsə]

231. Flores. Plantas

flor (f)	lule (f)	[lúlɛ]
ramo (m) de flores	buqetë (f)	[bucétə]

rosa (f)	trëndafil (m)	[trəndafíl]
tulipa (f)	tulipan (m)	[tulipán]
cravo (m)	karafil (m)	[karafíl]
gladíolo (m)	gladiolë (f)	[gladiólə]

centáurea (f)	lule misri (f)	[lúlɛ mísri]
campânula (f)	lule këmborë (f)	[lúlɛ kəmbórə]
dente-de-leão (m)	luleradhiqe (f)	[lulɛraðícɛ]
camomila (f)	kamomil (m)	[kamomíl]

aloé (m)	aloe (f)	[alóɛ]
cato (m)	kaktus (m)	[kaktús]
fícus (m)	fikus (m)	[fíkus]

lírio (m)	zambak (m)	[zambák]
gerânio (m)	barbarozë (f)	[barbarózə]
jacinto (m)	zymbyl (m)	[zymbýl]

mimosa (f)	mimoza (f)	[mimóza]
narciso (m)	narcis (m)	[nartsís]
capuchinha (f)	lule këmbore (f)	[lúlɛ kəmbórɛ]

orquídea (f)	orkide (f)	[orkidé]
peónia (f)	bozhure (f)	[boʒúrɛ]
violeta (f)	vjollcë (f)	[vjółtsə]

amor-perfeito (m)	lule vjollca (f)	[lúlɛ vjółtsa]
não-me-esqueças (m)	mosmëharro (f)	[mosməharó]
margarida (f)	margaritë (f)	[margarítə]
papoula (f)	lulëkuqe (f)	[luləkúcɛ]

| cânhamo (m) | kërp (m) | [kə́rp] |
| hortelã (f) | mendër (f) | [méndər] |

| lírio-do-vale (m) | zambak i fushës (m) | [zambák i fúʃəs] |
| campânula-branca (f) | luleborë (f) | [lulɛbórə] |

urtiga (f)	hithra (f)	[híθra]
azeda (f)	lëpjeta (f)	[ləpjéta]
nenúfar (m)	zambak uji (m)	[zambák új i]
feto (m), samambaia (f)	fier (m)	[fíɛr]
líquen (m)	likene (f)	[likénɛ]

estufa (f)	serrë (f)	[sérə]
relvado (m)	lëndinë (f)	[ləndínə]
canteiro (m) de flores	kënd lulishteje (m)	[kənd lulíʃtɛjɛ]

planta (f)	bimë (f)	[bímə]
erva (f)	bar (m)	[bar]
folha (f) de erva	fije bari (f)	[fíjɛ bári]

folha (f)	gjeth (m)	[ɟɛθ]
pétala (f)	petale (f)	[pɛtálɛ]
talo (m)	bisht (m)	[biʃt]
tubérculo (m)	zhardhok (m)	[ʒarðók]

| broto, rebento (m) | filiz (m) | [filíz] |
| espinho (m) | gjemb (m) | [ɟémb] |

florescer (vi)	lulëzoj	[luləzój]
murchar (vi)	vyshket	[výʃkɛt]
cheiro (m)	aromë (f)	[arómə]
cortar (flores)	pres lulet	[prɛs lúlɛt]
colher (uma flor)	mbledh lule	[mbléð lúlɛ]

232. Cereais, grãos

grão (m)	drithë (m)	[dríθə]
cereais (plantas)	drithëra (pl)	[dríθəra]
espiga (f)	kaush (m)	[kaúʃ]

trigo (m)	grurë (f)	[grúrə]
centeio (m)	thekër (f)	[θékər]
aveia (f)	tërshërë (f)	[tərʃə́rə]
milho-miúdo (m)	mel (m)	[mɛl]
cevada (f)	elb (m)	[ɛlb]
milho (m)	misër (m)	[mísər]
arroz (m)	oriz (m)	[oríz]
trigo-sarraceno (m)	hikërr (m)	[híkər]

ervilha (f)	bizele (f)	[bizélɛ]
feijão (m)	groshë (f)	[gróʃə]
soja (f)	sojë (f)	[sójə]
lentilha (f)	thjerrëz (f)	[θjérəz]
fava (f)	fasule (f)	[fasúlɛ]

233. Vegetais. Verduras

legumes (m pl)	perime (pl)	[pɛrímɛ]
verduras (f pl)	zarzavate (pl)	[zarzavátɛ]
tomate (m)	domate (f)	[domátɛ]
pepino (m)	kastravec (m)	[kastravéts]
cenoura (f)	karotë (f)	[karótə]
batata (f)	patate (f)	[patátɛ]
cebola (f)	qepë (f)	[cépə]
alho (m)	hudhër (f)	[húðər]
couve (f)	lakër (f)	[lákər]
couve-flor (f)	lulelakër (f)	[lulɛlákər]
couve-de-bruxelas (f)	lakër Brukseli (f)	[lákər brukséli]
brócolos (m pl)	brokoli (m)	[brókoli]
beterraba (f)	panxhar (m)	[pandʒár]
beringela (f)	patëllxhan (m)	[patəɫdʒán]
curgete (f)	kungulleshë (m)	[kuŋuɫéʃə]
abóbora (f)	kungull (m)	[kúŋuɫ]
nabo (m)	rrepë (f)	[répə]
salsa (f)	majdanoz (m)	[majdanóz]
funcho, endro (m)	kopër (f)	[kópər]
alface (f)	sallatë jeshile (f)	[saɫátə jɛʃílɛ]
aipo (m)	selino (f)	[sɛlíno]
espargo (m)	asparagus (m)	[asparágus]
espinafre (m)	spinaq (m)	[spinác]
ervilha (f)	bizele (f)	[bizélɛ]
fava (f)	fasule (f)	[fasúlɛ]
milho (m)	misër (m)	[mísər]
feijão (m)	groshë (f)	[gróʃə]
pimentão (m)	spec (m)	[spɛts]
rabanete (m)	rrepkë (f)	[répkə]
alcachofra (f)	angjinare (f)	[anɟinárɛ]

GEOGRAFIA REGIONAL

234. Europa Ocidental

Europa (f)	Evropa (f)	[ɛvrópa]
União (f) Europeia	Bashkimi Evropian (m)	[baʃkími ɛvropián]
europeu (m)	Evropian (m)	[ɛvropián]
europeu	evropian	[ɛvropián]
Áustria (f)	Austri (f)	[austrí]
austríaco (m)	Austriak (m)	[austriák]
austríaca (f)	Austriake (f)	[austriákɛ]
austríaco	austriak	[austriák]
Grã-Bretanha (f)	Britani e Madhe (f)	[brítani ɛ máðɛ]
Inglaterra (f)	Angli (f)	[aŋlí]
inglês (m)	Britanik (m)	[britaník]
inglesa (f)	Britanike (f)	[britaníkɛ]
inglês	anglez	[aŋléz]
Bélgica (f)	Belgjikë (f)	[bɛʎíkə]
belga (m)	Belg (m)	[bɛlg]
belga (f)	Belge (f)	[bélgɛ]
belga	belg	[bɛlg]
Alemanha (f)	Gjermani (f)	[ɟɛrmaní]
alemão (m)	Gjerman (m)	[ɟɛrmán]
alemã (f)	Gjermane (f)	[ɟɛrmánɛ]
alemão	gjerman	[ɟɛrmán]
Países (m pl) Baixos	Holandë (f)	[holándə]
Holanda (f)	Holandë (f)	[holándə]
holandês (m)	Holandez (m)	[holandéz]
holandesa (f)	Holandeze (f)	[holandézɛ]
holandês	holandez	[holandéz]
Grécia (f)	Greqi (f)	[grɛcí]
grego (m)	Grek (m)	[grɛk]
grega (f)	Greke (f)	[grékɛ]
grego	grek	[grɛk]
Dinamarca (f)	Danimarkë (f)	[danimárkə]
dinamarquês (m)	Danez (m)	[danéz]
dinamarquesa (f)	Daneze (f)	[danézɛ]
dinamarquês	danez	[danéz]
Irlanda (f)	Irlandë (f)	[irlándə]
irlandês (m)	Irlandez (m)	[irlandéz]
irlandesa (f)	Irlandeze (f)	[irlandézɛ]
irlandês	irlandez	[irlandéz]

Islândia (f)	Islandë (f)	[islándə]
islandês (m)	Islandez (m)	[islandéz]
islandesa (f)	Islandeze (f)	[islandézɛ]
islandês	islandez	[islandéz]

Espanha (f)	Spanjë (f)	[spáɲə]
espanhol (m)	Spanjoll (m)	[spaɲóɫ]
espanhola (f)	Spanjolle (f)	[spaɲóɫɛ]
espanhol	spanjoll	[spaɲóɫ]

Itália (f)	Itali (f)	[italí]
italiano (m)	Italian (m)	[italián]
italiana (f)	Italiane (f)	[italiánɛ]
italiano	italian	[italián]

Chipre (m)	Qipro (f)	[cípro]
cipriota (m)	Qipriot (m)	[cipriót]
cipriota (f)	Qipriote (f)	[cipriótɛ]
cipriota	qipriot	[cipriót]

Malta (f)	Maltë (f)	[máltə]
maltês (m)	Maltez (m)	[maltéz]
maltesa (f)	Malteze (f)	[maltézɛ]
maltês	maltez	[maltéz]

Noruega (f)	Norvegji (f)	[norvɛɟí]
norueguês (m)	Norvegjez (m)	[norvɛɟéz]
norueguesa (f)	Norvegjeze (f)	[norvɛɟézɛ]
norueguês	norvegjez	[norvɛɟéz]

Portugal (m)	Portugali (f)	[portugalí]
português (m)	Portugez (m)	[portugéz]
portuguesa (f)	Portugeze (f)	[portugézɛ]
português	portugez	[portugéz]

Finlândia (f)	Finlandë (f)	[finlándə]
finlandês (m)	Finlandez (m)	[finlandéz]
finlandesa (f)	Finlandeze (f)	[finlandézɛ]
finlandês	finlandez	[finlandéz]

França (f)	Francë (f)	[frántsə]
francês (m)	Francez (m)	[frantséz]
francesa (f)	Franceze (f)	[frantsézɛ]
francês	francez	[frantséz]

Suécia (f)	Suedi (f)	[suɛdí]
sueco (m)	Suedez (m)	[suɛdéz]
sueca (f)	Suedeze (f)	[suɛdézɛ]
sueco	suedez	[suɛdéz]

Suíça (f)	Zvicër (f)	[zvítsər]
suíço (m)	Zviceran (m)	[zvitsɛrán]
suíça (f)	Zvicerane (f)	[zvitsɛránɛ]
suíço	zviceran	[zvitsɛrán]
Escócia (f)	Skoci (f)	[skotsí]
escocês (m)	Skocez (m)	[skotséz]

| escocesa (f) | Skoceze (f) | [skotsézɛ] |
| escocês | skocez | [skotséz] |

Vaticano (m)	Vatikan (m)	[vatikán]
Liechtenstein (m)	Lichtenstein (m)	[litshtɛnstéin]
Luxemburgo (m)	Luksemburg (m)	[luksɛmbúrg]
Mónaco (m)	Monako (f)	[monáko]

235. Europa Central e de Leste

Albânia (f)	Shqipëri (f)	[ʃcipərí]
albanês (m)	Shqiptar (m)	[ʃciptár]
albanesa (f)	Shqiptare (f)	[ʃciptárɛ]
albanês	shqiptar	[ʃciptár]

Bulgária (f)	Bullgari (f)	[buɫgarí]
búlgaro (m)	Bullgar (m)	[buɫgár]
búlgara (f)	Bullgare (f)	[buɫgárɛ]
búlgaro	bullgar	[buɫgár]

Hungria (f)	Hungari (f)	[huŋarí]
húngaro (m)	Hungarez (m)	[huŋaréz]
húngara (f)	Hungareze (f)	[huŋarézɛ]
húngaro	hungarez	[huŋaréz]

Letónia (f)	Letoni (f)	[lɛtoní]
letão (m)	Letonez (m)	[lɛtonéz]
letã (f)	Letoneze (f)	[lɛtonézɛ]
letão	letonez	[lɛtonéz]

Lituânia (f)	Lituani (f)	[lituaní]
lituano (m)	Lituanez (m)	[lituanéz]
lituana (f)	Lituaneze (f)	[lituanézɛ]
lituano	lituanez	[lituanéz]

Polónia (f)	Poloni (f)	[poloní]
polaco (m)	Polak (m)	[polák]
polaca (f)	Polake (f)	[polákɛ]
polaco	polak	[polák]

Roménia (f)	Rumani (f)	[rumaní]
romeno (m)	Rumun (m)	[rumún]
romena (f)	Rumune (f)	[rumúnɛ]
romeno	rumun	[rumún]

Sérvia (f)	Serbi (f)	[sɛrbí]
sérvio (m)	Serb (m)	[sɛrb]
sérvia (f)	Serbe (f)	[sérbɛ]
sérvio	serb	[sɛrb]

Eslováquia (f)	Sllovaki (f)	[sɫovakí]
eslovaco (m)	Sllovak (m)	[sɫovák]
eslovaca (f)	Sllovake (f)	[sɫovákɛ]
eslovaco	sllovak	[sɫovák]

Croácia (f)	Kroaci (f)	[kroatsí]
croata (m)	Kroat (m)	[kroát]
croata (f)	Kroate (f)	[kroátɛ]
croata	kroat	[kroát]

República (f) Checa	Republika Çeke (f)	[rɛpublíka tʃékɛ]
checo (m)	Çek (m)	[tʃɛk]
checa (f)	Çeke (f)	[tʃékɛ]
checo	çek	[tʃɛk]

Estónia (f)	Estoni (f)	[ɛstoní]
estónio (m)	Estonez (m)	[ɛstonéz]
estónia (f)	Estoneze (f)	[ɛstonézɛ]
estónio	estonez	[ɛstonéz]

Bósnia e Herzegovina (f)	Bosnje Herzegovina (f)	[bósɲɛ hɛrzɛgovína]
Macedónia (f)	Maqedonia (f)	[macɛdonía]
Eslovénia (f)	Sllovenia (f)	[słovɛnía]
Montenegro (m)	Mali i Zi (m)	[máli i zí]

236. Países da ex-URSS

Azerbaijão (m)	Azerbajxhan (m)	[azɛrbajdʒán]
azeri (m)	Azerbajxhanas (m)	[azɛrbajdʒánas]
azeri (f)	Azerbajxhanase (f)	[azɛrbajdʒánasɛ]
azeri, azerbaijano	azerbajxhanas	[azɛrbajdʒánas]

Arménia (f)	Armeni (f)	[armɛní]
arménio (m)	Armen (m)	[armén]
arménia (f)	Armene (f)	[arménɛ]
arménio	armen	[armén]

Bielorrússia (f)	Bjellorusi (f)	[bjɛłorusí]
bielorrusso (m)	Bjellorus (m)	[bjɛłorús]
bielorrussa (f)	Bjelloruse (f)	[bjɛłorúsɛ]
bielorrusso	bjellorus	[bjɛłorús]

Geórgia (f)	Gjeorgji (f)	[ɟeorɟí]
georgiano (m)	Gjeorgjian (m)	[ɟeorɟián]
georgiana (f)	Gjeorgjiane (f)	[ɟeorɟiánɛ]
georgiano	gjeorgjian	[ɟeorɟián]

Cazaquistão (m)	Kazakistan (m)	[kazakistán]
cazaque (m)	Kazakistanez (m)	[kazakistanéz]
cazaque (f)	Kazakistaneze (f)	[kazakistanézɛ]
cazaque	kazakistanez	[kazakistanéz]

Quirguistão (m)	Kirgistan (m)	[kirgistán]
quirguiz (m)	Kirgistanez (m)	[kirgistanéz]
quirguiz (f)	Kirgistaneze (f)	[kirgistanézɛ]
quirguiz	kirgistanez	[kirgistanéz]

Moldávia (f)	Moldavi (f)	[moldaví]
moldavo (m)	Moldav (m)	[moldáv]

| moldava (f) | Moldave (f) | [moldávɛ] |
| moldavo | moldav | [moldáv] |

Rússia (f)	Rusi (f)	[rusí]
russo (m)	Rus (m)	[rus]
russa (f)	Ruse (f)	[rúsɛ]
russo	rus	[rus]

Tajiquistão (m)	Taxhikistan (m)	[tadʒikistán]
tajique (m)	Taxhikistanez (m)	[tadʒikistanéz]
tajique (f)	Taxhikistaneze (f)	[tadʒikistanézɛ]
tajique	taxhikistanez	[tadʒikistanéz]

Turquemenistão (m)	Turkmenistan (m)	[turkmɛnistán]
turcomeno (m)	Turkmen (m)	[turkmén]
turcomena (f)	Turkmene (f)	[turkménɛ]
turcomeno	Turkmen	[turkmén]

Uzbequistão (f)	Uzbekistan (m)	[uzbɛkistán]
uzbeque (m)	Uzbek (m)	[uzbék]
uzbeque (f)	Uzbeke (f)	[uzbékɛ]
uzbeque	uzbek	[uzbék]

Ucrânia (f)	Ukrainë (f)	[ukraínə]
ucraniano (m)	Ukrainas (m)	[ukraínas]
ucraniana (f)	Ukrainase (f)	[ukraínasɛ]
ucraniano	ukrainas	[ukraínas]

237. Asia

| Ásia (f) | Azia (f) | [azía] |
| asiático | Aziatik | [aziatík] |

Vietname (m)	Vietnam (m)	[viɛtnám]
vietnamita (m)	Vietnamez (m)	[viɛtnaméz]
vietnamita (f)	Vietnameze (f)	[viɛtnamézɛ]
vietnamita	vietnamez	[viɛtnaméz]

Índia (f)	Indi (f)	[indí]
indiano (m)	Indian (m)	[indián]
indiana (f)	Indiane (f)	[indiánɛ]
indiano	indian	[indián]

Israel (m)	Izrael (m)	[izraél]
israelita (m)	Izaelit (m)	[izaɛlít]
israelita (f)	Izraelite (f)	[izraɛlítɛ]
israelita	izraelit	[izraɛlít]

judeu (m)	hebre (m)	[hɛbré]
judia (f)	hebre (f)	[hɛbré]
judeu	hebraike	[hɛbraíkɛ]

| China (f) | Kinë (f) | [kínə] |
| chinês (m) | Kinez (m) | [kinéz] |

| chinesa (f) | Kineze (f) | [kinézɛ] |
| chinês | kinez | [kinéz] |

coreano (m)	Korean (m)	[korɛán]
coreana (f)	Koreane (f)	[korɛánɛ]
coreano	korean	[korɛán]

Líbano (m)	Liban (m)	[libán]
libanês (m)	Libanez (m)	[libanéz]
libanesa (f)	Libaneze (f)	[libanézɛ]
libanês	libanez	[libanéz]

Mongólia (f)	Mongoli (f)	[moŋolí]
mongol (m)	Mongol (m)	[moŋól]
mongol (f)	Mongole (f)	[moŋólɛ]
mongol	mongol	[moŋól]

Malásia (f)	Malajzi (f)	[malajzí]
malaio (m)	Malajzian (m)	[malajzián]
malaia (f)	Malajziane (f)	[malajziánɛ]
malaio	malajzian	[malajzián]

Paquistão (m)	Pakistan (m)	[pakistán]
paquistanês (m)	Pakistanez (m)	[pakistanéz]
paquistanesa (f)	Pakistaneze (f)	[pakistanézɛ]
paquistanês	pakistanez	[pakistanéz]

Arábia (f) Saudita	Arabia Saudite (f)	[arabía saudítɛ]
árabe (m)	Arab (m)	[aráb]
árabe (f)	Arabe (f)	[arábɛ]
árabe	arabik	[arabík]

Tailândia (f)	Tajlandë (f)	[tajlándə]
tailandês (m)	Tajlandez (m)	[tajlandéz]
tailandesa (f)	Tajlandeze (f)	[tajlandézɛ]
tailandês	tajlandez	[tajlandéz]

Taiwan (m)	Tajvan (m)	[tajván]
taiwanês (m)	Tajvanez (m)	[tajvanéz]
taiwanesa (f)	Tajvaneze (f)	[tajvanézɛ]
taiwanês	tajvanez	[tajvanéz]

Turquia (f)	Turqi (f)	[turcí]
turco (m)	Turk (m)	[turk]
turca (f)	Turke (f)	[túrkɛ]
turco	turk	[turk]

Japão (m)	Japoni (f)	[japoní]
japonês (m)	Japonez (m)	[japonéz]
japonesa (f)	Japoneze (f)	[japonézɛ]
japonês	japonez	[japonéz]

Afeganistão (m)	Afganistan (m)	[afganistán]
Bangladesh (m)	Bangladesh (m)	[baŋladéʃ]
Indonésia (f)	Indonezi (f)	[indonɛzí]
Jordânia (f)	Jordani (f)	[jordaní]

212

Iraque (m)	Irak (m)	[irak]
Irão (m)	Iran (m)	[irán]
Camboja (f)	Kamboxhia (f)	[kambódʒia]
Kuwait (m)	Kuvajt (m)	[kuvájt]

Laos (m)	Laos (m)	[láos]
Myanmar (m), Birmânia (f)	Mianmar (m)	[mianmár]
Nepal (m)	Nepal (m)	[nɛpál]
Emirados Árabes Unidos	Emiratet e Bashkuara Arabe (pl)	[ɛmirátɛt ɛ baʃkúara arábɛ]

Síria (f)	Siri (f)	[sirí]
Palestina (f)	Palestinë (f)	[palɛstínə]
Coreia do Sul (f)	Korea e Jugut (f)	[koréa ɛ júgut]
Coreia do Norte (f)	Korea e Veriut (f)	[koréa ɛ vériut]

238. América do Norte

Estados Unidos da América	Shtetet e Bashkuara të Amerikës	[ʃtétɛt ɛ baʃkúara tə amɛríkəs]
americano (m)	Amerikan (m)	[amɛrikán]
americana (f)	Amerikane (f)	[amɛrikánɛ]
americano	amerikan	[amɛrikán]

Canadá (m)	Kanada (f)	[kanadá]
canadiano (m)	Kanadez (m)	[kanadéz]
canadiana (f)	Kanadeze (f)	[kanadézɛ]
canadiano	kanadez	[kanadéz]

México (m)	Meksikë (f)	[mɛksíkə]
mexicano (m)	Meksikan (m)	[mɛksikán]
mexicana (f)	Meksikane (f)	[mɛksikánɛ]
mexicano	meksikan	[mɛksikán]

239. América Central do Sul

Argentina (f)	Argjentinë (f)	[arɟɛntínə]
argentino (m)	Argjentinas (m)	[arɟɛntínas]
argentina (f)	Argjentinase (f)	[arɟɛntínasɛ]
argentino	argjentinas	[arɟɛntínas]

Brasil (m)	Brazil (m)	[brazíl]
brasileiro (m)	Brazilian (m)	[brazilián]
brasileira (f)	Braziliane (f)	[braziliánɛ]
brasileiro	brazilian	[brazilián]

Colômbia (f)	Kolumbi (f)	[kolumbí]
colombiano (m)	Kolumbian (m)	[kolumbián]
colombiana (f)	Kolumbiane (f)	[kolumbiánɛ]
colombiano	kolumbian	[kolumbián]
Cuba (f)	Kuba (f)	[kúba]
cubano (m)	Kuban (m)	[kubán]

cubana (f)	**Kubane** (f)	[kubánɛ]
cubano	**kuban**	[kubán]

Chile (m)	**Kili** (m)	[kíli]
chileno (m)	**Kilian** (m)	[kilián]
chilena (f)	**Kiliane** (f)	[kiliánɛ]
chileno	**kilian**	[kilián]

Bolívia (f)	**Bolivi** (f)	[bolivі́]
Venezuela (f)	**Venezuelë** (f)	[vɛnɛzuélə]
Paraguai (m)	**Paraguai** (m)	[paraguái]
Peru (m)	**Peru** (f)	[pɛrú]

Suriname (m)	**Surinam** (m)	[surinám]
Uruguai (m)	**Uruguai** (m)	[uruguái]
Equador (m)	**Ekuador** (m)	[ɛkuadór]

Bahamas (f pl)	**Bahamas** (m)	[bahámas]
Haiti (m)	**Haiti** (m)	[haíti]
República (f) Dominicana	**Republika Dominikane** (f)	[rɛpublíka dominikánɛ]
Panamá (m)	**Panama** (f)	[panamá]
Jamaica (f)	**Xhamajka** (f)	[dʒamájka]

240. Africa

Egito (m)	**Egjipt** (m)	[ɛɟípt]
egípcio (m)	**Egjiptian** (m)	[ɛɟiptián]
egípcia (f)	**Egjiptiane** (f)	[ɛɟiptiánɛ]
egípcio	**egjiptian**	[ɛɟiptián]

Marrocos	**Marok** (m)	[marók]
marroquino (m)	**Maroken** (m)	[marokén]
marroquina (f)	**Marokene** (f)	[marokénɛ]
marroquino	**maroken**	[marokén]

Tunísia (f)	**Tunizi** (f)	[tunizí]
tunisino (m)	**Tunizian** (m)	[tunizián]
tunisina (f)	**Tuniziane** (f)	[tuniziánɛ]
tunisino	**tunizian**	[tunizián]

Gana (f)	**Gana** (f)	[gána]
Zanzibar (m)	**Zanzibar** (m)	[zanzibár]
Quénia (f)	**Kenia** (f)	[kénia]
Líbia (f)	**Libia** (f)	[libía]
Madagáscar (m)	**Madagaskar** (m)	[madagaskár]

Namíbia (f)	**Namibia** (f)	[namíbia]
Senegal (m)	**Senegal** (m)	[sɛnɛgál]
Tanzânia (f)	**Tanzani** (f)	[tanzaní]
África do Sul (f)	**Afrika e Jugut** (f)	[afríka ɛ júgut]

africano (m)	**Afrikan** (m)	[afrikán]
africana (f)	**Afrikane** (f)	[afrikánɛ]
africano	**Afrikan**	[afrikán]

241. Austrália. Oceania

Austrália (f)	Australia (f)	[australía]
australiano (m)	Australian (m)	[australián]
australiana (f)	Australiane (f)	[australiánɛ]
australiano	australian	[australián]

Nova Zelândia (f)	Zelandë e Re (f)	[zɛlándə ɛ ré]
neozelandês (m)	Zelandez (m)	[zɛlandéz]
neozelandesa (f)	Zelandeze (f)	[zɛlandézɛ]
neozelandês	zelandez	[zɛlandéz]

| Tasmânia (f) | Tasmani (f) | [tasmaní] |
| Polinésia Francesa (f) | Polinezia Franceze (f) | [polinɛzía frantsézɛ] |

242. Cidades

Amesterdão	Amsterdam (m)	[amstɛrdám]
Ancara	Ankara (f)	[ankará]
Atenas	Athinë (f)	[aθínə]

Bagdade	Bagdad (m)	[bagdád]
Banguecoque	Bangkok (m)	[baŋkók]
Barcelona	Barcelonë (f)	[bartsɛlónə]
Beirute	Bejrut (m)	[bɛjrút]
Berlim	Berlin (m)	[bɛrlín]

Bombaim	Mumbai (m)	[mumbái]
Bona	Bon (m)	[bon]
Bordéus	Bordo (f)	[bordó]
Bratislava	Bratislavë (f)	[bratislávə]
Bruxelas	Bruksel (m)	[bruksél]
Bucareste	Bukuresht (m)	[bukuréʃt]
Budapeste	Budapest (m)	[budapést]

Cairo	Kajro (f)	[kájro]
Calcutá	Kalkutë (f)	[kalkútə]
Chicago	Çikago (f)	[tʃikágo]
Cidade do México	Meksiko Siti (m)	[méksiko síti]
Copenhaga	Kopenhagen (m)	[kopɛnhágɛn]

Dar es Salaam	Dar es Salam (m)	[dar ɛs salám]
Deli	Delhi (f)	[délhi]
Dubai	Dubai (m)	[dubái]
Dublin, Dublim	Dublin (m)	[dúblin]
Düsseldorf	Dyseldorf (m)	[dysɛldórf]
Estocolmo	Stokholm (m)	[stokhólm]

Florença	Firence (f)	[firéntsɛ]
Frankfurt	Frankfurt (m)	[frankfúrt]
Genebra	Gjenevë (f)	[ɟɛnévə]
Haia	Hagë (f)	[hágə]
Hamburgo	Hamburg (m)	[hambúrg]

Hanói	Hanoi (m)	[hanói]
Havana	Havana (f)	[havána]
Helsínquia	Helsinki (m)	[hɛlsínki]
Hiroshima	Hiroshimë (f)	[hiroʃímə]
Hong Kong	Hong Kong (m)	[hoŋ kóŋ]
Istambul	Stamboll (m)	[stambóɫ]
Jerusalém	Jerusalem (m)	[jɛrusalém]

Kiev	Kiev (m)	[kíɛv]
Kuala Lumpur	Kuala Lumpur (m)	[kuála lumpúr]
Lisboa	Lisbonë (f)	[lisbónə]
Londres	Londër (f)	[lóndər]
Los Angeles	Los Anxhelos (m)	[lós andʒɛlós]
Lion	Lion (m)	[lión]

Madrid	Madrid (m)	[madríd]
Marselha	Marsejë (f)	[marséjə]
Miami	Majami (m)	[majámi]
Montreal	Montreal (m)	[montrɛál]
Moscovo	Moskë (f)	[móskə]
Munique	Munih (m)	[muníh]

Nairóbi	Najrobi (m)	[najróbi]
Nápoles	Napoli (m)	[nápoli]
Nice	Nisë (m)	[nísə]
Nova York	Nju Jork (m)	[ɲu jork]

Oslo	oslo (f)	[óslo]
Ottawa	Otava (f)	[otáva]
Paris	Paris (m)	[parís]
Pequim	Pekin (m)	[pɛkín]
Praga	Pragë (f)	[prágə]

Rio de Janeiro	Rio de Zhaneiro (m)	[río dɛ ʒanéiro]
Roma	Romë (f)	[rómə]
São Petersburgo	Shën Petersburg (m)	[ʃən pɛtɛrsbúrg]
Seul	Seul (m)	[sɛúl]
Singapura	Singapor (m)	[siŋapór]
Sydney	Sidney (m)	[sidnéy]

Taipé	Taipei (m)	[taipéi]
Tóquio	Tokio (f)	[tókio]
Toronto	Toronto (f)	[torónto]
Varsóvia	Varshavë (f)	[varʃávə]
Veneza	Venecia (f)	[vɛnétsia]
Viena	Vjenë (f)	[vjénə]

| Washington | Uashington (m) | [vaʃiŋtón] |
| Xangai | Shangai (m) | [ʃaŋái] |

243. Política. Governo. Parte 1

| política (f) | politikë (f) | [politíkə] |
| político | politike | [politíkɛ] |

político (m)	politikan (m)	[politikán]
estado (m)	shtet (m)	[ʃtɛt]
cidadão (m)	nënshtetas (m)	[nənʃtétas]
cidadania (f)	nënshtetësi (f)	[nənʃtɛtəsí]

| brasão (m) de armas | simbol kombëtar (m) | [simból kombətár] |
| hino (m) nacional | himni kombëtar (m) | [hímni kombətár] |

governo (m)	qeveri (f)	[cɛvɛrí]
Chefe (m) de Estado	kreu i shtetit (m)	[kréu i ʃtétit]
parlamento (m)	parlament (m)	[parlamént]
partido (m)	parti (f)	[partí]

| capitalismo (m) | kapitalizëm (m) | [kapitalízəm] |
| capitalista | kapitalist | [kapitalíst] |

| socialismo (m) | socializëm (m) | [sotsialízəm] |
| socialista | socialist | [sotsialíst] |

comunismo (m)	komunizëm (m)	[komunízəm]
comunista	komunist	[komuníst]
comunista (m)	komunist (m)	[komuníst]

democracia (f)	demokraci (f)	[dɛmokratsí]
democrata (m)	demokrat (m)	[dɛmokrát]
democrático	demokratik	[dɛmokratík]
Partido (m) Democrático	parti demokratike (f)	[partí dɛmokratíkɛ]

| liberal (m) | liberal (m) | [libɛrál] |
| liberal | liberal | [libɛrál] |

| conservador (m) | konservativ (m) | [konsɛrvatív] |
| conservador | konservativ | [konsɛrvatív] |

república (f)	republikë (f)	[rɛpublíkə]
republicano (m)	republikan (m)	[rɛpublikán]
Partido (m) Republicano	parti republikane (f)	[partí rɛpublikánɛ]

eleições (f pl)	zgjedhje (f)	[zɟéðjɛ]
eleger (vt)	zgjedh	[zɟɛð]
eleitor (m)	zgjedhës (m)	[zɟéðəs]
campanha (f) eleitoral	fushatë zgjedhore (f)	[fuʃátə zɟɛðórɛ]

votação (f)	votim (m)	[votím]
votar (vi)	votoj	[votój]
direito (m) de voto	e drejta e votës (f)	[ɛ dréjta ɛ vótəs]

candidato (m)	kandidat (m)	[kandidát]
candidatar-se (vi)	jam kandidat	[jam kandidát]
campanha (f)	fushatë (f)	[fuʃátə]

| da oposição | opozitar | [opozitár] |
| oposição (f) | opozitë (f) | [opozítə] |

| visita (f) | vizitë (f) | [vizítə] |
| visita (f) oficial | vizitë zyrtare (f) | [vizítə zyrtárɛ] |

internacional	ndërkombëtar	[ndərkombətár]
negociações (f pl)	negociata (f)	[nɛgotsiáta]
negociar (vi)	negocioj	[nɛgotsiój]

244. Política. Governo. Parte 2

sociedade (f)	shoqëri (f)	[ʃocərí]
constituição (f)	kushtetutë (f)	[kuʃtɛtútə]
poder (ir para o ~)	pushtet (m)	[puʃtét]
corrupção (f)	korrupsion (m)	[korupsión]

| lei (f) | ligj (m) | [liɟ] |
| legal | ligjor | [liɟór] |

| justiça (f) | drejtësi (f) | [drɛjtəsí] |
| justo | e drejtë | [ɛ dréjtə] |

comité (m)	komitet (m)	[komitét]
projeto-lei (m)	projektligj (m)	[projɛktlíɟ]
orçamento (m)	buxhet (m)	[budʒét]
política (f)	politikë (f)	[politíkə]
reforma (f)	reformë (f)	[rɛfórmə]
radical	radikal	[radikál]

força (f)	fuqi (f)	[fucí]
poderoso	i fuqishëm	[i fucíʃəm]
partidário (m)	mbështetës (m)	[mbəʃtétəs]
influência (f)	ndikim (m)	[ndikím]

regime (m)	regjim (m)	[rɛɟím]
conflito (m)	konflikt (m)	[konflíkt]
conspiração (f)	komplot (m)	[komplót]
provocação (f)	provokim (m)	[provokím]

derrubar (vt)	rrëzoj	[rəzój]
derrube (m), queda (f)	rrëzim (m)	[rəzím]
revolução (f)	revolucion (m)	[rɛvolutsión]

| golpe (m) de Estado | grusht shteti (m) | [grúʃt ʃtéti] |
| golpe (m) militar | puç ushtarak (m) | [putʃ uʃtarák] |

crise (f)	krizë (f)	[krízə]
recessão (f) económica	recesion ekonomik (m)	[rɛtsɛsión ɛkonomík]
manifestante (m)	protestues (m)	[protɛstúɛs]
manifestação (f)	protestë (f)	[protéstə]
lei (f) marcial	ligj ushtarak (m)	[liɟ uʃtarák]
base (f) militar	bazë ushtarake (f)	[bázə uʃtaríkɛ]

| estabilidade (f) | stabilitet (m) | [stabilitét] |
| estável | stabil | [stabíl] |

exploração (f)	shfrytëzim (m)	[ʃfrytəzím]
explorar (vt)	shfrytëzoj	[ʃfrytəzój]
racismo (m)	racizëm (m)	[ratsízəm]

racista (m)	racist (m)	[ratsíst]
fascismo (m)	fashizëm (m)	[faʃízəm]
fascista (m)	fashist (m)	[faʃíst]

245. Países. Diversos

estrangeiro (m)	i huaj (m)	[i húaj]
estrangeiro	huaj	[húaj]
no estrangeiro	jashtë shteti	[jáʃtə ʃtéti]

emigrante (m)	emigrant (m)	[ɛmigránt]
emigração (f)	emigracion (m)	[ɛmigratsión]
emigrar (vi)	emigroj	[ɛmigrój]

Ocidente (m)	Perëndimi (m)	[pɛrəndími]
Oriente (m)	Lindja (f)	[líndja]
Extremo Oriente (m)	Lindja e Largët (f)	[líndja ɛ lárgət]
civilização (f)	civilizim (m)	[tsivilizím]
humanidade (f)	njerëzia (f)	[ɲɛrəzía]
mundo (m)	bota (f)	[bóta]
paz (f)	paqe (f)	[pácɛ]
mundial	botëror	[botərór]

pátria (f)	atdhe (f)	[atðé]
povo (m)	njerëz (m)	[ɲérəz]
população (f)	popullsi (f)	[popuɫsí]
gente (f)	njerëz (m)	[ɲérəz]
nação (f)	komb (m)	[komb]
geração (f)	brez (m)	[brɛz]
território (m)	zonë (f)	[zónə]
região (f)	rajon (m)	[rajón]
estado (m)	shtet (m)	[ʃtɛt]

tradição (f)	traditë (f)	[tradítə]
costume (m)	zakon (m)	[zakón]
ecologia (f)	ekologjia (f)	[ɛkoloɟía]

índio (m)	Indian të Amerikës (m)	[indián tə amɛríkəs]
cigano (m)	jevg (m)	[jɛvg]
cigana (f)	jevge (f)	[jévgɛ]
cigano	jevg	[jɛvg]

império (m)	perandori (f)	[pɛrandorí]
colónia (f)	koloni (f)	[kolbackní]
escravidão (f)	skllevëri (m)	[skɫɛvərí]
invasão (f)	pushtim (m)	[puʃtím]
fome (f)	uria (f)	[uría]

246. Grupos religiosos mais importantes. Confissões

| religião (f) | religjion (m) | [rɛliɟión] |
| religioso | religjioz | [rɛliɟióz] |

crença (f)	fe, besim (m)	[fé], [bɛsím]
crer (vt)	besoj	[bɛsój]
crente (m)	besimtar (m)	[bɛsimtár]

| ateísmo (m) | ateizëm (m) | [atɛízəm] |
| ateu (m) | ateist (m) | [atɛíst] |

cristianismo (m)	Krishterimi (m)	[kriʃtɛrími]
cristão (m)	i krishterë (m)	[i kriʃtérə]
cristão	krishterë	[kriʃtérə]

catolicismo (m)	Katolicizëm (m)	[katolitsízəm]
católico (m)	Katolik (m)	[katolík]
católico	katolik	[katolík]

protestantismo (m)	Protestantizëm (m)	[protɛstantízəm]
Igreja (f) Protestante	Kishë Protestante (f)	[kíʃə protɛstántɛ]
protestante (m)	Protestant (m)	[protɛstánt]

ortodoxia (f)	Ortodoksia (f)	[ortodoksía]
Igreja (f) Ortodoxa	Kishë Ortodokse (f)	[kíʃə ortodóksɛ]
ortodoxo (m)	Ortodoks (m)	[ortodóks]

presbiterianismo (m)	Presbiterian (m)	[prɛsbitɛrián]
Igreja (f) Presbiteriana	Kishë Presbiteriane (f)	[kíʃə prɛsbitɛriánɛ]
presbiteriano (m)	Presbiterian (m)	[prɛsbitɛrián]

| Igreja (f) Luterana | Luterianizëm (m) | [lutɛrianízəm] |
| luterano (m) | Luterian (m) | [lutɛrián] |

| Igreja (f) Batista | Kishë Baptiste (f) | [kíʃə baptístɛ] |
| batista (m) | Baptist (m) | [baptíst] |

| Igreja (f) Anglicana | Kishë Anglikane (f) | [kíʃə aŋlikánɛ] |
| anglicano (m) | Anglikan (m) | [aŋlikán] |

| mormonismo (m) | Mormonizëm (m) | [mormonízəm] |
| mórmon (m) | Mormon (m) | [mormón] |

| Judaísmo (m) | Judaizëm (m) | [judaízəm] |
| judeu (m) | çifut (m) | [tʃifút] |

| budismo (m) | Budizëm (m) | [budízəm] |
| budista (m) | Budist (m) | [budíst] |

| hinduísmo (m) | Hinduizëm (m) | [hinduízəm] |
| hindu (m) | Hindu (m) | [híndu] |

Islão (m)	Islam (m)	[islám]
muçulmano (m)	Mysliman (m)	[myslimán]
muçulmano	Mysliman	[myslimán]

Xiismo (m)	Islami Shia (m)	[islámi ʃía]
xiita (m)	Shiitë (f)	[ʃíitə]
sunismo (m)	Islami Suni (m)	[islámi súni]
sunita (m)	Sunit (m)	[sunít]

247. Religiões. Padres

| padre (m) | prift (m) | [prift] |
| Papa (m) | Papa (f) | [pápa] |

monge (m)	murg, frat (m)	[murg], [frat]
freira (f)	murgeshë (f)	[murgéʃə]
pastor (m)	pastor (m)	[pastór]

abade (m)	abat (m)	[abát]
vigário (m)	famullitar (m)	[famuɬitár]
bispo (m)	peshkop (m)	[pɛʃkóp]
cardeal (m)	kardinal (m)	[kardinál]

pregador (m)	predikues (m)	[prɛdikúɛs]
sermão (m)	predikim (m)	[prɛdikím]
paroquianos (pl)	faullistë (f)	[fauɬístə]

| crente (m) | besimtar (m) | [bɛsimtár] |
| ateu (m) | ateist (m) | [atɛíst] |

248. Fé. Cristianismo. Islão

| Adão | Adam (m) | [adám] |
| Eva | eva (f) | [éva] |

Deus (m)	Zot (m)	[zot]
Senhor (m)	Zoti (m)	[zóti]
Todo Poderoso (m)	i Plotfuqishmi (m)	[i plotfucíʃmi]

pecado (m)	mëkat (m)	[məkát]
pecar (vi)	mëkatoj	[məkatój]
pecador (m)	mëkatar (m)	[məkatár]
pecadora (f)	mëkatare (f)	[məkatárɛ]

| inferno (m) | ferr (m) | [fɛr] |
| paraíso (m) | parajsë (f) | [parájsə] |

| Jesus | Jezus (m) | [jézus] |
| Jesus Cristo | Jezu Krishti (m) | [jézu kríʃti] |

Espírito (m) Santo	Shpirti i Shenjtë (m)	[ʃpírti i ʃéɲtə]
Salvador (m)	Shpëtimtar (m)	[ʃpətimtár]
Virgem Maria (f)	e Virgjëra Meri (f)	[ɛ vírɉəra méri]

Diabo (m)	Djalli (m)	[djáɬi]
diabólico	i djallit	[i djáɬit]
Satanás (m)	Satani (m)	[satáni]
satânico	satanik	[sataník]

anjo (m)	engjëll (m)	[éɲɉəɬ]
anjo (m) da guarda	engjëlli mbrojtës (m)	[éɲɉəɬi mbrójtəs]
angélico	engjëllor	[ɛɲɉəɬór]

apóstolo (m)	apostull (m)	[apóstuɫ]
arcanjo (m)	kryeengjëll (m)	[kryɛénɟəɫ]
anticristo (m)	Antikrishti (m)	[antikríʃti]

Igreja (f)	Kishë (f)	[kíʃə]
Bíblia (f)	Bibla (f)	[bíbla]
bíblico	biblik	[biblík]

Velho Testamento (m)	Dhiata e Vjetër (f)	[ðiáta ɛ vjétər]
Novo Testamento (m)	Dhiata e Re (f)	[ðiáta ɛ ré]
Evangelho (m)	ungjill (m)	[unɟíɫ]
Sagradas Escrituras (f pl)	Libri i Shenjtë (m)	[líbri i ʃéɲtə]
Céu (m)	parajsa (f)	[parájsa]

mandamento (m)	urdhëresë (f)	[urðərésə]
profeta (m)	profet (m)	[profét]
profecia (f)	profeci (f)	[profɛtsí]

Alá	Allah (m)	[aɫáh]
Maomé	Muhamed (m)	[muhaméd]
Corão, Alcorão (m)	Kurani (m)	[kuráni]

mesquita (f)	xhami (f)	[dʒamí]
mulá (m)	hoxhë (m)	[hódʒə]
oração (f)	lutje (f)	[lútjɛ]
rezar, orar (vi)	lutem	[lútɛm]

peregrinação (f)	pelegrinazh (m)	[pɛlɛɡrináʒ]
peregrino (m)	pelegrin (m)	[pɛlɛɡrín]
Meca (f)	Mekë (f)	[mékə]

igreja (f)	kishë (f)	[kíʃə]
templo (m)	tempull (m)	[témpuɫ]
catedral (f)	katedrale (f)	[katɛdrálɛ]
gótico	Gotik	[gotík]
sinagoga (f)	sinagogë (f)	[sinagógə]
mesquita (f)	xhami (f)	[dʒamí]

capela (f)	kishëz (m)	[kíʃəz]
abadia (f)	abaci (f)	[ábatsi]
mosteiro (m)	manastir (m)	[manastír]

sino (m)	kambanë (f)	[kambánə]
campanário (m)	kulla e kambanës (f)	[kúɫa ɛ kambánəs]
repicar (vi)	bien	[bíɛn]

cruz (f)	kryq (m)	[kryc]
cúpula (f)	kupola (f)	[kupóla]
ícone (m)	ikona (f)	[ikóna]

alma (f)	shpirt (m)	[ʃpirt]
destino (m)	fat (m)	[fat]
mal (m)	e keqe (f)	[ɛ kécɛ]
bem (m)	e mirë (f)	[ɛ mírə]
vampiro (m)	vampir (m)	[vampír]
bruxa (f)	shtrigë (f)	[ʃtrígə]

demónio (m)	djall (m)	[djáɬ]
espírito (m)	shpirt (m)	[ʃpirt]
redenção (f)	shëlbim (m)	[ʃəlbím]
redimir (vt)	shëlbej	[ʃəlbéj]
missa (f)	meshë (f)	[méʃə]
celebrar a missa	lus meshë	[lús méʃə]
confissão (f)	rrëfim (m)	[rəfím]
confessar-se (vr)	rrëfej	[rəféj]
santo (m)	shenjt (m)	[ʃɛɲt]
sagrado	i shenjtë	[i ʃéɲtə]
água (f) benta	ujë i bekuar (m)	[újə i bɛkúar]
ritual (m)	ritual (m)	[rituál]
ritual	ritual	[rituál]
sacrifício (m)	sakrificë (f)	[sakrifítsə]
superstição (f)	besëtytni (f)	[bɛsətytní]
supersticioso	supersticioz	[supɛrstitsióz]
vida (f) depois da morte	jeta e përtejme (f)	[jéta ɛ pərtéjmɛ]
vida (f) eterna	përjetësia (f)	[pərjɛtəsía]

TEMAS DIVERSOS

249. Várias palavras úteis

ajuda (f)	ndihmë (f)	[ndíhmə]
barreira (f)	pengesë (f)	[pɛŋésə]
base (f)	bazë (f)	[bázə]
categoria (f)	kategori (f)	[katɛgorí]
causa (f)	shkak (m)	[ʃkak]
coincidência (f)	rastësi (f)	[rastəsí]
coisa (f)	gjë (f)	[ɟə]
começo (m)	fillim (m)	[fiɫím]
cómodo (ex. poltrona ~a)	i rehatshëm	[i rɛhátʃəm]
comparação (f)	krahasim (m)	[krahasím]
compensação (f)	shpërblim (m)	[ʃpərblím]
crescimento (m)	rritje (f)	[rítjɛ]
desenvolvimento (m)	zhvillim (m)	[ʒviɫím]
diferença (f)	ndryshim (m)	[ndryʃím]
efeito (m)	efekt (m)	[ɛfékt]
elemento (m)	element (m)	[ɛlɛmént]
equilíbrio (m)	ekuilibër (m)	[ɛkuilíbər]
erro (m)	gabim (m)	[gabím]
esforço (m)	përpjekje (f)	[pərpjékjɛ]
estilo (m)	stil (m)	[stil]
exemplo (m)	shembull (m)	[ʃémbuɫ]
facto (m)	fakt (m)	[fakt]
fim (m)	fund (m)	[fund]
forma (f)	formë (f)	[fórmə]
frequente	i shpeshtë	[i ʃpéʃtə]
fundo (ex. ~ verde)	sfond (m)	[sfónd]
género (tipo)	lloj (m)	[ɫoj]
grau (m)	nivel (m)	[nivél]
ideal (m)	ideal (m)	[idɛál]
labirinto (m)	labirint (m)	[labirínt]
modo (m)	rrugëzgjidhje (f)	[rugəzɟíðjɛ]
momento (m)	moment (m)	[momént]
objeto (m)	objekt (m)	[objékt]
obstáculo (m)	pengesë (f)	[pɛŋésə]
original (m)	origjinal (m)	[oriɟinál]
padrão	standard	[standárd]
padrão (m)	standard (m)	[standárd]
paragem (pausa)	pauzë (f)	[paúzə]
parte (f)	pjesë (f)	[pjésə]

partícula (f)	grimcë (f)	[grímtsə]
pausa (f)	pushim (m)	[puʃím]
posição (f)	pozicion (m)	[pozitsión]
princípio (m)	parim (m)	[parím]

problema (m)	problem (m)	[problém]
processo (m)	proces (m)	[protsés]
progresso (m)	ecje përpara (f)	[étsjɛ pərpára]
propriedade (f)	cilësi (f)	[tsiləsí]

reação (f)	reagim (m)	[rɛagím]
risco (m)	rrezik (m)	[rɛzík]
ritmo (m)	ritëm (m)	[rítəm]
segredo (m)	sekret (m)	[sɛkrét]
série (f)	seri (f)	[sɛrí]

sistema (m)	sistem (m)	[sistém]
situação (f)	situatë (f)	[situátə]
solução (f)	zgjidhje (f)	[zʝíðjɛ]
tabela (f)	tabelë (f)	[tabélə]
termo (ex. ~ técnico)	term (m)	[tɛrm]

tipo (m)	tip (m)	[tip]
urgente	urgjent	[urɟént]
urgentemente	urgjentisht	[urɟɛntíʃt]
utilidade (f)	vegël (f)	[végəl]

variante (f)	variant (m)	[variánt]
variedade (f)	zgjedhje (f)	[zʝéðjɛ]
verdade (f)	e vërtetë (f)	[ɛ vərtétə]
vez (f)	kthesë (f)	[kθésə]
zona (f)	zonë (f)	[zónə]

250. Modificadores. Adjetivos. Parte 1

aberto	i hapur	[i hápur]
afiado	i mprehtë	[i mpréhtə]
agradável	i bukur	[i búkur]
agradecido	mirënjohës	[mirəɲóhəs]
alegre	i gëzuar	[i gəzúar]

alto (ex. voz ~a)	i lartë	[i lártə]
amargo	i hidhur	[i híður]
amplo	i bollshëm	[i bółʃəm]
antigo	i lashtë	[i láʃtə]
apertado (sapatos ~s)	ngushtë	[ŋúʃtə]

apropriado	i përshtatshëm	[i pərʃtátʃəm]
arriscado	i rrezikshëm	[i rɛzíkʃəm]
artificial	artificial	[artifitsiál]
azedo	i hidhur	[i híður]

| baixo (voz ~a) | i ulët | [i úlət] |
| barato | i lirë | [i lírə] |

| belo | i bukur | [i búkur] |
| bom | i mirë | [i mírə] |

bondoso	i mirë	[i mírə]
bonito	i bukur	[i búkur]
bronzeado	i nxirë	[i ndzírə]
burro, estúpido	budalla	[budałá]
calmo	i qetë	[i cétə]

cansado	i lodhur	[i lóður]
cansativo	i mundimshëm	[i mundímʃəm]
carinhoso	i dashur	[i dáʃur]
caro	i shtrenjtë	[i ʃtréɲtə]
cego	i verbër	[i vérbər]

central	qendror	[cɛndrór]
cerrado (ex. nevoeiro ~)	i trashë	[i tráʃə]
cheio (ex. copo ~)	i mbushur	[i mbúʃur]
civil	civil	[tsivíl]

clandestino	klandestin	[klandɛstín]
claro	i çelët	[i tʃélət]
claro (explicação ~a)	i qartë	[i cártə]
compatível	i përshtatshëm	[i pərʃtátʃəm]

comum, normal	i zakonshëm	[i zakónʃəm]
congelado	i ngrirë	[i ŋrírə]
conjunto	i përbashkët	[i pərbáʃkət]
considerável	i rëndësishëm	[i rəndəsíʃəm]
contente	i kënaqur	[i kənácur]

contínuo	i zgjatur	[i zɟátur]
contrário (ex. o efeito ~)	i kundërt	[i kúndərt]
correto (resposta ~a)	i saktë	[i sáktə]
cru (não cozinhado)	i gjallë	[i ɟáłə]
curto	i shkurtër	[i ʃkúrtər]

de curta duração	jetëshkurtër	[jɛtəʃkúrtər]
de sol, ensolarado	me diell	[mɛ díɛł]
de trás	i pasmë	[i pásmə]
denso (fumo, etc.)	i dendur	[i déndur]
desanuviado	pa re	[pa rɛ]

descuidado	i pakujdesshëm	[i pakujdésʃəm]
diferente	i ndryshëm	[i ndrýʃəm]
difícil	i vështirë	[i vəʃtírə]
difícil, complexo	i vështirë	[i vəʃtírə]
direito	djathtë	[djáθtə]

distante	i largët	[i lárgət]
diverso	i ndryshëm	[i ndrýʃəm]
doce (açucarado)	i ëmbël	[i émbəl]
doce (água)	i freskët	[i fréskət]
doente	i sëmurë	[i səmúrə]
duro (material ~)	i fortë	[i fórtə]
educado	i sjellshëm	[i sjétʃəm]

| encantador | i mirë | [i mírə] |
| enigmático | misterioz | [mistɛrióz] |

enorme	i madh	[i máð]
escuro (quarto ~)	i errët	[i érət]
especial	i veçantë	[i vɛtʃántə]
esquerdo	majtë	[májtə]
estrangeiro	huaj	[húaj]

estreito	i ngushtë	[i ŋúʃtə]
exato	i saktë	[i sáktə]
excelente	i shkëlqyer	[i ʃkəlcýɛr]
excessivo	i tepërt	[i tépərt]
externo	i jashtëm	[i jáʃtəm]

fácil	i lehtë	[i léhtə]
faminto	i uritur	[i urítur]
fechado	i mbyllur	[i mbýɫur]
feliz	i lumtur	[i lúmtur]
fértil (terreno ~)	pjellore	[pjɛɫórɛ]

forte (pessoa ~)	i fortë	[i fórtə]
fraco (luz ~a)	i zbehtë	[i zbéhtə]
frágil	delikat	[dɛlikát]
fresco	i ftohtë	[i ftóhtə]
fresco (pão ~)	i freskët	[i fréskət]

frio	i ftohtë	[i ftóhtə]
gordo	i yndyrshëm	[i yndýrʃəm]
gostoso	i shijshëm	[i ʃíjʃəm]
grande	i madh	[i máð]

gratuito, grátis	falas	[fálas]
grosso (camada ~a)	i trashë	[i tráʃə]
hostil	armiqësor	[armicəsór]
húmido	i lagësht	[i lágəʃt]

251. Modificadores. Adjetivos. Parte 2

igual	i njëjtë	[i ɲéjtə]
imóvel	i palëvizshëm	[i paləvízʃəm]
importante	i rëndësishëm	[i rəndəsíʃəm]
impossível	i pamundur	[i pamúndur]
incompreensível	i pakuptueshëm	[i pakuptúɛʃəm]

indigente	i mjerë	[i mjérə]
indispensável	i pazëvendësueshëm	[i pazəvɛndəsúɛʃəm]
inexperiente	i papërvojë	[i papərvójə]
infantil	i fëmijëve	[i fəmíjəvɛ]

ininterrupto	i vazhdueshëm	[i vaʒdúɛʃəm]
insignificante	i parëndësishëm	[i parəndəsíʃəm]
inteiro (completo)	i plotë	[i plótə]
inteligente	i zgjuar	[i zɟúar]

interno	i brendshëm	[i bréndʃəm]
jovem	i ri	[i rí]
largo (caminho ~)	i gjerë	[i ɟérə]
legal	ligjor	[liɟór]
leve	i lehtë	[i léhtə]

limitado	i kufizuar	[i kufizúar]
limpo	i pastër	[i pástər]
líquido	i lëngët	[i lə́ŋət]
liso	i lëmuar	[i ləmúar]
liso (superfície ~a)	i barabartë	[i barabártə]

livre	i lirë	[i lírə]
longo (ex. cabelos ~s)	i gjatë	[i ɟátə]
maduro (ex. fruto ~)	i pjekur	[i pjékur]
magro	i dobët	[i dóbət]
magro (pessoa)	i hollë	[i hóɫə]

mais próximo	më i afërti	[mə i áfərti]
mais recente	kaluar	[kalúar]
mate, baço	mat	[mat]
mau	i keq	[i kéc]
meticuloso	i hollësishëm	[i hoɫəsíʃəm]

míope	miop	[mióp]
mole	i butë	[i bútə]
molhado	i lagur	[i lágur]
moreno	zeshkan	[zɛʃkán]
morto	i vdekur	[i vdékur]

não difícil	jo i vështirë	[jo i vəʃtírə]
não é clara	i paqartë	[i pacártə]
não muito grande	jo i madh	[jo i máð]
natal (país ~)	autokton	[autoktón]
necessário	i nevojshëm	[i nɛvójʃəm]

negativo	negativ	[nɛgatív]
nervoso	nervoz	[nɛrvóz]
normal	normal	[normál]
novo	i ri	[i rí]
o mais importante	më i rëndësishmi	[mə i rəndəsíʃmi]

obrigatório	i detyrueshëm	[i dɛtyrúɛʃəm]
original	origjinal	[oriɟinál]
passado	i fundit	[i fúndit]
pequeno	i vogël	[i vógəl]
perigoso	i rrezikshëm	[i rɛzíkʃəm]

permanente	i përhershëm	[i pərhérʃəm]
perto	pranë	[pránə]
pesado	i rëndë	[i rə́ndə]
pessoal	personal	[pɛrsonál]
plano (ex. ecrã ~ a)	i sheshtë	[i ʃéʃtə]

| pobre | i varfër | [i várfər] |
| pontual | i përpiktë | [i pərpíktə] |

possível	i mundur	[i múndur]
pouco fundo	i cekët	[i tsékət]
presente (ex. momento ~)	i pranishëm	[i praníʃəm]

prévio	i mëparshëm	[i məpárʃəm]
primeiro (principal)	kryesor	[kryɛsór]
principal	kryesor	[kryɛsór]
privado	privat	[prívat]

provável	i mundshëm	[i múndʃəm]
próximo	i afërt	[i áfərt]
público	publik	[publík]
quente (cálido)	i nxehtë	[i ndzéhtə]

quente (morno)	ngrohtë	[ŋróhtə]
rápido	i shpejtë	[i ʃpéjtə]
raro	i rrallë	[i rátə]
remoto, longínquo	larg	[larg]
reto	i drejtë	[i dréjtə]

salgado	kripur	[krípur]
satisfeito	i kënaqur	[i kənácur]
seco	i thatë	[i θátə]
seguinte	tjetër	[tjétər]
seguro	i sigurt	[i sígurt]

similar	i ngjashëm	[i ɲáʃəm]
simples	i thjeshtë	[i θjéʃtə]
soberbo	i përsosur	[i pərsósur]
sólido	i ngjeshur	[i ɲéʃur]
sombrio	i vrazhdë	[i vráʒdə]

sujo	i pistë	[i pístə]
superior	më i larti	[mə i lárti]
suplementar	shtesë	[ʃtésə]
terno, afetuoso	i ndjeshëm	[i ndjéʃəm]

tranquilo	i qetë	[i cétə]
transparente	i tejdukshëm	[i tɛjdúkʃəm]
triste (pessoa)	i mërzitur	[i mərzítur]
triste (um ar ~)	i mërzitur	[i mərzítur]
último	i fundit	[i fúndit]

único	unik	[uník]
usado	i përdorur	[i pərdórur]
vazio (meio ~)	zbrazët	[zbrázət]
velho	i vjetër	[i vjétər]
vizinho	fqinj	[fcíɲ]

500 VERBOS PRINCIPAIS

252. Verbos A-B

aborrecer-se (vr)	mërzitem	[mərzítɛm]
abraçar (vt)	përqafoj	[pərcafój]
abrir (~ a janela)	hap	[hap]
acalmar (vt)	qetësoj	[cɛtəsój]

acariciar (vt)	përkëdhel	[pərkəðél]
acenar (vt)	bëj me dorë	[bəj mɛ dórə]
acender (~ uma fogueira)	ndez	[ndɛz]
achar (vt)	besoj	[bɛsój]

acompanhar (vt)	shoqëroj	[ʃocərój]
aconselhar (vt)	këshilloj	[kəʃitój]
acordar (despertar)	zgjoj	[zɟoj]
acrescentar (vt)	shtoj	[ʃtoj]

acusar (vt)	akuzoj	[akuzój]
adestrar (vt)	stërvit	[stərvít]
adivinhar (vt)	hamendësoj	[hamɛndəsój]
admirar (vt)	admiroj	[admirój]

advertir (vt)	paralajmëroj	[paralajmərój]
afirmar (vt)	pohoj	[pohój]
afogar-se (pessoa)	mbytem	[mbýtɛm]
afugentar (vt)	largoj	[largój]

agir (vi)	veproj	[vɛprój]
agitar, sacudir (objeto)	tund	[tund]
agradecer (vt)	falënderoj	[faləndɛrój]
ajudar (vt)	ndihmoj	[ndihmój]

alcançar (objetivos)	arrij	[aríj]
alimentar (dar comida)	ushqej	[uʃcéj]
almoçar (vi)	ha drekë	[ha drékə]
alugar (~ o barco, etc.)	marr me qira	[mar mɛ cirá]

alugar (~ um apartamento)	marr me qira	[mar mɛ cirá]
amar (pessoa)	dashuroj	[daʃurój]
amarrar (vt)	prangos	[praŋós]
ameaçar (vt)	kërcënoj	[kərtsənój]

amputar (vt)	amputoj	[amputój]
anotar (escrever)	shënoj	[ʃənój]
anular, cancelar (vt)	anuloj	[anulój]
apagar (com apagador, etc.)	fshij	[fʃíj]
apagar (um incêndio)	shuaj	[ʃúaj]
apaixonar-se de ...	bie në dashuri	[bíɛ nə daʃurí]

aparecer (vi)	shfaq	[ʃfac]
aplaudir (vi)	duartrokas	[duartrokás]
apoiar (vt)	mbështes	[mbəʃtés]
apontar para ...	vë në shënjestër	[və nə ʃəɲéstər]

apresentar (alguém a alguém)	prezantoj	[prɛzantój]
apresentar (Gostaria de ~)	prezantoj	[prɛzantój]
apressar (vt)	nxitoj	[ndzitój]
apressar-se (vr)	nxitoj	[ndzitój]

aproximar-se (vr)	afrohem	[afróhɛm]
aquecer (vt)	ngroh	[ŋróh]
arrancar (vt)	gris	[gris]
arranhar (gato, etc.)	gërvisht	[gərvíʃt]

arrepender-se (vr)	pendohem	[pɛndóhɛm]
arriscar (vt)	rrezikoj	[rɛzikój]
arrumar, limpar (vt)	rregulloj	[rɛguɫój]
aspirar a ...	synoj ...	[synój ...]
assinar (vt)	nënshkruaj	[nənʃkrúaj]

assistir (vt)	ndihmoj	[ndihmój]
atacar (vt)	sulmoj	[sulmój]
atar (vt)	lidh ...	[lið ...]
atirar (vi)	qëlloj	[cəɫój]

atracar (vi)	ankoroj	[ankorój]
aumentar (vi)	shtoj	[ʃtoj]
aumentar (vt)	rritem	[rítɛm]
avançar (sb. trabalhos, etc.)	ec përpara	[ɛts pərpára]

avistar (vt)	hedh një sy	[hɛð ɲə sý]
baixar (guindaste)	ul	[ul]
barbear-se (vr)	rruhem	[rúhɛm]
basear-se em ...	bazuar	[bazúar]

bastar (vi)	mjafton	[mjaftón]
bater (espancar)	rrah	[rah]
bater (vi)	trokas	[trokás]
bater-se (vr)	luftoj	[luftój]

beber, tomar (vt)	pi	[pi]
brilhar (vi)	shkëlqej	[ʃkəlcéj]
brincar, jogar (crianças)	luaj	[lúaj]
buscar (vt)	kërkoj ...	[kərkój ...]

253. Verbos C-D

caçar (vi)	dal për gjah	[dál pər ɟáh]
calar-se (parar de falar)	ndaloj së foluri	[ndalój sə fóluri]
calcular (vt)	numëroj	[numərój]
carregar (o caminhão)	ngarkoj	[ŋarkój]
carregar (uma arma)	mbush	[mbúʃ]

casar-se (vr)	martohem	[martóhɛm]
causar (vt)	shkaktoj ...	[ʃkaktój ...]
cavar (vt)	gërmoj	[gərmój]

ceder (não resistir)	tërhiqem	[tərhícɛm]
cegar, ofuscar (vt)	zë rrugën	[zə rúgən]
censurar (vt)	qortoj	[cortój]
cessar (vt)	ndaloj	[ndalój]

chamar (~ por socorro)	thërras	[θərás]
chamar (dizer em voz alta o nome)	thërras	[θərás]
chegar (a algum lugar)	arrij	[aríj]
chegar (sb. comboio, etc.)	arrij	[aríj]

cheirar (tem o cheiro)	mban erë	[mbán érə]
cheirar (uma flor)	nuhas	[nuhás]
chorar (vi)	qaj	[caj]
citar (vt)	citoj	[tsitój]

colher (flores)	këpus	[kəpús]
colocar (vt)	vendos	[vɛndós]
combater (vi, vt)	luftoj	[luftój]
começar (vt)	filloj	[fiɫój]

comer (vt)	ha	[ha]
comparar (vt)	krahasoj	[krahasój]
compensar (vt)	kompensoj	[kompɛnsój]
competir (vi)	konkurroj	[konkurój]

complicar (vt)	komplikoj	[komplikój]
compor (vt)	kompozoj	[kompozój]
comportar-se (vr)	sillem	[síɫɛm]
comprar (vt)	blej	[blɛj]

compreender (vt)	kuptoj	[kuptój]
comprometer (vt)	komprometoj	[kompromɛtój]
concentrar-se (vr)	përqendrohem	[pərcɛndróhɛm]
concordar (dizer "sim")	bie dakord	[bíɛ dakórd]

condecorar (dar medalha)	dekoroj	[dɛkorój]
conduzir (~ o carro)	ngas makinën	[ŋas makínən]
confessar-se (criminoso)	rrëfehem	[rəféhɛm]
confiar (vt)	besoj	[bɛsój]

confundir (equivocar-se)	ngatërroj	[ŋatərój]
conhecer (vt)	njoh	[ɲóh]
conhecer-se (vr)	njihem me	[ɲíhɛm mɛ]
consertar (vt)	rregulloj	[rɛguɫój]

consultar ...	konsultohem	[konsultóhɛm]
contagiar-se com ...	infektohem ...	[infɛktóhɛm ...]
contar (vt)	tregoj	[trɛgój]
contar com ...	mbështetem ...	[mbəʃtétɛm ...]
continuar (vt)	vazhdoj	[vaʒdój]
contratar (vt)	punësoj	[punəsój]

controlar (vt)	**kontrolloj**	[kontroɫój]
convencer (vt)	**bind**	[bínd]
convidar (vt)	**ftoj**	[ftoj]
cooperar (vi)	**bashkëpunoj**	[baʃkəpunój]
coordenar (vt)	**koordinoj**	[koordinój]
corar (vi)	**skuqem**	[skúcɛm]
correr (vi)	**vrapoj**	[vrapój]
corrigir (vt)	**korrigjoj**	[koriɉój]
cortar (com um machado)	**këpus**	[kəpús]
cortar (vt)	**pres**	[prɛs]
cozinhar (vt)	**përgatis**	[pərgatís]
crer (pensar)	**besoj**	[bɛsój]
criar (vt)	**krijoj**	[krijój]
cultivar (vt)	**rris**	[ris]
cuspir (vi)	**pështyj**	[pəʃtýj]
custar (vt)	**kushton**	[kuʃtón]
dar (vt)	**jap**	[jap]
dar banho, lavar (vt)	**lahem**	[láhɛm]
datar (vi)	**daton ...**	[datón ...]
decidir (vt)	**vendos**	[vɛndós]
decorar (enfeitar)	**zbukuroj**	[zbukurój]
dedicar (vt)	**dedikoj**	[dɛdikój]
defender (vt)	**mbroj**	[mbrój]
defender-se (vr)	**mbrohem**	[mbróhɛm]
deixar (~ a mulher)	**lë**	[lə]
deixar (esquecer)	**harroj**	[harój]
deixar (permitir)	**lejoj**	[lɛjój]
deixar cair (vt)	**lëshoj**	[ləʃój]
denominar (vt)	**emërtoj**	[ɛmərtój]
denunciar (vt)	**denoncoj**	[dɛnontsój]
depender de ... (vi)	**varem nga ...**	[várɛm ŋa ...]
derramar (vt)	**derdh**	[dérð]
derramar-se (vr)	**derdh**	[dérð]
desaparecer (vi)	**zhduk**	[ʒduk]
desatar (vt)	**zgjidh**	[zɉið]
desatracar (vi)	**hedh poshtë**	[hɛð póʃtə]
descansar (um pouco)	**pushoj**	[puʃój]
descer (para baixo)	**zbres**	[zbrɛs]
descobrir (novas terras)	**zbuloj**	[zbulój]
descolar (avião)	**nisem**	[nísɛm]
desculpar (vt)	**fal**	[fal]
desculpar-se (vr)	**kërkoj falje**	[kərkój fáljɛ]
desejar (vt)	**dëshiroj**	[dəʃirój]
desempenhar (vt)	**luaj**	[lúaj]
desligar (vt)	**fik**	[fik]
desprezar (vt)	**përbuz**	[pərbúz]

destruir (documentos, etc.)	shkatërroj	[ʃkatərój]
dever (vi)	duhet	[dúhɛt]
devolver (vt)	kthej mbrapsht	[kθɛj mbrápʃt]

direcionar (vt)	drejtoj	[drɛjtój]
dirigir (~ uma empresa)	drejtoj	[drɛjtój]
dirigir-se	i drejtohem	[i drɛjtóhɛm]
(a um auditório, etc.)		
discutir (notícias, etc.)	diskutoj	[diskutój]

distribuir (folhetos, etc.)	shpërndaj	[ʃpərndáj]
distribuir (vt)	shpërndaj	[ʃpərndáj]
divertir (vt)	argëtoj	[argətój]
divertir-se (vr)	kënaqem	[kənácɛm]

dividir (mat.)	pjesëtoj	[pjɛsətój]
dizer (vt)	them	[θɛm]
dobrar (vt)	dyfishoj	[dyfiʃój]
duvidar (vt)	dyshoj	[dyʃój]

254. Verbos E-J

elaborar (uma lista)	përgatis	[pərgatís]
elevar-se acima de ...	ngrihem mbi	[ŋríhɛm mbi]
eliminar (um obstáculo)	largoj	[largój]
embrulhar (com papel)	mbështjell	[mbəʃtjéɫ]

emergir (submarino)	dal në sipërfaqe	[dál nə sipərfácɛ]
emitir (vt)	emetoj	[ɛmɛtój]
empreender (vt)	ndërmarr	[ndərmár]
empurrar (vt)	shtyj	[ʃtyj]

encabeçar (vt)	drejtoj	[drɛjtój]
encher (~ a garrafa, etc.)	mbush	[mbúʃ]
encontrar (achar)	gjej	[ɟéj]
enganar (vt)	mashtroj	[maʃtrój]

ensinar (vt)	mësoj	[məsój]
entrar (na sala, etc.)	hyj	[hyj]
enviar (uma carta)	dërgoj	[dərgój]
equipar (vt)	pajis	[pajís]

errar (vi)	gaboj	[gabój]
escolher (vt)	zgjedh	[zɟɛð]
esconder (vt)	fsheh	[fʃéh]
escrever (vt)	shkruaj	[ʃkrúaj]

escutar (vt)	dëgjoj	[dəɟój]
escutar atrás da porta	dëgjoj fshehurazi	[dəɟój fʃéhurazi]
esmagar (um inseto, etc.)	shtyp	[ʃtyp]
esperar (contar com)	pres	[prɛs]

| esperar (o autocarro, etc.) | pres | [prɛs] |
| esperar (ter esperança) | shpresoj | [ʃprɛsój] |

espreitar (vi)	**spiunoj**	[spiunój]
esquecer (vt)	**harroj**	[harój]
estar	**shtrihem**	[ʃtríhɛm]
estar convencido	**bindem**	[bíndɛm]
estar deitado	**shtrihem**	[ʃtríhɛm]
estar perplexo	**jam në mëdyshje**	[jam nə mədýʃjɛ]
estar sentado	**ulem**	[úlɛm]
estremecer (vi)	**rrëqethem**	[rəcéθɛm]
estudar (vt)	**studioj**	[studiój]
evitar (vt)	**shmang**	[ʃmaŋ]
examinar (vt)	**ekzaminoj**	[ɛkzaminój]
exigir (vt)	**kërkoj**	[kərkój]
existir (vi)	**ekzistoj**	[ɛkzistój]
explicar (vt)	**shpjegoj**	[ʃpjɛgój]
expressar (vt)	**shpreh**	[ʃprɛh]
expulsar (vt)	**përjashtohem**	[pərjaʃtóhɛm]
facilitar (vt)	**lehtësoj**	[lɛhtəsój]
falar com ...	**bisedoj ...**	[bisɛdój ...]
faltar a ...	**humbas**	[humbás]
fascinar (vt)	**tërheq**	[tərhéc]
fatigar (vt)	**lodh**	[loð]
fazer (vt)	**bëj**	[bəj]
fazer lembrar	**më kujton ...**	[mə kujtón ...]
fazer piadas	**bëj shaka**	[bəj ʃaká]
fazer uma tentativa	**përpiqem**	[pərpícɛm]
fechar (vt)	**mbyll**	[mbyɫ]
felicitar (dar os parabéns)	**përgëzoj**	[pərgəzój]
ficar cansado	**lodhem**	[lóðɛm]
ficar em silêncio	**hesht**	[hɛʃt]
ficar pensativo	**humbas në mendime**	[humbás nə mɛndímɛ]
forçar (vt)	**detyroj**	[dɛtyrój]
formar (vt)	**formoj**	[formój]
fotografar (vt)	**bëj foto**	[bəj fóto]
gabar-se (vr)	**mburrem**	[mbúrɛm]
garantir (vt)	**garantoj**	[garantój]
gostar (apreciar)	**pëlqej**	[pəlcéj]
gostar (vt)	**më pëlqen**	[mə pəlcén]
gritar (vi)	**bërtas**	[bərtás]
guardar (cartas, etc.)	**mbaj**	[mbáj]
guardar (no armário, etc.)	**largoj**	[largój]
guerrear (vt)	**në luftë**	[nə lúftə]
herdar (vt)	**trashëgoj**	[traʃəgój]
iluminar (vt)	**ndriçoj**	[ndritʃój]
imaginar (vt)	**imagjinoj**	[imaɟinój]
imitar (vt)	**imitoj**	[imitój]
implorar (vt)	**përgjërohem**	[pərɟəróhɛm]

importar (vt)	importoj	[importój]
indicar (orientar)	tregoj	[trɛgój]
indignar-se (vr)	zemërohem	[zɛmǝróhɛm]
infetar, contagiar (vt)	ndot	[ndot]
influenciar (vt)	ndikoj	[ndikój]
informar (fazer saber)	njoftoj	[ɲoftój]
informar (vt)	informoj	[informój]
informar-se (~ sobre)	pyes për	[pýɛs pǝr]
inscrever (na lista)	përfshij	[pǝrfʃij]
inserir (vt)	fus	[fus]
insinuar (vt)	nënkuptoj	[nǝnkuptój]
insistir (vi)	këmbëngul	[kǝmbǝŋúl]
inspirar (vt)	frymëzoj	[frymǝzój]
instruir (vt)	udhëzoj	[uðǝzój]
insultar (vt)	fyej	[fýɛj]
interessar (vt)	interesohem	[intɛrɛsóhɛm]
interessar-se (vr)	interesohem ...	[intɛrɛsóhɛm ...]
intervir (vi)	ndërhyj	[ndǝrhýj]
invejar (vt)	xhelozoj	[dʒɛlozój]
inventar (vt)	shpik	[ʃpik]
ir (a pé)	ec në këmbë	[ɛts nǝ kémbǝ]
ir (de carro, etc.)	shkoj	[ʃkoj]
ir nadar	notoj	[notój]
ir para a cama	shtrihem	[ʃtríhɛm]
irritar (vt)	acaroj	[atsarój]
irritar-se (vr)	acarohem	[atsaróhɛm]
isolar (vt)	izoloj	[izolój]
jantar (vi)	ha darkë	[ha dárkǝ]
jogar, atirar (vt)	hedh	[hɛð]
juntar, unir (vt)	bashkoj	[baʃkój]
juntar-se a ...	i bashkohem	[i baʃkóhɛm]

255. Verbos L-P

lançar (novo projeto)	nis	[nis]
lavar (vt)	laj	[laj]
lavar a roupa	laj rroba	[laj róba]
lavar-se (vr)	lahem	[láhɛm]
lembrar (vt)	kujtoj	[kujtój]
ler (vt)	lexoj	[lɛdzój]
levantar-se (vr)	ngrihem	[ŋríhɛm]
levar (ex. leva isso daqui)	heq	[hɛc]
libertar (cidade, etc.)	çliroj	[tʃlirój]
ligar (o radio, etc.)	ndez	[ndɛz]
limitar (vt)	kufizoj	[kufizój]

limpar (eliminar sujeira)	pastroj	[pastrój]
limpar (vt)	pastroj	[pastrój]
lisonjear (vt)	lajkatoj	[lajkatój]
livrar-se de ...	heq qafe ...	[hɛc cáfɛ ...]
lutar (combater)	luftoj	[luftój]
lutar (desp.)	ndeshem	[ndéʃɛm]
marcar (com lápis, etc.)	shënjoj	[ʃəɲój]
matar (vt)	vras	[vras]
memorizar (vt)	mbaj mend	[mbáj ménd]
mencionar (vt)	përmend	[pərménd]
mentir (vi)	gënjej	[gəɲéj]
merecer (vt)	meritoj	[mɛritój]
mergulhar (vi)	zhytem	[ʒýtɛm]
misturar (combinar)	përziej	[pərzíɛj]
morar (vt)	jetoj	[jɛtój]
mostrar (vt)	tregoj	[trɛgój]
mover (arredar)	lëviz	[ləvíz]
mudar (modificar)	ndryshoj	[ndryʃój]
multiplicar (vt)	shumëzoj	[ʃuməzój]
nadar (vi)	notoj	[notój]
negar (vt)	mohoj	[mohój]
negociar (vi)	negocioj	[nɛgotsiój]
nomear (função)	caktoj	[tsaktój]
obedecer (vt)	bindem	[bíndɛm]
objetar (vt)	kundërshtoj	[kundərʃtój]
observar (vt)	vëzhgoj	[vəʒgój]
ofender (vt)	ofendoj	[ofɛndój]
olhar (vt)	shikoj	[ʃikój]
omitir (vt)	heq	[hɛc]
ordenar (mil.)	urdhëroj	[urðərój]
organizar (evento, etc.)	organizoj	[organizój]
ousar (vt)	guxoj	[gudzój]
ouvir (vt)	dëgjoj	[dəɟój]
pagar (vt)	paguaj	[pagúaj]
parar (para descansar)	ndaloj	[ndalój]
parecer-se (vr)	ngjasoj	[ɲɟasój]
participar (vi)	marr pjesë	[mar pjésə]
partir (~ para o estrangeiro)	largohem	[largóhɛm]
passar (vt)	kaloj	[kalój]
passar a ferro	hekuros	[hɛkurós]
pecar (vi)	mëkatoj	[məkatój]
pedir (comida)	porosis	[porosís]
pedir (um favor, etc.)	pyes	[pýɛs]
pegar (tomar com a mão)	kap	[kap]
pegar (tomar)	marr	[mar]
pendurar (cortinas, etc.)	var	[var]

penetrar (vt)	depërtoj	[dɛpərtój]
pensar (vt)	mendoj	[mɛndój]
pentear-se (vr)	kreh flokët	[kréh flókət]

perceber (ver)	vërej	[vəréj]
perder (o guarda-chuva, etc.)	humb	[húmb]
perdoar (vt)	fal	[fal]
permitir (vt)	lejoj	[lɛjój]

pertencer a ...	përkas ...	[pərkás ...]
perturbar (vt)	shqetësoj	[ʃcɛtəsój]
pesar (ter o peso)	peshoj	[pɛʃój]
pescar (vt)	peshkoj	[pɛʃkój]

planear (vt)	planifikoj	[planifikój]
poder (vi)	mund	[mund]
pôr (posicionar)	vendos	[vɛndós]
possuir (vt)	zotëroj	[zotərój]

predominar (vi, vt)	mbizotëroj	[mbizotərój]
preferir (vt)	preferoj	[prɛfɛrój]
preocupar (vt)	preokupoj	[prɛokupój]
preocupar-se (vr)	shqetësohem	[ʃcɛtəsóhɛm]
preocupar-se (vr)	shqetësohem	[ʃcɛtəsóhɛm]

preparar (vt)	përgatis	[pərgatís]
preservar (ex. ~ a paz)	ruaj	[rúaj]
prever (vt)	parashikoj	[paraʃikój]
privar (vt)	heq	[hɛc]

proibir (vt)	ndaloj	[ndalój]
projetar, criar (vt)	projektoj	[projɛktój]
prometer (vt)	premtoj	[prɛmtój]
pronunciar (vt)	shqiptoj	[ʃciptój]

propor (vt)	propozoj	[propozój]
proteger (a natureza)	mbroj	[mbrój]
protestar (vi)	protestoj	[protɛstój]
provar (~ a teoria, etc.)	dëshmoj	[dəʃmój]

provocar (vt)	provokoj	[provokój]
publicitar (vt)	reklamoj	[rɛklamój]
punir, castigar (vt)	ndëshkoj	[ndəʃkój]
puxar (vt)	tërheq	[tərhéc]

256. Verbos Q-Z

quebrar (vt)	thyej	[θýɛj]
queimar (vt)	djeg	[djég]
queixar-se (vr)	ankohem	[ankóhɛm]
querer (desejar)	dëshiroj	[dəʃirój]

| rachar-se (vr) | plasarit | [plasarít] |
| realizar (vt) | përmbush | [pərmbúʃ] |

| recomendar (vt) | rekomandoj | [rɛkomandój] |
| reconhecer (identificar) | njoh | [ɲóh] |

reconhecer (o erro)	pranoj	[pranój]
recordar, lembrar (vt)	kujtohem	[kujtóhɛm]
recuperar-se (vr)	shërohem	[ʃəróhɛm]
recusar (vt)	refuzoj	[rɛfuzój]

reduzir (vt)	ul	[ul]
refazer (vt)	ribëj	[ribéj]
reforçar (vt)	përforcoj	[pərfortsój]
refrear (vt)	ruhem	[rúhɛm]

regar (plantas)	ujis	[ujís]
remover (~ uma mancha)	heq	[hɛc]
reparar (vt)	riparoj	[riparój]
repetir (dizer outra vez)	përsëris	[pərsərís]

reportar (vt)	raportoj	[raportój]
repreender (vt)	qortoj	[cortój]
reservar (~ um quarto)	rezervoj	[rɛzɛrvój]
resolver (o conflito)	zgjidh	[zɟið]
resolver (um problema)	zgjidh	[zɟið]

respirar (vi)	marr frymë	[mar frýmə]
responder (vt)	përgjigjem	[pərɟíɟɛm]
rezar, orar (vi)	lutem	[lútɛm]
rir (vi)	qesh	[cɛʃ]

romper-se (corda, etc.)	këpus	[kəpús]
roubar (vt)	vjedh	[vjɛð]
saber (vt)	di	[di]
sair (~ de casa)	dal	[dal]

sair (livro)	del	[dɛl]
salvar (vt)	shpëtoj	[ʃpətój]
satisfazer (vt)	kënaq	[kənác]
saudar (vt)	përshëndes	[pərʃəndés]
secar (vt)	thaj	[θaj]

seguir ...	ndjek ...	[ndjék ...]
selecionar (vt)	zgjedh	[zɟɛð]
semear (vt)	mbjell	[mbjéɫ]
sentar-se (vr)	ulem	[úlɛm]

sentenciar (vt)	dënoj	[dənój]
sentir (~ perigo)	parandiej	[parandíɛj]
ser diferente	ndryshoj	[ndryʃój]

ser indispensável	kërkohet	[kərkóhɛt]
ser necessário	nevojitet	[nɛvojítɛt]
ser preservado	ruhem	[rúhɛm]
ser, estar	jam	[jam]

| servir (restaurant, etc.) | shërbej | [ʃərbéj] |
| servir (roupa) | më rri mirë | [mə ri mírə] |

significar (palavra, etc.)	nënkuptoj	[nənkuptój]
significar (vt)	nënkuptoj	[nənkuptój]
simplificar (vt)	thjeshtoj	[θjɛʃtój]
sobrestimar (vt)	mbivlerësoj	[mbivlɛrəsój]
sofrer (vt)	vuaj	[vúaj]
sonhar (vi)	ëndërroj	[əndərój]
sonhar (vt)	ëndërroj	[əndərój]
soprar (vi)	fryn	[fryn]
sorrir (vi)	buzëqesh	[buzəcéʃ]
subestimar (vt)	nënvlerësoj	[nənvlɛrəsój]
sublinhar (vt)	nënvijëzoj	[nənvijəzój]
sujar-se (vr)	bëhem pis	[bə́hɛm pis]
supor (vt)	supozoj	[supozój]
suportar (as dores)	duroj	[durój]
surpreender (vt)	befasoj	[bɛfasój]
surpreender-se (vr)	çuditem	[tʃudítɛm]
suspeitar (vt)	dyshoj	[dyʃój]
suspirar (vi)	psherëtij	[pʃɛrətíj]
tentar (vt)	përpiqem	[pərpícɛm]
ter (vt)	kam	[kam]
ter medo	kam frikë	[kam fríkə]
terminar (vt)	përfundoj	[pərfundój]
tirar (vt)	heq	[hɛc]
tirar cópias	shumëfishoj	[ʃuməfiʃój]
tirar uma conclusão	nxjerr konkluzion	[ndzjér konkluzión]
tocar (com as mãos)	prek	[prɛk]
tomar emprestado	marr borxh	[mar bórdʒ]
tomar nota	mbaj shënim	[mbáj ʃəním]
tomar o pequeno-almoço	ha mëngjes	[ha mənɟés]
tornar-se (ex. ~ conhecido)	bëhem	[bə́hɛm]
trabalhar (vi)	punoj	[punój]
traduzir (vt)	përkthej	[pərkθéj]
transformar (vt)	shndërrohem	[ʃndəróhɛm]
tratar (a doença)	kuroj	[kurój]
trazer (vt)	sjell	[sjɛɫ]
treinar (pessoa)	stërvit	[stərvít]
treinar-se (vr)	stërvitem	[stərvítɛm]
tremer (de frio)	dridhem	[dríðɛm]
trocar (vt)	shkëmbej	[ʃkəmbéj]
trocar, mudar (vt)	shkëmbej	[ʃkəmbéj]
usar (uma palavra, etc.)	përdor	[pərdór]
utilizar (vt)	përdor	[pərdór]
vacinar (vt)	vaksinoj	[vaksinój]
vender (vt)	shes	[ʃɛs]
verter (encher)	derdh	[dérð]
vingar (vt)	hakmerrem	[hakmérɛm]

| virar (ex. ~ à direita) | kthej | [kθɛj] |
| virar (pedra, etc.) | kthej | [kθɛj] |

virar as costas	largohem	[largóhɛm]
viver (vi)	jetoj	[jɛtój]
voar (vi)	fluturoj	[fluturój]
voltar (vi)	kthehem	[kθéhɛm]

votar (vi)	votoj	[votój]
zangar (vt)	zemëroj	[zɛmərój]
zangar-se com ...	revoltohem	[rɛvoltóhɛm]
zombar (vt)	tallem	[táɫɛm]